CHANCE, CHAOS,
AND WHY EVERYTHING WE DO MATTERS

你的每個選擇，如何一點一點影響全世界？

隨機效應

FLUKE

Brian Klaas
布萊恩・卡拉斯——著
林金源——譯

來自各界的讚譽

卡拉斯熟練地編織出扣人心弦的故事，把關於真實人物的深刻問題與不確定的答案相融合。自我探索是一段通往未知的旅程，而卡拉斯是位和藹可親的嚮導。

——唐納德．霍夫曼，《真相的進化隱藏》一書的作者

事實上，我們正受到無休止、不可預測且改變生活的事件的連鎖效應。透過一系列顛覆性的例子，卡拉斯描繪出隨機乃核心作用的概念，並闡明了為什麼即使在混亂中，或許仍然存在某些秩序。

——肖恩．卡羅爾，《宇宙中的最大思想：空間、時間與運動》作者

這本引人入勝的書籍汲取了多學科的知識，探索了支配我們生活的混沌與秩序的結合，並深入探討了我們是否真的擁有自由意志的深刻問題。

——默文．金，《激進的不確定性》聯合作者，前英格蘭銀行行長

推薦導讀

一旦開始閱讀，就很難釋手的佳作

——台大物理系退休教授　陳義裕

在製作麵點時，幾乎都脫離不了揉麵的步驟。只要取來麵糰，將它搓壓、拉長，接著再回捲、折疊，如此反覆數次，不但麵糰的筋性會被建立起來，而且我們原先隨手撒入麵糰中的一把鹽粒或者糖粉也會被均勻散布於麵糰內。這個揉捏麵糰的步驟看似平淡無奇，卻正是一個系統會產生混沌現象的根本機制。麵糰內原先相鄰的兩顆鹽粒在經過一次搓壓的過程後會拉開彼此的間距，緊接著的回捲操作則會將麵糰摺疊成上下兩半，而此前剛被分開的鹽粒可能更進一步被分別配置到麵團上下兩區。如此這般反覆操作，原先聚在一起的鹽粒自然很快散布到麵糰各處。若把原先相鄰的鹽粒比擬成有些許差異的初始條件，那麼鹽粒很快地便分道揚鑣、各自去環遊世界的現象，就可比擬成系統後來會發展出截然不同的結果。這種對初始條件的敏感性正是混沌系統的重要特徵，而它在媒體的喧染與《侏儸紀公園》這部金像獎電影的加持下，也擁有了一個眾人皆知的專有名詞：

蝴蝶效應。

混沌現象不但有非常嚴格的數學基礎，且在自然界也有眾多的例子。而一旦掌握住混沌的機制與特性，我們尚可進一步去操縱或利用它。舉個例子，只要設計得當，我們便可週期性地去輕輕晃動一個被倒入一團藥劑與溶液的容器，使它在一段時間後便會透過混沌機制自動將藥劑均勻混和。這個看似無聊到爆的應用若換上另一副裝束現身，你卻可能會嘖嘖稱奇。我們知道太陽繞著銀河系的中心進行著週期為兩億多年的公轉運動，如果銀河盤面上有適當的暗物質的存在，那麼太陽在銀河系的公轉過程中就會受到它的週期性擾動。這個擾動可能導致太陽系外圍尚未被確切觀測到的歐特雲內的彗星因重力干擾而跑進太陽系內，而其中一個好死不死偏偏就砸到地球上來，結果恐龍稱霸地球時的威武咆哮從此成為絕響。這個科幻味十足的科學理論是哈佛大學的講座教授藍道爾所提出，而我們只需翻閱本書第一章就會被它震撼到。

有趣的是，混沌特徵似乎也會在其他我們之前完全沒預期的領域內發生，而這正是本書作者想特別強調的。例如，我們都知道物種的演化是由一系列的偶然所累積而成，但從第九章的敘事中我們看到了，達爾文之所以能發展出這麼重要的理論，背後竟然也只是因為有若干人在不經意間譜出的一連串幸與不幸的事件所共同促成。在這個歷史故事中，只要缺了其中一個偶然，演化論將以何種面貌、於何時出現就很難說了。但可以確定的是，某些漫畫家充滿惡意的嘲諷筆觸下的猴子，應該不會套著達爾文的頭像。

如果牽涉到人的歷史會出現隨機效應，那麼先天上必然牽扯到人群互動的社會科學與充滿爾虞我詐的政治應該也逃不掉。本書在這環節上也利用不小的篇幅，舉出若干非常有趣的現代實例去支持作者的論點。對於一個只懂得混沌理論如何與物理結合的我來說，這些專業領域之外的延伸雖然無法用嚴謹的方程式去規範，但其活潑與定性的描述還是讓我開了眼界。而這，也喚起了我多年前的一段記憶。

當我還是個中學生時，學校中的老師常會在課堂中鼓勵我們認真學習，期望有朝一日我們都能對社會做出貢獻。但有一天，我們這批不知天高地厚的小子莫名其妙地惹毛了學校那位在教育界頗負盛名的校長，於是在某次週會中她直接潑了大家一盆冷水：「不要以為自己有多了不起！這個世界就算缺少了你們也還是會繼續正常運轉！」這句話聽起來雖然刺耳，但受限於自己狹隘的學習歷程與微不足道的人生閱歷，多年後我竟還是無法驗證或反駁她，直到我讀到本書第二章的一句警語：「我們控制不了任何事物，卻影響每件事物。」

啊，缺少了你我，世界竟然真的會以不同的方式運轉！不相信？只要花一點時間，看完這本一旦開始閱讀就很難釋手的佳作，您一定會和我一樣被作者的精采論證所折服。當然啦，我也非常感謝卡拉斯教授伸出妙手，幫我們把潑在頭上的那盆冷水全部回收了。

當我們試圖單獨挑出任何事物，便會發現它與宇宙中其他每件事物相繫在一起。

——約翰．繆爾（John Muir）

目錄

來自各界的讚譽 003
推薦導讀 005
第1章 引言 013
第2章 改變任何事就改變一切 037
第3章 並非每件事的發生都有原因 065
第4章 我們的大腦爲何扭曲現實 097
第5章 人類群體 117
第6章 赫拉克利特法則 147
第7章 說故事的動物 177
第8章 地球的樂透彩 195

第9章 每一個人都是蝴蝶 215
第10章 關於鐘錶與日曆 241
第11章 皇帝的新方程式 259
第12章 可能有別的方式嗎？ 289
第13章 爲何我們所做的每件事都重要 325
誌謝 349
參考書目

第1章 引言

如果你能倒轉你的人生到一開始的時候，然後按下播放鍵，往後的每件事會不會都一樣？

一九二六年十月三十日，史汀生夫婦（Mr. and Mrs. H. L. Stimson）在日本京都踏出火車，入住附近的都飯店（Miyako Hotel）五十六號房。在安頓好之後，他們在前帝國首都到處蹓躂，飽覽京都秋天的繽紛色彩，看著楓葉轉紅，銀杏突然變成金黃，高聳的樹幹下方是大片翠綠的青苔。他們走訪京都的嶄新花園，涉足城市四周的泥岩山嶺，讚嘆那些歷史悠久的寺廟，嵌入每根木材裡的昔日幕府時代豐富遺產。六天後，史汀生夫婦打包行李，結帳退房離開。

然而這不是一次尋常的觀光行程。都飯店帳本上「史汀生」的名字將成為一份歷史紀錄、一件遺跡，標示他在一連串事件中扮演上帝，饒過京都十萬人的性命，卻讓其他地方的十萬人死於非命。或許這是人類歷史上最具影響力的觀光行程。

十九年後，在遠離日本楓樹的地方，點綴著山艾樹的新墨西哥州丘陵，一群不太可能碰頭的物理學家和將軍們，聚集在代號Y站（Site Y）的最高機密地點。那天是一九四五年五月十日，納粹投降後第三天。現在注意力轉移到太平洋，在那裡血腥的消耗戰似乎看不到盡頭。然而，在新墨西哥州的這個邊遠地區，科學家和士兵們發現一個可能的救星：毀滅力大到難以想像的一種新型武器，他們稱之為「小裝置」（Gadget）。

先前的測試雖未成功驗證該武器的全部潛力，但Y站的每個人都覺得他們就快要成功了。在做準備時，有十三人應邀加入目標委員會（Target Committee），這個精英團隊將決定如何把小裝置介紹給全世界。哪座城市應該先被摧毀？他們一致認為以東京為目標不是個好主意，因為大轟炸早已毀掉這座首都城市。評估過若干替代方案後，他們同意鎖定一個目標——第一枚炸彈將投在京都。

京都是戰時新工廠的所在地，包括一座每個月能生產四百具飛機發動機的工廠；再者，夷平昔日的首都將重創日本的士氣。目標委員會也注意到一點，此事雖小但或許至關重要：京都是受教育人口匯聚的知識中心，享有盛譽的京都大學所在之處。委員會認為，倖存者將認清這種武器代表人類歷史的新紀元，以及日本人已然輸掉戰爭。目標委員會達成一致意見：京都必須被摧毀。

委員會還同意了三個備選目標：廣島市、橫濱市和小倉市。目標名單送到美國總統杜魯門手上後，他們只須等待炸彈準備就緒。

一九四五年七月十六日，在新墨西哥州鄉間的曠野成功完成試爆後，原子時代揭開序幕，目標委員會的決定不再只是理論。軍事戰略專家查看詳細的京都地圖，決定了爆炸地點：京都的鐵道機廠。計畫中的轟炸點距離史汀生先生和太太二十年前曾住宿過的都飯店僅半英里之遙。

一九四五年八月六日，綽號「小男孩」（Little Boy）的原子彈由代號「艾諾拉・蓋」（Enola Gay）的轟炸機負責投彈，但炸彈落在廣島市而非京都，造成多達十四萬人死亡，其中大多為平民。三天後，在八月九日，「博克斯卡號」（Bockscar）在長崎投下「胖子」（Fat Man）原子彈，增加了大約八萬的駭人傷亡。

但京都為何逃過一劫？為何不曾被視為最重要目標的長崎市卻遭到摧毀？不可思議的是，大約二十萬人因為一對觀光客夫婦和一片雲，而在生死之間徘徊。

一九四五年，史汀生先生成為美國戰爭部長，負責戰時作戰的最高職位非軍人官員。史汀生認為他的工作是發展戰略目標，而非細部管理將軍們如何達成目標。然而當目標委員會決定摧毀京都時，事情卻完全改觀。

史汀生立刻採取行動。在與曼哈頓計畫負責人開會的某次會議中，史汀生出面制止：「我不希望京都被轟炸。」史汀生在與美軍指揮官討論時堅稱，「有一座城市如果未經我的允許，他們不准轟炸，那座城市就是京都。」儘管史汀生堅決反對，但京都仍不斷出現在目標名單中。京都滿足所有的要求，將軍們堅稱這座城市必須被轟炸。他們不明白為何史汀生不顧一切，要保護日本戰爭機器的神經中樞？

將軍們不知道都飯店、壯麗的日本楓葉或金黃的銀杏樹。

堅定不受動搖的史汀生直接找上最高層。他在一九四五年七月兩度與杜魯門總統會面，每次都表明他堅決反對摧毀京都。杜魯門終於鬆口同意，京都不列入考慮之列。最終的目標名單包含四座城市：廣島市、小倉市、新潟市和後來新增的長崎市。史汀生拯救了將軍們口中史汀生的「寵愛城市」，第一枚原子彈轉而落在廣島。

第二枚原子彈預定投在小倉，然而當B-29轟炸機接近小倉時，籠罩的雲層讓機組員難以看清下方地面。雲層的出現在意料之外，因為軍方的氣象學家預測會有晴朗的天空。飛機駕駛在上空盤旋，希望雲開霧散，但事實不然，機組員於是決定攻擊第二目標，而非冒險胡亂投彈。當他們接近長崎時，這座城市也被雲層遮掩。由於燃料快用完了，但他們最後一次通過上空，在最後一次可投彈的片刻，雲層分開了。一九四五年八月九日早上十一點零二分，炸彈落地。長崎市民可謂雙倍倒楣：長崎是最後一刻才加入備選的目標名單，而且它之所以被夷為平地，是因為另一座城市瞬間出現的惡劣天氣。如果轟炸機早幾分鐘或晚幾分鐘起飛，可能就會換成無數的小倉居民被燒成灰燼。如今，每當有人不知情地逃過一劫，日本人就會稱之為「小倉的幸運」。

雲層饒過一座城市，而幾十年前某對夫婦的假期拯救了另一座城市。京都和小倉的故事直接地質疑了我們對因果關係的簡化假設，以為它們遵循著理性有序的進程。我們喜歡想像自己能了解、預測和控制世界，我們想要用合理的解釋來理解生活中的混沌不明。這世界不應該因為某對夫妻對幾十年前的美好假期念念不忘，或者因為雲層在恰好的時刻飛掠過天空，而左右了數萬人的生死。

孩子們不停地問著最重要的問題：「為什麼？」我和你一樣，打從很小的時候就知道原因與結果遵循直接的模式——從X到Y。這是一種有用的簡化版現實，有清楚的一因一果，幫助我們在複雜的世界中，將所發生的一切濃縮成我們能理解，然後加以馴服的明確關係。觸碰熱火爐會造成疼痛、抽菸引發癌症、雲層導致降雨，但在好幾十年前的日本，雲層是除降雨之外，造成某個事件發生的直接原因，這件事造成一個城市的居民大量死亡，而使另一個城市倖免於難。更明確地說，此次大量死亡的原因只能透過近乎無數個隨機因素的組合來解釋，而且這些因素必須正好以突如其來的方式結合在一起，才能造成廣島和長崎上空的蕈狀雲：昭和天皇登基、愛因斯坦而非別人的出生、數百萬年前鈾被地質力量創造出來、戰場、聰明的科學家、中途島海戰等等，直到最後，這場毀滅行動圍繞著一個關鍵性的假期和雲層而展開。倘若無數個這些先前因素發生些許改變，一切將會不同。

每當我們回顧個人歷史中留下標記的經歷，都會體驗到小倉的幸運（好在後果沒那麼嚴重）。當我們回想起如果當時那樣做會怎樣的時刻，便會明顯發現那些任意的小小改變，以及看似隨機、偶發的事件，可能使我們的職業道路轉向、重新安排我們的人際關係和改變我們看待世界的方式。為了解釋我們如何成為現在的自己，我們會去找出那些往往不受我們控制的關鍵點，但我們卻忽視了看不見的關鍵、我們從未明白的重要時刻，以及我們所不知道的千鈞一髮時刻和未遂事件，因為我們從未看見，也不願看見其他可能的生活方式。我們無法知道什麼是最重要的事，因為我們不知道它們將會是怎麼一回事。

如果說數萬人的生死，取決於幾十年前一對夫婦的度假選擇，那麼有哪些看似無關緊要的選擇或意外，最終可能徹底改變你的人生歷程，甚至深入影響你的未來？某次開會遲到或錯過某個高速公路出口，有沒有可能不只改變你的人生，還改變了歷史進程？如果此事真的發生了，你會知道嗎？或者你對於在你不知情的情況下，可能變得徹底不同的世界，依舊視而不見？

相較於過去，我們在思考現在時，有一種奇怪的脫節狀態。當我們想像著能夠穿越時間回到過去時，我們得到的警告是相同的：千萬不要碰任何東西。就算只是極微小地改變過去，很可能徹底改變世界，你甚至一不小心就會讓自己在未來被刪除。然而一說到現在，我們絕不會那麼想。沒有人會小心翼翼踮著腳走路，以免錯踩了蟲子；沒人會擔心錯過公車後，未來會發生不可回復的改變。相反的，我們認為這種小事並不太重要，因為到頭來一切都將被沖刷乾淨。但如果過去的每一個細節創造出我們的現在，那麼現在的每一個片刻也正在創造我們的未來。

一九四一年，投下原子彈的四年前，阿根廷作家波赫士（Jorge Luis Borges）寫了一部短篇故事，名叫《小徑分岔的花園》（*The Garden of Forking Paths*）。故事的核心隱喻是人類漫遊穿越一座花園，裡面可行走的小徑不停地改變。我們雖能調查未來，看見無限可能的世界，但在每個特定時刻，我們都必須決定下一步要往哪裡走。在我們作決定時，眼前可能的小徑便發生改變，無限地分岔，開啟新的可能未來，並關閉其他未來。每一步都是重要的。

然而最驚人的真相是，我們的小徑不光由我們自己決定。事實上，我們所居住的花園是由在我們之前的一切事物和人們負責種植和照料。向我們開啟的小徑是過去歷史的分支，是從前的其他人所走過的腳步鋪設出來的。然而更教人不知所措的是，重要的不只是我們的腳步，因為這些穿越花園的小徑，也會因為我們看不見和遇不著的活人所作的決定而不停移動。在波赫士為我們描繪的意象中，我們作取捨的小徑，被我們不曾注意到的其他人生的特定細節不停地改變，我們的軌跡被轉向，那些隱藏的京都時刻和小倉時刻決定了我們存在的輪廓。

可是，當我們設法解釋這個世界——解釋我們是誰、我們如何來到這裡，以及這世界為何以此方式運作時，我們忽視了這些隨機之事。被踩扁的蟲子、錯過的公車，這一切都被當作沒有意義。我們故意忽視一個令人困惑的事實：只要幾個小小的改變，我們的生活和社會就可能大大的不同。然而我們卻一再回到簡化的童話版現實，因為我們在找尋直接的因果關係。X導致Y，而且主要因素永遠是X，絕非次要或隨機或意外的轉折。一切事物都可以被測量、繪製在圖表上，並且只需正確介入或「輕推一下」便能加以控制。我們被專家、數據分析師和預言家吸引，他們常常是錯的，但鮮少猶豫不決。當我們在複雜的不確定性和令人安心但錯誤的確定性之間作選擇時，我們太常選擇安心。這世界或許沒那麼簡單，我們能不能了解一個被明顯的隨機所改變的世界？

◁

一九〇五年六月十五日，克拉拉・莫德林・詹森（Clara Magdalen Jansen）在威斯康辛州詹姆士敦（Jamestown）的小農舍裡殺死她全部四個孩子，瑪麗・克萊兒、弗雷德里克、約翰和狄奧多。她清理好他們的屍體，將他們塞進床裡，然後自殺。等她的丈夫保羅下班回到家時，在小床的床面下找到已經死亡的一家人時，這必定是人類所能承受最悲痛的經驗之一。

有一個哲學概念稱作 amor fati，意思是「愛自己的命運」。我們必須接受我們的人生是先前一切事物的結晶。你可能不知道你祖上全部八個曾祖父母的名字，然而當你照鏡子時，你看到的是他們的眼睛、鼻子和嘴唇代代相傳的混合體，雖有改變，但從被遺忘的過去留下可辨識的痕跡。當我們與某人新認識時，我們可以確信一件事：他們的直系祖先必定在死前留下後代。倘若你的父母親先前不是以此方式相識，你就不會存在，這麼說很老套，但十分真確。只要時機稍有不同，出生的人就會不同。

同樣的道理適用於你的祖父母、曾祖父母和曾曾祖父母。你的生命取決於中世紀時無數人的求愛活動、你遙遠的冰河時期先祖在劍齒虎跟蹤下逃過一劫，以及在更早之前，六百萬年前的黑猩猩交配偏好。追溯人類的譜系到億萬年前時，我們所有人的命運全都繫於一隻免於被踩扁的蠕蟲狀生物，對我們來說真是謝天謝地。倘若這些正好如此安排的生物和配偶鏈沒有如先前那樣倖存下來、活著和相愛，其他人可能會存在，但你不會。我們是交織成鐵絲網般的過去所倖存的倒鉤，只要過去稍有不同，我們就不會出現在這裡。

剛剛提到，那個返回威斯康辛州小農舍家中的保羅是我的曾祖父保羅・卡拉斯，我的中間名保羅是他傳下來的姓。我與他的第一任妻子克拉拉沒有血緣關係，因為她在一百多年前悲劇性地斬斷她的家譜。保羅再婚，娶了我的曾祖母。

在我二十歲時，我父親招呼我坐下，並出示一份一九〇五年的剪報，標題寫著「瘋女人的恐怖行徑」，揭露我們家族現代歷史中最令人不安的篇章。他拿出一張位於威斯康辛州的卡拉斯家族墓碑的照片給我看，全部小孩的名字刻在一邊，克拉拉的名字在另一邊，他們的死亡日期是同一天。此事令我震驚，但更令我震驚的是，倘若克拉拉沒有自殺和殺死她的孩子，我不會存在。我的生命全因為一件可怕的殺人案而存在，那四個無辜的孩子死去，現在的我才得以活著，而你才能正在讀著我的想法。「愛自己的命運」意味著接受事實，甚至欣然接受，承認我們是有時無比奇妙、有時有嚴重缺陷的過去的分支，還有在我們之前的生命所經歷的勝利和悲劇，是我們此刻存在於此的理由。我們的存在要歸功於仁慈與殘忍、善與惡以及愛與恨。不可能有其他情況，因為如果有，我們就不是我們自己。

「我們會死，這使我們成為幸運的人。」理查．道金斯[1]曾表示，「大多數人不會死，因為他們沒有機會出生。那些可能在這裡取代我，但從未出世的人，

1. 譯註：Richard Dawkins，一九四一～。英國演化生物學家、動物行為學家、作家。

他們的人數多於阿拉伯的沙粒數量。」這些是無限可能的未來、充滿了可能出現的人，道金斯稱之為「未出生的幽靈」。他們的排列組合是無限的，而我們是有限的。只要進行最微小的調整，就會有不同的人出生，在不同的世界產生不同的人生。我們的存在建立在極不穩固的基礎上，脆弱得令人困惑。

我們為什麼假裝情況並非如此？因為我們脆弱的存在，這個基本事實違反了我們深信世界是如何運作的直覺。我們本能相信重大事件有直接的重大原因，而不是意外的小原因。我身為社會科學家，這是我被教導去追查的事：X 造成 Y。後來，在幾年前我前往非洲南部的尚比亞，研究一場未遂的政變為何失敗。是否因為該政治體制足夠穩定？又或者因為這場政變缺乏普遍的支持？我出發去找尋真正的原因。

這場尚比亞政變陰謀雖然簡單，卻很聰明：帶頭者派部隊去綁架軍隊指揮官。他們打算用槍威脅，強迫該名將軍在廣播中宣布這場政變，藉由看似發自這位軍官的命令，陰謀者希望軍營裡的其他士兵會跟著一起叛變，這麼一來政府便會垮台。

然而當我採訪參與綁架行動的士兵時，我在井然有序、條理分明的現實模型中所學到的一切全然瓦解。當士兵闖入屋裡時，那位指揮官從床上跳起來，跑出後門，然後開始爬上院子的圍牆。接受採訪的一位士兵告訴我，他趕上前搆著將軍，捉住他的褲管，將軍拚命往上蹬，士兵想要將他拉下來。彷彿慢動作電影，將軍的褲管從士兵的指間滑脫，使他得以翻牆逃走。剎那間，這場政變陰謀以失敗告終。倘若士兵再快上千分之一秒，那個尚比亞政體可能就垮台了。民主制度倖存下來，真是千鈞一髮。

蕭伯納（George Bernard Shaw）在他一九二一年的戲劇《回到瑪士撒拉》（*Back to Methuselah*）中寫道：「有些人看見事物現在的樣貌，並問『為什麼？』而我夢見以往不曾有過的事物，並問『為何不？』」我們要如何理解這麼一個世界，而在這個世界裡，我們的存在是基於數量近乎無窮無盡、可能產生各種不同結果的過去事件？我們要如何了解自己或我們的社會，當一個人的生命是取決於其他人的死亡，如同我的生命那樣？或者民主制度的倖存是因為褲管的一截布料？當我們在思索一個有無限可能性的宇宙時，我們可以想像其他替代的世界，然而我們只有一個世界可供觀察，所以我們無法知道，如果過去出現小小的改變，會發生什麼事。倘若史汀生夫婦在一九二六年錯過了前往京都的火車，轉而在大阪度假？倘若以小倉為目標的那架轟炸機晚幾分鐘起飛，而且雲層散開了？倘若我的曾祖父在發生悲劇的那一天早點回到家？這世界將會不同。但如何不同呢？

我是一位（夢想破滅的）社會科學家，之所以夢想破滅是因為長久以來，我一直有種不舒服的感覺，覺得這世界並不是以我們假裝的方式在運作。我越努力思索現實的複雜，越懷疑我們全都活在一個令人安心的謊言中——從我們講述自身的故事，到我們用來解釋歷史和社會變遷的神話。我開始想要知道人類歷史是否只是一場沒有盡頭但徒然的奮鬥，試圖將秩序、確定性和理性，強加於一個由失序、隨機和混沌所定義的世界。我也開始摸索一個誘人的想法：我們可以在這團混亂中找到新的意義，學會讚頌雜亂無章和不確定的現實，只要我們能接受我們自己以及我們周遭的一切，全都只是一個無法被馴服的宇宙所產生的隨機。

如此的異端邪說，違反了我從主日學到研究所學到的一切知識。這些知識告訴我，每件事的發生都有某個原因，你只需找出是什麼原因。如果你想了解社會變遷，只要多讀歷史書籍和社會科學論文；想要知曉人類這個物種的故事，以及我們如何成為現在的樣子，就去鑽研一些生物學，讓自己熟悉達爾文；想要知道生命的神秘，就花時間研究哲學巨擘，或者如果你有信仰，就求助於宗教。還有如果你想了解宇宙的複雜機制，那麼就學習物理學。

然而如果這些長久以來的人類秘密，全都是同一個大哉問的一部分呢？

確切地說，這個大哉問是人類必須設法解決的最大謎題：事情為何會發生？年復一年，我書讀得越多，越明白這個巨大的謎題沒有現成的解答，等著我們從政治科學理論、哲學巨著、經濟學方程式、演化生物學研究、地質學研究、人類學論文、物理學證據、心理學實驗，或神經科學講座中輕鬆獲取答案。相反的，我開始認清這些人類知識的每個不同領域都提供了一塊拼圖，當它們被拼湊起來，能幫助我們更進一步解開這個令人困惑的謎題。本書的挑戰是設法加入許多塊拼圖，以產生連貫的新圖像，重新架構出我們的身分感和世界的運作方式。

當足夠的圖塊被拼合後，全新的圖像便會浮現。等到這個圖像變得清晰，我們就有希望用更接近真實的事物，來取代那些讓我們安心的謊言，即便這意味著我們必須推翻我們已然根深柢固的全部世界觀。但我們已經活在迷失方向的時代了——陰謀的政治和流行疫疾、經濟衝擊、氣候變遷，以及近來因人工智能而產生、改變社會的魔法。在這個快速變化的世界，許多人感覺自己迷失在充滿不確定性的汪洋中，然而迷失在汪洋中的我們，如果抓緊令人安心的謊言，只會加速我們的下沉。唯有真相才是最好的救生艇。

我們活在一個比我們以為的更有趣和更複雜的世界，如果我們更仔細地觀察，會發現因果關聯井然有序的童話版現實，很可能被更多由隨機和混沌所定義的現實給取代，在一個事物任意交織的世界，每一個片刻無論多麼微小，可能都很重要。

在接下來的篇章，我的目標是破除那些我們信以為真的有害迷思，同時探討三個幫助我們了解自己的人類經驗面向：人類這個物種如何變成現在這個樣子，以及這樣對我們來說為何是重要的；我們交織的生活如何被超乎控制的隨機和意外事件，不停地改變方向；以及我們為何太常誤解現代社會的動態。我會證明就連最小的隨機，都可能是重要的。如同已故哲學家漢娜．鄂蘭[2]所言：「在極受限制的條件下的極小作為，蘊含無限的種子，因為一個作為以及有時的一個字，便足以改變每一群星辰。」

◁

你們當中有人可能已經開始在反對這些大膽的主張和崇高的引言。如果童話版本現實是謊言，而隨機和混沌超乎我們想像地推動改變，那麼為何在我們的生活、歷史和宇宙中，有如此明顯的秩序？這是真的：我們生活的許多面向是穩定的，取決於規律性和令人安心的慣例。或許我誇大了情況，少數那些奇異的故事，例如京都的故事、大多數隨機的遭遇和偶然事件，只不過是無足輕重的罕見事物。

近幾十年來，演化生物學領域已經被兩種看待世界的不同方式給分割。其中一個陣營認為，生命的發展遵循著受到限制的穩定軌跡。對此另一個陣營不那麼確定，他們指出不停分支的生命之樹，總是因隨機和混沌而轉向。為了架構這個辯論，生物學家用對立的用語來提出問題：這世界是偶發的（contingent）或趨同的（convergent）？核心問題在於演化是否以可預測的方式進行，不受奇異事件和隨機波動的影響，或者這些偶發事件是否能使演化走向分歧的路徑。我們會發現，這些用語不只幫助我們理解達爾文的理論和加拉巴哥（Galapagos）島上的雀鳥嘴喙，它們也提供了有用的方式，來理解為何我們的生活以及我們的社會，會意想不到地轉彎。

想像一下我們的生活如同一部電影，可以倒轉回到過去。接下來，當在你來到一天的開始時，改變某個小細節，例如在你奪門而出之前是否停下來喝杯咖

2. 譯註：Hannah Arendt，一九〇六～一九七五。政治哲學家、作家和納粹大屠殺倖存者，最著名的作品處理權力和邪惡的本質以及權威和極權主義。

啡。如果那一天大多保持不變，無論你是否喝了咖啡，那麼那就是一個趨同事件。細節並不重要，已經發生的事無論如何注定要發生。你的人生列車延後幾分鐘離站，但遵循相同的軌跡。然而，如果你停下來喝咖啡，而你未來生活中的一切全都以不同的方式展開，那麼這是一個偶發事件，因為如此多的事情取決於一個小細節。自然世界似乎在偶發與趨同之間擺盪。六千六百萬年前，一顆直徑九英里的小行星以一百億枚廣島原子彈當量的威力撞擊地球，墜入猶加敦半島（Yucatan Peninsula）淺海底下富含石膏的岩層。這顆小行星撞擊石膏層時，強烈爆炸將有毒的硫化物釋放到大氣中，集結成巨雲，大量粉碎的岩石也被拋進大氣中，造成劇烈摩擦，最終產生「紅外線脈衝」。地表溫度飆升到華氏五百度（攝氏二百六十度），以烤雞的溫度烹煮恐龍。

小行星撞擊後的高溫使倖存的生物主要分成兩個群組：能棲息於地底，或者在海裡生活的生物。當我們檢視現存的動物，從叢林到沙漠，或者甚至當我們在照鏡子時，我們看見的是小行星撞擊後倖存者的分支，主要是演變自足智多謀的挖掘者的隨機分支。

只要改變一個細節，我們就能想像一個截然不同的世界。倘若這顆小行星早一點或晚一點撞上地球，它會墜入深海而非淺海，釋放遠遠較少的有毒氣體，滅絕掉較少的物種。倘若這顆小行星被延遲哪怕只要一分鐘，它可能就會完全避開地球。更讓人難以想像的是，哈佛天體物理學家麗莎．藍道爾（Lisa Randall）表示，這顆小行星是因太陽（環繞銀河系公轉）軌道在通過暗物質時的振動而到來。她說這些小小的重力擾動，使它從遙遠的歐特雲（Oort cloud）被拋向地球。若非深不可測的深太空中的一個小振動，恐龍可能會存活下來——而人類可能從未出現。這是偶發事件。

現在，想一想我們的眼睛。我們發展出極複雜、特化的視網膜桿狀和錐狀細胞，讓我們得以感覺到光，使我們的大腦能處理和轉譯這世界的鮮活形象。這些能力對於我們的生存至關重要。然而在地球的大部分歷史裡，動物並沒有眼睛。也就是說直到某個隨機突變，意外地創造出一群感光細胞。這些幸運的生物能分辨牠們何時處於比較明亮或黑暗的空間，從而幫助牠們存活下來。久而久之，這種生存優勢藉由天擇在演化過程中得到強化。最終，我們有了精密的眼睛，源自一個稱作PAX6基因的DNA片段的突變。乍看之下，隨機的PAX6突變似乎像是另一個偶發事件：我們的遠祖是幸運的。數百萬年後，我們能觀賞Netflix。

然而當研究人員開始對那些與我們迥異的生物進行基因組定序時，例如魷魚和章魚，他們發現一件驚人的事——章魚和魷魚的眼睛與我們極為相似。事實證明，章魚和魷魚的眼睛分別出於不同但相似的PAX6基因突變，猶如閃電擊中相同的基因兩次。我們的演化軌跡與章魚和魷魚的演化軌跡，大約在六億年前分歧，但我們最終都具備或多或少相同類型的眼睛。這並非暗示人類和魷魚同樣克服難題，中了物種的樂透彩，而是讓我們知道大自然在面對相同問題時，有時會趨於相同的有效解決方案，因為奏效的方案只有這麼多。這是非常重要的洞見，因為它代表小小的偶發事件所造成的顛簸，有時最終變平坦。如果章魚的眼睛和人類的眼睛最終有多半相同的功能，那麼小改變或許沒那麼重要。偶發事件可能改變發現的發生方式，但結果是相似的。就好像早上按下貪睡鍵可能拖延你的旅程，但不會改變你的人生路徑。無論如何，你到達相同的目的地，那就是趨同。

趨同是「一切事情的發生都有某個原因」的演化生物學學派；偶發是「世事難料」理論。

這些架構有助於我們了解自己。如果我們的生活是偶發性所驅使，那麼小小的起伏在每件事情中都扮演著重要角色，從我們的職涯軌跡到我們的結婚對象和生育的子女。然而如果趨同主宰一切，那麼明顯的隨機或偶然事件更可能只是新奇罕見罷了，不會徹底改變我們的人生，我們可以忽視這些偶然。

若干世紀以來，科學和社會的主流世界觀，一向由堅信趨同的信念所界定。

牛頓的定律曾被視為顛撲不破的真理。亞當・斯密（Adam Smith）寫道，有一隻「看不見的手」在引導我們的行為。生物學家起初抗拒達爾文的理論，因為這些理論過度強調隨機性，而太不重視優雅的秩序。理性抉擇理論（rational choice theory）和鐘錶模型（clockwork models）長久地規避不確定性，小變動被視為應該加以忽略的「噪音」，好讓我們能專注於真正的「信號」。就連那些著名的引言都被注入趨同的整齊邏輯。「道德宇宙的弧線很長，但它彎向正義。」[3]我們被告知，它從不會任意被轉向。

幾十年前，日本生物學家木村資生的異端演化理論挑戰了傳統觀念，他堅稱任意和隨機的小波動比我們以為的還重要。身為成長於一九二〇年代的孩童，木村資生似乎並非注定終生從事學術研究。他討厭上學，因為他所處的教育體制要求服從和尊重公認的知識，用新點子做實驗的學生會被處罰。知識意味著秩序和確定性，由權威人士往下傳遞。木村天生好奇，但他的學校不適合一個愛探究的心靈。最終在一九三七年時，一位老師鼓勵木村的好奇心，木村也因此發現他隱

3. 譯註：原文The arc of the moral universe is long, but it bends toward justice。出自美國民權運動領袖馬丁・路德・金恩。

藏的學術熱情：植物學。他發誓要將一生奉獻給學習植物的秘密。

後來在一九三九年，木村和他一家人因為食物中毒而生病，他的兄弟病故，而木村只得待在家裡養病。由於無法研究植物，他開始研讀數學、遺傳和染色體。他對植物的痴迷變成執著於了解改變如何被寫入基因中。木村的職涯以及後來的演化生物學領域的軌跡圍繞著腐壞的一餐而展開。

身為剛嶄露頭角的演化理論家，木村鑽研生命的分子構成要素。他越是仔細觀察，越加懷疑基因突變的發生沒有太多節奏或理由。許多突變既無好處也無壞處，相反的，他發現突變往往是隨機且無意義的中性變化。每當發生突變，木村的前輩們便會尋求某個解釋、某個理由，讓突變顯得有道理的東西，對此木村只是聳聳肩。有些事情的發生並無理由，有些事情就是這麼回事。

木村的發現重塑了演化生物學領域，並帶來新鮮的洞見，影響好幾個世代的學者。然而木村的宏大概念不僅止於此，他的想法，如我們所見，能幫助我們更加理解我們的世界和其中的隨機的複雜性。或許並非每件事情的發生都有某個理由，又或許在一個交織的世界，最小的改變也能產生最大的影響。

木村自己也是一個闡述自身概念的活生生樣本，一個會行走的廣告，說明了任意、相互關聯的改變可能創造出偶然事件。一九四四年，木村前往就讀大學，希望避免被日本軍隊徵兵入伍。一九四五年八月時，他是京都大學的學生。倘若史汀生夫婦在一九二六年錯過了他們的火車，改而在大阪度假，木村資生很可能已經在原子彈爆炸的閃光下被抹除。

第2章
改變任何事就改變一切
在交織的存在中，個人主義的錯覺

極少人像木村資生這般千鈞一髮、戲劇化地躲過被原子彈轟炸的命運。但每個人在事後回顧時，都能明確指出在某個時刻，是隨機改變了他們的人生。或許這是一個比較傳統的關鍵點，例如意外邂逅你未來的配偶，或在高中時修習了某門課程，因而改變了你的職業規劃，找到新的熱情；又或者是死裡逃生，猛轉方向盤讓你保住一命，或者購屋時大方開價遭拒，結果反而找到更好的住所。這些時刻相當醒目，因為它們顯然是重要的。我們思索原本可能發生的事，清楚知道此外還存在著另一條途徑。若非一個小小的改變，配偶彼此永遠不會相識、熱情依舊未被發掘、死裡逃生會變成致命的撞擊。

但這些似乎是異常的情況，使我們感到驚異的時刻，正因為它們是如此罕見和不尋常。我們感覺彷彿我們不是用機運，而是用重大的抉擇作為積木，但願那是明智的，來建構出我們的人生，覺得我們是憑自己控制這些選擇。我們雖然可以尋求該選擇哪條途徑的建議，但對於我們無法控制的事物，我們無法尋求建議。（沒有人會去買一本教你在下一次小行星撞擊地球時，如何避免滅絕災難的指南。）當我們作出改變人生的重大決定時，我們顯然正在改變我們的軌跡。選擇對的大學；努力做好我們的第一份工作，將職涯設定在正軌上；選擇對的人共度一生。我們被告知，只要保持專注，讓大事不出錯，一切就會順利。請你去看一看任何一場振奮人心的TED演講，或讀一讀任何一本勵志書，他們都會告訴你，你自己就是你所尋求的解決之道。這些訊息深受歡迎，因為大多數人是透過個人主義的稜鏡在看待我們的生活。我們的人生故事不是由他人決定的，我們的重大決定界定了我們的路徑，這意味著我們控制著自己的路徑。為了了解那條路徑，你得膜拜我的聖壇（Altar of Me）。

然而我們卻不時困惑地倏忽瞥見，我們的路徑以看似脫離我們掌控的方式，與別人的路徑撞在一起。我們稱這些時刻為幸運或巧合或命中注定，但我們將之歸類為反常事物。當這個世界「正常」運作時，人生似乎有可預測、井然有序的規律，這種規律讓我們說服自己，相信我們通常都能直接主宰自己的命運。因此，每當我們遭遇奇怪的巧合或意外的改變時，我們不理會這個短暫的脫離常軌並繼續前進，準備好作出形塑我們未來的下一個重大決定。這是一種如此普遍常見、無可爭議的思考模式，而這正是世界的運作方式。

只不過有一個問題：那是謊言。那正是定義我們這個時代的謊言，我們可以稱之為個人主義的錯覺。我們依附這個錯覺，就像落水的人抓住漂浮的殘骸。然而，不時會出現某個故事，清楚說明我們以為我們獨立於其他每個人和每件事之外，或者與之不相干，這是多麼荒謬的想法。

二〇二二年春天，希臘外海發生一件常見的悲劇。一位來自北馬其頓（North Macedonia）、名叫伊凡的觀光客被沖進海裡。他的朋友連忙通報海岸巡防隊，但搜救人員一無所獲。伊凡被宣布在海上失蹤，推定已死亡。十八個小時後，伊凡被尋獲，神奇的是他還活著，這似乎是不可能的事。但就在伊凡被捲入波浪下溺斃之前，他看見一顆足球漂浮在遠處的海面。他用最後一絲力氣游向那顆球，抓著它度過夜晚並且獲救。這顆球救了他的命。

正當伊凡死裡逃生的故事上了希臘的新聞，一位育有兩個男孩的母親大吃一驚。她認出了伊凡抓住的那顆球，十天前她的兩個兒子還在玩那顆球，而其中一個不小心將球踢進海裡。那顆球在海浪中上下晃動，漂流了八十英里，直到恰好在對的時刻與一位溺水的泳者會合。男孩們並不在意那顆遺失的球，他們聳聳肩後便買了新球。後來他們才明白，倘若沒有他們那意外的一踢，伊凡現在已經是個死人了。

我們生命中的真實故事往往寫在頁邊空白處。小細節很重要，就連與我們素未謀面的人，他們所作的顯然無關緊要的選擇，也可能注定了我們的命運——儘管大多數人永遠無法像伊凡那樣看得如此清楚。關鍵的錯誤在於我們假裝伊凡是異常的情況，是這個世界正常運作方式的例外。但他不是，伊凡只是意外地清楚瞥見在我們交織的存在當中，不斷在我們周遭發生的事，而我們卻一直予以忽略，因為我們被一個妄想的世界觀蒙蔽，認為我們是只為自己的生活負責的獨立單位。

生命的織錦是用一種神奇的線編織而成，你越去解開它，它就變得越長。每一個現在時刻都是由看似不相干的線縷創造出來的，這些線縷一直延伸到遙遠的過去。每當你拉扯一條線，你總會遇上意想不到的反抗，因為每一條線都與這件織錦的其他每個部分相連。真相是，如同馬丁·路德·金恩在伯明罕監獄裡的信中所寫，「我們陷入由相互關係所形成的無法逃脫的網，被束縛在唯一的一件命運之衣裡。」

一八一四年，名叫皮耶—西蒙・拉普拉斯（Pierre-Simon Laplace）的法國博學之士設法想理解交織的存在之謎。我們為何如此拙於預測未來？為何事件往往使我們感到驚訝？我們可不可能了解世界為何會改變，如此一來便能更好地控制世界？

拉普拉斯是站在牛頓肩上的數學天才，對同時代的科學家而言，他必定如同超人一般。在牛頓之前，這世界是一個天大的謎，不可能被破解，緊緊把守著它的秘密。牛頓解開密碼，發現其中許多秘密，並將之寫成「定律」來解釋運動中的物體有規律和可預測的行為。牛頓的定律造成深刻的改變，不光是我們對於宇宙的理解，還有我們對宇宙的哲學觀點。在古代，改變和災難被認為是諸神的詭計，船隻被毀和塔樓崩塌是因為人觸怒了神，或者未能獻給祂們足夠的貢品。牛頓令這些好管閒事的諸神退位，我們再也不需要神來解釋我們生活中或自然界的微小改變。我們只需要一個超自然力量，解釋這些統管宇宙的定律一開始是出自何處。神或許創造了時鐘，但牛頓的定律使它不停地滴答運行。

這讓拉普拉斯想到一個點子。如果我們活在一個如鐘錶般有規律、受嚴格定律規範的宇宙，那麼了解了這個鐘錶的機制，我們應該就能完全精確地預測未來。一個模糊不清的世界可能得以清晰聚焦，讓我們能如同看見現在般清楚地看見未來，我們只需要合適的工具就行。畢竟，在科學革命之前，準確預測撞球在檯面上的運動軌跡有如巫術一般。有了牛頓的定律，數學和物理學方程式讓我們有力量施展魔法去看見未來，整個宇宙是否可能變成完全可預測的事物？

拉普拉斯推測每一個事件、每一陣風、每一個分子，都受到一套嚴格科學規則的規範：牛頓顛撲不破的自然定律。因此，如果你想要預測正在打撞球的某人，是否能讓球落入底袋，你需要了解牛頓物理學原理、球的重量、擊球的力道和角度，你還需要知道看似不重要的細節：室內溫度、是否有微風從打開的門吹進來，或者撞球桿上是否殘餘巧克力。但如果你具備一切必要的訊息，詳細到知曉球裡的原子和室內空氣分子的程度，拉普拉斯認為你就能完全精準地預測這顆球的最終動向。後來，他提出了一個激進的想法：假如人類也像撞球一樣，我們的生活碰撞在一起，但遵循相同的自然定律，又會如何呢？

拉普拉斯利用這個邏輯，構思出一個有趣的思想實驗。想像你有一隻擁有全知智慧的超自然生物——現在被稱作拉普拉斯的惡魔（Laplace’s demon）。牠沒有力量去改變任何事，但牠能絕對精準地知曉宇宙中每一個原子的每一個細節，從邦迪海灘（Bondi Beach）上每一粒砂的分子構造，到巴拉圭犰狳的消化道最幽深處每個細菌的化學成分。如果這樣的生物真的存在，拉普拉斯表示，「對於這樣的智慧生命而言，沒有什麼事情是不確定的，而未來就像過去一樣呈現在牠眼前。」換言之，有了完整無缺的訊息，這個惡魔看見跨越時間和空間的現實，就像看見一幅已經拼好的拼圖，牠會了解為何這一切正在發生，因此能知道接下來會發生什麼事。那顆漂浮的足球令伊凡吃驚，但拉普拉斯的惡魔——牠能看見一切事物如何在過去、現在和未來拼接在一起——會知道當伊凡驚慌時，這顆球正朝他而來。對拉普拉斯的惡魔來說，這個世界沒有秘密可言。

其他科學家和哲學家拒絕接受拉普拉斯惡魔的鐘錶世界。他們說，並非我們缺乏理解或合適的工具來測量一個鐘錶宇宙，而是宇宙的秘密是不可知的。我們的生活可能會不同，但未來總是成謎，無論技術如何進步，無論我們能想像出什麼樣的全知惡魔。不是我們不知道，而是我們無法知道。

那麼，這到底是怎麼一回事？難道我們活在一個鐘錶宇宙或者一個不確定的宇宙？

六十年前，一個名叫艾德華・諾頓・羅倫茲（Edward Norton Lorenz）的男人，使我們更接近答案。羅倫茲從小就對天氣感興趣，然而當他前往達特茅斯（Dartmouth）研讀數學後，就把這項興趣拋到一旁，去哈佛攻讀博士學位。在他從事研究的巔峰期，第二次世界大戰爆發了。山姆大叔（美國）需要人人貢獻己力，包括剛嶄露頭角的數學家。羅倫茲偶然瞥見軍隊氣象預測單位的招募傳單，他想起兒時的愛好，於是報名參加。他在麻省理工學院接受進階的氣象學系統訓練，後來被送到塞班島（Saipan）和沖繩島，帶領預測雲量的「上層航空組」，以便對日本實施轟炸。（他很可能是小倉幸運地被意料之外的雲層覆蓋時，負責預測天氣的關鍵人物。）

即使有最好的人才和設備，一九四〇年代的氣象學只是在作猜測。戰後，羅倫茲利用從太平洋難以預測的天氣系統中學到的教訓，決定測試關於事情為何會發生的更大真理。一九六〇年代的電腦還處於嬰兒期，因此不可能模擬真實世界的天氣系統。儘管如此，羅倫茲在他的 LGP-30 電腦上創造出一個簡化的微世界。他的電腦化模型中沒有那些影響真實世界天氣系統的數百萬個不同變數，只有十二個簡單的變數，例如溫度和風速。在那個原始的數位宇宙中，羅倫茲扮演著拉普拉斯惡魔的角色：他總能知道他的想像世界裡每件事物的精準測量。他能否像拉普拉斯的惡魔，利用這份準確的知識看穿未來？

某天，羅倫茲決定重跑一次模擬。為了節省時間，他決定從中間重新開始，插入來自先前快照的數據點。他認為只要將風速和溫度設定在相同水平，那麼天氣型態會重複，就像以前那樣，同樣的條件，同樣的結果。

可是奇怪的事情發生了。即使羅倫茲一切都按先前那樣設定，但在重跑模擬中出現的天氣卻在每一方面都不相同。必定出了什麼差錯，他想，此事沒有其他合理的解釋。後來為了弄清楚到底怎麼回事，羅倫茲重新審視數據資料好幾次，終於明白原因——他的電腦將四捨五入的數據列印到小數點後第三位。舉例來說，如果準確的風速是每小時3.506127英里，列印顯示會是每小時3.506英里。當他將列印時被稍微刪減的數值填入模擬中，總是會有極小數量的誤差（在此情況下只有每小時0.000127英里的誤差）。這些看似無意義的改變，如此細小的四捨五入錯誤，卻造成重大的改變。

此事讓羅倫茲明白，我們藉以理解世界的基礎因而產生了裂隙。即使在條件受到控制的鐘錶宇宙，極微小的改變也可能造成極大的差異。只要將溫度升高百萬分之一度，或將氣壓降低一兆分之一巴，兩個月之後的天氣可能從晴空萬里，變成傾盆大雨甚至發生颶風。羅倫茲的發現創造了蝴蝶效應的概念，意思是說巴西的一隻蝴蝶搧動牠的翅膀，可能在美國德州引發龍捲風。

羅倫茲無意中催生出混沌理論。箇中的教訓很清楚：如果拉普拉斯的惡魔真的存在，那麼牠的測量必須完美無瑕。就算只有一個原子的誤差，久而久之，牠的預測也會錯得離譜。我們現在知道許多系統是混沌系統，它們對於初始條件的細節極為敏感，即便它們遵循鐘錶邏輯，卻不可能加以預測。直到今日，我們雖能運用最好的超級電腦，但我們的天氣預報仍然不可靠，而氣象學也鮮少費心想要預測超過未來一週或兩週的天氣，因為微小的不同能導致重大的改變。福爾摩斯（Sherlock Holmes）曾說過：「我向來相信一個原則，那就是小事情無比重要。」混沌理論證明福爾摩斯是對的。

因為小改變能造成極大的不同，宇宙對我們來說好像永遠是不確定的，甚至是隨機的。無論我們的科技如何突飛猛進，人類絕對無法變成拉普拉斯的惡魔。如果在我們看見和體驗到的每件事背後，有一個鐘錶宇宙在運行，那麼我們永遠無法完全了解它。

混沌理論意味著就連那些可預測的撞球，都必須重新歸類為不可預測的，甚至連站在撞球檯旁的人體重力質量，所產生的略微不同的引力，都會使一顆球與其他球彈碰了六、七次後的運動，變得不可能預測。這正是為什麼在超過幾次的碰撞後，無法安排一個完美的擦板球。如果這個道理適用於如此小的規模，請你想像一下換作構成這世界的無數個原子撞球後，情況會怎樣。最微小的波動是重要的，因此，對於一個可預測的未來懷抱信心，是騙子和傻子的天命。或者，如同佩瑪·丘卓[4]所言，「如果你十分在意安全感和確定性，那麼你就來錯星球了。」

混沌理論改變了我們理解世界的方式，但羅倫茲的發現，也使我們在思考自身的存在時，產生了些許不安。如果極微小的風速變化，可能造成幾個月後的暴風雨，那麼你在星期二早上猛然跳下床，而不是按下貪睡鍵的決定，會造成什麼影響？我們生活是否受制於不重要的選擇，以及看似隨機的霉運或幸運？以下是令人不解的事：如果亨利·史汀生一九二六年的度假計畫，能影響二十年後幾千英里外十萬人的生死，那麼我們必須擔心的就不光是我們自己的貪睡鍵。貪睡鍵和其他八十億人看似不重要的選擇，也左右著我們的人生軌跡，即使我們從未察覺到。

如果你多花一點時間瞇著眼看現實，便會明白我們在跨越時間和空間的情況下，無法擺脫地彼此相連。在一個如我們這般交織的世界，我們所做的每件事都

4. 譯註：Pema Chodron，一九三六～。藏傳佛教比丘尼，為加拿大甘波修道院教師。

是重要的，因為我們的漣漪可能造成別人生命中的風暴，或平息風暴。這表示我們對這世界的控制，遠比我們以為的還要少，因為震撼世界的事件可能發展自奇特、意料之外，幾乎不可能預測的互動。假裝情況相反，會讓我們覺得比較安心：也就是身為個人的我們，掌控著一個可獨立的有序世界。所以，我們確實是在假裝。

我們傾向於忽視這世界的一體性，並將一切進行井井有條的分類。無論為了什麼原因，但實際的情況是萬物彼此相互關聯。這種關聯驅動一切，我們的世界是一個交織的世界。一旦你接受這種交織的存在，便會清楚知道隨機、混沌和任意的意外，在事情的發生原因上扮演極重要的角色。在一個交織的世界，隨機是重要的。「信號」與「噪音」之間可能沒有真正的區隔，世上沒有所謂的噪音，某人生活中的噪音是別人的信號，即使我們偵測不到。

對我來說事實也是如此，我先祖的妻子是有精神疾病的殺人犯，不過我希望你的情況沒那麼可怕。人生中的每個發展都圍繞偶然的微小細節展開，無休無止。我們想要假裝這不是真的，但現實不在乎我們怎麼想，我們永遠在其他人的漣漪上衝浪。伊凡在希臘外海實實在在體驗了這個真相，而我們大多數人視若無睹。

這個真相對於個人和社會來說都是相同的。我們要如何解釋納西姆・尼可拉斯・塔雷伯[5]所稱的黑天鵝——在我們自鳴得意時，給予我們狠狠一擊的重大意外事件？近幾個世紀以來，世界變得越來越交織在一起，這不是新觀察到的現象，但確實意味著小小的改變、意外和隨機最終能造成前所未見的黑天鵝。冰島某座火山的爆發，可能導致數百萬人受困；一艘卡在蘇伊士運河的船，會造成幾十個國家的供應鏈斷裂；中國城市裡一個人感染了新型病毒，可能立刻使其他每個地方的一切事物停止運作。我們的世界是高度連結的世界。

即使我們沒察覺到，但我們的世界不僅交織在一起，還不停地改變。你閱讀這本書的當下，你正在改變。你正在變老（幸好只是微乎其微），還有當你注視著每一個字，你大腦的神經網絡也不知不覺在改變。最重要的是，就算我們好像沒做任何要緊的事，你周遭之外發生的事件也會改變你未來的生活，儘管你不會知道。古希臘哲學家赫拉克利特（Heraclitus，西元前五四〇～四八〇）正確地指出，「沒有人能涉足同一條河流兩次，因為這河流不再是原來那條，而他也不

5. 譯註：Nassim Nicholas Taleb，一九六〇～。黎巴嫩裔美國人。知名思想家、數理統計學家、風險工程學教授、哲學隨筆作家。

是原來那人。」對此赫拉克利特的學生克堤拉斯（Cratylus）補充說：我們不只是被動的觀察者。當你涉足一條河流，你就改變了河流。沒有任何東西是固定不變的，即使極微小的改變也會隨著時間而累加。

科學家，特別是研究複雜系統的科學家，老早就知道這個真相。在混沌系統中，例如羅倫茲發現的系統，子系統的任何小改變都會創造出不可預測的效應，其影響遍及其他一切事物。科學家無法忽視這個明顯的事實：沒有任何東西是真正地獨立，每件事物是統一的整體的一部分。

有一小群人用比較發自內心的方式，體驗了這個真相：他們曾見過以漆黑的太空為背景的完整地球。這幅景象令人動容，瞬間重新建立世界觀。然而這些有幸瞥見整顆地球的極少數太空人，不盡然多愁善感，容易被美景感動。相反的，當美國太空計畫展開時，美國航太總署（NASA）從如機器人般理性的務實者中找尋潛在的新成員，他們最不可能受到情緒或敬畏感的影響。美國航太總署擔心有哲學家和詩人氣質的人，可能在關鍵時刻屈服於經驗，害得航空器失事。

儘管這些太空人是因為他們比較冷靜無情的性情而入選，但那些見識過完整藍綠色地球的人，卻因為粉碎其觀點的頓悟而激動不已。「這是我這輩子見過最美麗、最動心的景象。」指揮阿波羅八號（Apollo 8）任務的弗蘭克．博爾曼說。駕駛阿波羅十四號的艾德加・米契爾表示同意，他說這個經驗帶給他一種「與萬物合而為一的狂喜」，使他認識到生命綿延不絕的聯繫。他從小小的艙口向外凝望，想到了「我身體的每個分子和太空船本身的每個分子，都是很久以前天空中某顆燃燒的古老恆星的熔爐裡製造出來的。」萬物一體對於那些從外太空看見地球的人而言，是如此的常見和深刻，此事有一個名稱：總觀效應（overview effect）。

我們依舊局限於有限的視野，但如果我們能拓展這個視野，像太空人那樣從太空船往外望，立刻就能明白個人主義是一種錯覺，是連結定義了我們。

起初，一個交織的世界似乎很嚇人，沒有人想要被告知他們不是掌控者，或者半個世界之外某個陌生人的決定，或者老早被遺忘的幾十年前的決定，能夠殺死我們，或導致我們的經濟嚴重衰退崩潰。無論你喜不喜歡，這就是世界的運作方式。就連那些亡故已久的人所作的決定，至今仍然重要。倘若在一九〇五年的威斯康辛州，那四個孩子沒有被殺死，你就讀不到這個句子了。

那個現實無論好壞其實並不嚇人，反倒非常奇妙，賦予生命的每個時刻某種潛在的隱含意義，這給了個人主義世界觀一記迎頭痛擊。當我們作出重大決定時，我們並未掌控我們個人的命運，而且就連我們最小的決定也是重要的，因為它們可能會改變世界。威廉·布雷克[6]的詩作〈天真的預言〉（Auguries of Innocence）開頭詩行道出科學事實：「從一粒沙中看見世界／從一朵野花看見天國／在你的手掌裡握著無限／片刻即是永恆。」

是時候了，我們應該調整一下我們在這世界中看待自己的方式。我們混沌、交織的存在透露出一個強而有力的驚人事實：

我們控制不了任何事物，卻影響每件事物。

極少有人認清這個事實，因為我們一直被個人主義的相反訊息轟炸。我們以為人人都能馴服一個可控制的世界，這個迷思無所不在，尤其是在現代西方社會。現代文化的一切使我們感覺自己是主角，產生了讓世界屈服於我們的想法。為所欲為的成年人直播著他們的小牢騷，還有現在立志要當YouTube明星的孩童數量是想當太空人的三倍。美國夢是極致個人主義的錯覺，如一切操之在我！倘若這是真的，那麼我們應當能消除其他人的決定所造成的跨越時間和空間的波動和漣漪。然而生活中隱藏的連結，卻時常用諸如伊凡和足球的故事，接連給予我們迎頭痛擊。有那麼一會兒，個人主義的迷思會讓我們感到不適，但之後我們只是聳聳肩，繼續活在謊言中。

西方現代性、我們世界中主流的思想和信仰體系，已經產生了過度簡化的迷思，來解釋我們生活和社會中的改變是如何發生。傳統觀點認為個別的個人有目的地獨立行事，這種看法已經變得十分普遍。如果有人說出這種話，例如「事實上，我們全都交織在一體的因果關係網中。」會讓他聽起來像是手持勵志書的新世紀大師，而不是在宣布一個可觀察得到、以經驗為依據的事實。（在科學界，最樂於接受和傳播這項訊息的人通常是理論物理學家。）

我們的現代迷思大幅降低現實的複雜度，以便我們將它那令人惱火的凌亂，塞進感覺起來比較好處理的整齊小盒子裡。這些盒子用確定性取代不確定性、秩序取代混亂、優雅的簡單取代失序的複雜，以及用能理性地（大多數時候）作出獨立選擇的個人所控制的世界，來取代一個交織的、意外的世界。這些盒子讓我

6. 譯註：William Blake，一七五五～一八二七。英格蘭詩人、畫家和版畫家，被認為是浪漫時期詩歌和視覺藝術史上的開創性人物。

們安心。人類喜歡直截了當的故事，當中X造成Y，而非一千個迥異的因素聯合起來造成Y。我們專注於單一的重大改變，用以解釋重大事件，而忽略了累積起來造成崩塌的細砂。我們甚至把廣大無垠的大自然裝進小盒子裡，當成去遠足的地方，而不是將我們和大自然看成一個整體中不可分割的部分。

我們的語言反映出這些迷思。作家暨哲學家艾倫．瓦茨[7]曾說過，當我們提到我們的出生，我們常說我們進入宇宙，但顯然我們是脫離宇宙，是聚合的原子碰巧被重新安排，快樂且短暫地進入人體。不管你看向哪裡，到處都有錯誤的假設，出自這個騙人的典範，尤其是生活中的小波動可以放心忽視的謊言。西方文明比歷史上的所有人類社會，更加以個人主義為優先，讓我們很容易就忽視那些將我們團結在一起的驚人連結。

無論過去或現在，並非每個人都陷入個人主義的錯覺中。在哲學中，原子的（atomistic）和關聯的（relational）世界觀之間有著基本的區別。原子論觀點認為，我們的個人本質是可分割的，同樣的，我們可以藉由將物質細分為組成的原子，來描述宇宙中的任何物質。我們要研究其成分，而非它們如何互動。如同哲學家伊莉莎白．沃爾加斯特（Elizabeth Wolgast）所言，在原子論中，「組成社會的個人是可相互替換的，就像水桶裡的水分子，社會只不過是個人的聚合體。」西方哲學傳統傾向於強調原子論。

東方哲學則傾向於以關聯的概念為主。最重要的是系統內組成部分之間的關聯，而非只是組成部分本身。關聯的觀點認為，想要了解個人，必須視之為更大的事物的一部分，還有我們的身分是從社會的角度，以及在做為整體的一份子的背景下被定義。在關聯的思維方式下，我們參照別人來定義我們的身分，看看我們是配偶、母親或會計師。即使我們以原子論觀點看待自己，但我們的生活仍以關聯的方式被定義。個人之間的連結和關係構成了社會，就像沒有人會在雞尾酒會中介紹自己是「一個人類」。

西方和東方思維中的這種差異源自何處？有人認為可能部分起因於動物學歷史上的一次意外。在〈創世記〉中，上帝宣布，「我們要照著我們的形像、按著我們的樣式造人，使他們管理海裡的魚、空中的鳥、地上的牲畜，和全地，並地上所爬的一切昆蟲。」在這樣一個世界裡，人類有別於自然世界的其他生物。對於基督教創教時的中東和歐洲居民來說，這種感覺是真的。駱駝、牛、山羊、老

7. 譯註：Alan Watts，一九一五～一九七三。英國作家、演講者，自稱「哲學娛樂家」，以講解和普及佛教、道教和印度教哲學而聞名。

鼠、狗，是當時動物界的大部分成員，這些生物確實與我們不太相像。

相較之下，許多東方文化中，古代宗教傾向於強調我們與自然世界的合而為一。有一個理論認為，部分是因為人們曾與猿猴一起生活，我們從牠們身上認出自己。生物學家羅蘭・恩諾斯（Roland Ennos）指出，orangutan（紅毛猩猩）這個單字的意思甚至是「森林中的人」。印度教有猴神哈努曼（Hanumen），而中國的楚王朝崇敬長臂猿。該理論說，身處於這些熟悉的靈長類動物之中，我們不可能忽略我們是自然的一部分，而自然也是我們的一部分。

姑且不論其起源，關聯論和原子論的差別反映在宗教中。印度教教徒提到「梵」的概念，意思是存在於宇宙中的萬物都是一體的，相對於「我」，也就是個人，妄想著自己獨立於整體之外。在印度教的吠檀多不二論傳統中，人唯有認清自我的妄想時，才能獲得真正的解脫。因此，印度教徒明白地將個人主義標示為一種妄想。同樣的，佛教徒尋求「非我」的感覺，這與個人主義世界觀正好相反。許多原住民文化呼應這些交織的看法，而非個人主義。舉例來說，生活在馬德雷山脈（Sierra Madre）高地的拉烏馬拉（Rarámuri）人，用稱作Iwígara的概念來描述「一切生命之間的完全相互連結和完整性」。

以往的基督徒也比較遵循這些思路。早期的歐洲基督徒認為，上帝不是與自然分開的，而是自然的一部分——「普遍存在於每個事物中。」《神的歷史》（*A History of God*）作者凱倫．阿姆斯壯（Karen Armstrong）如此解釋道，這代表上帝不是某個存在，而是存在本身。到了啟蒙時代，神的概念改變了，上帝已經變成一個個別的能動者，牛頓視之為一個個體，「非常擅長機械和幾何學。」

如今，現代基督教傾向於將獨一無二的自我角色列為優先，強調個人的道德責任，並且向被描述成一個個體的獨一真神，祈求祂的介入。在某些現代新教門派中，尤其在美國，「成功神學」（prosperity theology）甚至已經生根，其中個人的虔信、捐助宗教事業以及正向思考，都能直接獲得神的報償。財富就列在神的表單上，但你得去爭取，也只有你能下單。

對許多後啟蒙時代的基督徒而言，我們的人生劇本已經被唯一的超自然作者寫好了。伊凡免於溺斃，不是因為我們活在一個線縷交織的世界，碰巧產生一個救命的結，而是因為上帝，一位個別的神，祂送足球來拯救他的性命，作為一個隱藏的大計畫的一部分。這是詮釋和意義上的關鍵性改變，強化了世界是由有意圖、可分開的個別決定所形塑的概念。美國文化身分向來深受這種看法影響，例如「清教徒工作倫理」認為每個人都可以承諾他們會努力工作，藉以證明他們的虔誠，這是十足的個人主義式永恆救贖觀點。

久而久之，個人主義得到強化，因為在現代生活中，我們也已經失去了與自然世界連結的感覺。我們認為自己高於周遭的一切人事物，而非它們的一部分。昔日的狩獵採集者對於科學和技術的了解遠遠不如我們，然而在遙遠的過去，大多數的普通人與大自然及其秘密有著更緊密的連結。他們無法隔海交談，也無法飛上天空，但他們的生活仰賴他們對世界的通盤了解。相較之下，我們擁有深入但狹窄的專門知識。儘管我們歷經數千年的技術創新和驚人的科學進步，然而如果你被困在某個熱帶島嶼，身旁有來自古羅馬或中世紀英格蘭的工匠或農夫，比起有現代專家相助，你的存活機率會比較高。（「可是我精通Word和Excel」，你抗議道。）

現代人只精通這世界的一小部分事物，但是藉由協力合作，並將這些部分結合起來，我們已經擁有解開以往無法想像的潛力。這是化約論（reductionism）的巨大勝利，化約論認為藉由將複雜的現象分解成它們個別的部分，我們可充分加以了解。了解了部分，就了解整個系統。然而你越專注在可分成若干部分的系統，越容易忽略相互交織的關聯。化約論已證明十分有效，它幫助我們締造驚人的科學進步。然而我們太關心有用的東西，而忘記真實的東西。關聯性至少跟組成部分同等重要。現代科學越是將個人主義放在顯微鏡下觀察，越會發現它禁不起審視。

就連談到「個體」是什麼的科學概念也正在被修改。有些系統生物學家承認了我們的存在的相互連結、相互依賴的本質，他們已經不再稱人類為個體，並開始稱每個人為共生功能體（holobiont），其中包括核心宿主（就我們的情況而言，人類）以及棲息在我們體內或周遭的全部有機體。這聽起來或許怪怪的，但我們不只是我們自己，而是人類細胞結合與我們相關的微生物的集合體，包括真菌、細菌、古菌和病毒。根據最準確的估算，每個人類細胞裡面大約有一點三個細菌細胞。如同生物學家梅林．謝爾德雷克（Merlin Sheldrake）所言，「你消化道中的細菌數量比銀河系的星星還多。」新證據不斷出現，證明病毒影響我們的生物時鐘，寄生蟲改變我們的想法，還有我們的微生物群落可能導致心境障礙。[8]就科學角度而言，我們從來不是孤單的，但直到最近我們才有可能知道這件事。如果我們知道我們的想法，竟有一部分受到這些生活在我們體內的微生物影響，就會明白個人主義心態沒那麼站得住腳，而這種心態相信我們能獨立、專斷

8. 作者註：舉例來說，弓形蟲會嚴重影響受感染動物的行為，讓被寄生的狼變得更大膽，結果更有希望成為狼群的領袖。同樣的寄生蟲也時常在貓的體內發現，意味著養貓的人比較容易被感染，若干研究顯示弓形蟲大幅改變人類的行為。目前大約每四人就有一個感染弓形蟲。

地控制一個可馴服的世界。此事雖令人困惑，卻是真的。

這種思維違反我們的每一個直覺，但已故的德里克・帕菲特（Derek Parfit），最具原創性的現代哲學家之一，他設想了一個燒腦的情境，暴露出我們對於個體易於界定的錯誤假設。想像你有一把世界上最小的鑷子，又小又精準，能一次夾起一個人類細胞。你連同另一個人，比方說瑪丹娜，一起進入手術室。你坐在房間左邊的椅子上，而她坐在右邊。接下來一位哲學外科醫師開始費力地交換你們兩人的細胞，一次一個，這個過程重複了無數次，直到你們的身體百分之百被取代。

這個思想實驗的兩個極端是易於理解的。交換了一個細胞後，你依舊是「你」。在另一個極端，如果這把鑷子交換了你們各自身體中的每一個細胞，要說你仍然坐在你一開始坐著的椅子上，會是荒謬的說法。畢竟，一個看起來和感覺起來完全像你的人，正坐在另一把椅子上。但以下是令人困惑的問題：在哪個確切的程度上，你不再是你？交換了百分之三十的細胞後，你依舊是「你」嗎？百分之五十點一又如何呢？對此我們沒有明確的答案。[9]

如果你更仔細地檢視主流的個人主義典範，便會發現這是一個有漏洞的概念，它依附於一個稍加質疑就站不住腳的世界觀。幸好，接受個人主義的錯覺，讓我們能瞥見一些暴露的真相，告訴我們要如何真正融入這個世界。帕菲特努力進行他的思想實驗，得到的結論是承認一個相互關聯的存在，能讓我們獲得極大的解脫，甚至令人感到振奮。

「以往我的人生好似一座玻璃隧道，我年年在隧道中快速移動，盡頭是一片黑暗……當我改變觀點，玻璃隧道的牆便消失了。如今我活在露天之下，我的生活依舊不同於別人的生活，但差異變小了。其他人彼此比較親密，現在我比較不在意我的餘生，而更關心別人的生活。」了解了現實世界相互關聯和交織的本質，會朝更好的方向改變我們體驗這世界的方式。

承認我們混沌、交織的現實，會產生違反直覺的結論。我們將一起加以探索，踏上解開史上最大謎題的旅程，理解事情為何會發生。一路上，我們可能會對於我們的起源、我們的社會和人生，甚至對於改變的本質產生不同的想法。我們將處理六個重大的問題：

9. 作者註：這個思想實驗類似於西元第二世紀希臘作家普魯塔克（Plutarch）所提出的忒修斯之船（Ship of Theseus）悖論，探討如果一艘船的所有部件逐一全都被替換掉，那麼它還是原來的那艘船嗎。

1. **每件事情的發生是否都有原因，或者事情……就是這樣發生了？**

2. **為何小小的改變有時會產生巨大影響？**

3. **我們為何緊抓著童話版的現實不放，即使那不是真的？**

4. **我們能不能用更妥善的數據和更精密的機率模型來控制隨機？**

5. **隨機來自何處，以及它們為何出其不意地打擊我們？**

6. **如果我們接受這世界的混沌，我們能不能活得更好、更快樂？**

這些問題的答案最終累積出一個驚人的結論：微小、偶然甚至意外的改變——隨機——遠比我們以為的更重要。我們所有的人都像一顆漂浮的足球，即使我們似乎以直線的方式在游泳，其實是在不確定性的汪洋中上下晃動。這意味著我們活在一個遠比我們想要假裝的，更加意外和任意的世界。我們會發現，這些神秘難解的脆弱性，能往回追溯到最初，一路來到二十億年前，那個有史以來最大的隨機。

第3章

並非每件事的發生都有原因

在一個由機運和混沌所推動的世界，為何偶發事件主宰一切

在《物種起源》（*On the Origin of Species*）的結尾，達爾文驚嘆複雜生命的驚人爆發，我們歷經無盡的萬古，「從如此簡單的開始」邁向「最美麗的無窮形式」，這個開始確實曾是簡單的。在地球的大部分歷史時期，生命沒有進展，停滯在單細胞有機體。為了發展出這些「最美麗的無窮形式」——蘭花和章魚、鵲和木蘭、鬣狗和人類，我們需要好運氣，而且不只是普通的運氣，我們需要每幾十億年只發生一次的那種運氣。

直到大約二十億年前，地球上所有的生物都不複雜，微小的原核生物只有單細胞沒有細胞核，例如細菌和它們的表親古菌。後來由於未知的原因，有一個細菌撞見原核細胞，結果進到細胞裡面，這個細菌最終演化成粒腺體，也就是我們

細胞的發電廠。[10]在這一瞬間，一切都改變了。未來每個複雜生命的物種——從樹木到草、從蝸牛到人類，所有存在都要歸功於這個意料之外的微生物合併。整個人類的傳奇可以追溯到一個極微小的意外事件，著實令人感到不安。這種事情只發生過一次，就在二十億年前，此後從未再發生過。或許這是有史以來最大的隨機。

當你追溯人類這個物種的歷史，同樣驚人的故事不勝枚舉。它們清楚顯示，我們的存在和我們現在的生活方式是意外、隨機的，因此並不穩定。最近科學家甚至發現，我們不生蛋的原因，或許能追溯到某種類似鼩鼱的動物，在大約一億年前感染了反轉錄病毒，導致胎盤以及最終活產胎兒的演化。我們的生命故事是由許多位作者緊密合作寫成，包括人類和非人類，他們的努力跨越極遠的距離並深入過去。若非在早已被遺忘的迷霧中，一個看似隨機的小意外，我們不會存在於這世界。

在過去漫長的演化路上，這些令人心生敬畏的脆弱環節，似乎早已從我們的現代生活中被抹除，但我們的社會世界（social world）時時刻刻、年復一年，仍在被隨機的事件改變。因為我們的世界是交織的，改變任何事就改變一切，看似無意義的調整，可能以最怪異和意想不到的方式顯現其影響。

為了從事我的研究，自從二〇一一年起，我定期前往馬達加斯加。幾年前，我注意到路邊小吃攤上的一種新美味：大理石紋螯蝦。牠們最早在大約十五年前抵達東非外海的紅土島嶼，但最近這十年牠們已經接管那座島，到處都是牠們的蹤跡。然而這種螯蝦的起因成謎：牠們來自何處？

對此科學家並不確定，但暫定的主要假設是，這個新物種是一九九五年在德國某家寵物店的水族箱裡，一隻母螯蝦歷經不尋常的突變後產生的。由於未知的原因，那隻寵物店螯蝦以令人困惑的方式發生改變。牠有三組染色體，而非標準的兩組染色體，而且不需要公螯蝦就能受孕。這隻突變的大理石紋螯蝦可以不期然地進行無性繁殖，複製牠自己，生下基因完全相同的卵。後來每隻大理石紋螯蝦都是雌性——基因複製自最初的突變母蝦。因為這種奇特的單性繁殖能力，只

10. 作者註：時年二十八歲的生物學家琳．馬古利斯（Lynn Margulis）於一九六六年提出這個概念，結果受到眾人的嘲笑。她將她的想法提呈給十幾份期刊時屢屢遭拒，因為這聽起來很荒謬。她的理論後來證明是正確的，現在被視為二十世紀最重要的發現之一。

要引進一隻大理石紋螯蝦就能造成蝦口爆炸——就像在馬達加斯加的情況。

大理石紋螯蝦是一種入侵物種，酷嗜啃食稻田，然而牠們大量繁殖，也提供了意想不到的好處。馬達加斯加的人口多半營養不良，缺乏昂貴的蛋白質，螯蝦充分供應了便宜、穩定的美味營養補給。而且大理石紋螯蝦似乎捕食淡水蝸牛，後者是血吸蟲病的帶原者，島上有數以百萬計的人罹患這種寄生蟲所導致的疾病。馬達加斯加的稻作雖然遭到破壞，但三千萬人民有了新的營養來源，還有數百萬兒童比較不會死於血吸蟲病，這全都因為一九九五年的某天，在一家德國寵物店，一隻螯蝦身上發生的基因突變。

後來事情變得更怪異了。研究人員帶走兩隻基因完全相同的大理石紋螯蝦，將牠們安置在完全相同的受控制環境中，驚人的事情發生了。儘管牠們是彼此的基因複本，而且飼養在相同的環境，但奇怪的是，牠們的後代卻並不相同。如同作家邁克爾．布拉斯特蘭德（Michael Blastland）所言，有一隻雌蝦長成另一隻的二十倍大。在這群螯蝦中，個體的器官也有差異，行為也迥然不同。有一個個體在活了四百三十七天後死亡，另一個的壽命超過其兩倍。無論從基因或環境因素，都無法解釋如此巨大的差異。所以，該如何解釋這些差異？沒有人知道。此事或許涉及表觀遺傳學領域，但科學家們被弄迷糊了。

隨機的波動可能跨越時間和空間擴散開來，造成出乎意料的機會或大災難，或兩者皆有。[11] 在馬達加斯加，無數人的生活因為一隻遠在德國、早已死掉的螯蝦的突變而改變。這背後沒有宏大的計畫，只是一個意外，因為隨機的基因錯誤而產生，而這個意外的影響透過我們交織的存在被放大。我們面對這些難以理解的偶然，有時頂多只能聳聳肩，並聽從蘇格蘭生物學家達西·湯普森（D'Arcy Thompson）所提供的無法解釋的解釋，「每件事情之所以那樣，是因為它就是那樣。」

然而，我們一再被告知，「每件事的發生都有某個原因。」這種為求安心的創造迷思，使我們犯下認知錯誤，在誤判現實的情況下，設法將它塞進一個井然有序、說得通的模式中。舉例來說，我們往往有系統地低估運氣的作用——我們用這個詞語來描述與我們的生活交會的隨機和意外事物。想一想這個十分普遍但錯誤的看法，那就是世界超級富豪，必定是因為他們的天賦而賺到財富。然而只

11. 作者註：當我提到「隨機」事件，我的意思總是指看似隨機的——由於我們的忽略而好像是隨機的事件。骰子的轉動會產生難以預測的結果，在我們看來好像是隨機的，但這個結果並非隨機的——骰子的每次轉動都是遵循物理定律的確定性事件。看似隨機的事件仍具備明確的原因，儘管它們並不是某個較大的隱藏目的的一部分。（按照現代科學的見解，宇宙中唯一真正隨機的現象是原子和次原子尺度的量子效應。）

要稍微仔細檢視，這個迷思很快就會瓦解。

大多數的人類特質，包括智力、技巧和努力工作，通常遵循高斯曲線（又稱鐘形曲線）常態分布，這條曲線有點像倒U。相較之下，財富不是常態分布，而是遵循冪定律或帕拉圖分布（Pareto distribution），由一小群人控制了全球的絕大部分財富。你絕對找不到一個身高比你高五倍或矮五倍的成年人，但現今最有錢的人，比一般美國人富有超過一百萬倍。因此，一個只稍微比你聰明的人，可能變成一百萬倍的富有，而不只是稍微比你富有。這是有時被稱作「肥尾」（fat tails）的世界，對此納西姆・尼可拉斯・塔雷伯在《黑天鵝效應》（*The Black Swan*）中鮮活地講述過。

然而如果能賺到這樣的潑天巨富不是因為才能，而是因為我們通常稱之為運氣的隨機因素呢？最近某項研究中，物理學家們與一位經濟學家合作，利用電腦模型發展出一個模擬社會，以真實的方式分配才能給相互競爭的個人。在他們的模擬社會中，才能是重要的，但運氣同樣重要。後來，他們一再跑模擬，發現最富有的人從來不是最有才能的人，而幾乎總是接近平均值的人。

為何會這樣？在一個有八十億人口的世界，大多數人位於中等才能，亦即鐘形曲線的最大區域。現在，將運氣想像成閃電，它會隨意地落下。由於中等才能者人數最多，所以運氣最有可能落在數量龐大的中等才能者中的某人身上，而非一小撮最有才能的天才。研究人員作出總結，「我們的研究結果突顯了我們稱之為『天真的精英政治』（naive meritocracy）典範的風險……因為它低估了隨機性在成功的決定因素中的作用。」某些億萬富翁或許有才能，但他們全都有好運氣。運氣就定義而言，是機運的產物。塔雷伯、鄧肯．瓦茨（Duncan Watts）、羅伯特．弗蘭克（Robert Frank）都表示，我們傾向於逆向推斷成功的原因，他們稱之為「敘事謬誤」（narrative fallacy），亦即更常見的「後見之明偏誤」（hindsight bias）。億萬富豪必定有才能，這個概念正是這種謬誤。

然而，如果運氣在成功中扮演如此重要的角色，這應該會影響我們思考幸運和不幸運的方式。如果你相信你生活在一個精英制世界，在這樣的世界裡，最有才能的人會成功，而非部分因為意外或機運，那麼你攬下每次成功的全部功勞，還有每次失敗的全部責任是有道理的。但如果你相信隨機性與意外推動我們生活中的許多重大改變——它們確實如此——那麼此事將會改變你的人生觀。當你在輪盤賭檯上輸錢，你不會懊惱自己是一無是處的失敗者；相反的，你接受這個任意發生的結果並且釋懷。承認一個複雜、交織的世界往往產生無意義、意外的結果，會使你感到更有力量和解脫。

在面對看似隨機的不幸時，我們特別容易去發明和抓住假的解釋。我們無法輕易接受用隨機性來解釋我們為何罹患癌症，或者發生車禍。壞消息需要背後的某種原因使之顯得合理，如果不弄清楚造成苦難的真正原因，我們無法走出不幸。這變成在可能無意義的災難中，追尋著難以捉摸的意義。「每件事的發生都有原因」是我們失業、分手遭受打擊或者有人死亡時，最常聽到的一個應對機制。這句話雖然能幫助我們在無意義中找出道理，從一切事物都井然有序的計畫中得到安慰，但它不是真的。它只是有些用處、讓人放心的虛話。某些無論是重要的、令人惱怒的或恐怖的事，就是這麼發生了。那是一個相互關聯的混沌世界中不可避免的結果。意外、錯誤還有最重要的，任意的中性改變，創造出物種、形塑社會和推動我們的生活。

相反的，研究顯示當人們歷經意想不到的正面事物時，例如中了樂透彩，他們會樂於接受隨機性或機運作為令人滿意的解釋。在這些驚喜的時刻，我們像一隻參加自己生日派對的狗，雖然不確定為何突然出現無可解釋的大量雞肉和起司，但樂於不懷疑地大口吞下。

然而當我們試著解釋任何重要的事情時，隨機性和機運便不再被考慮。想一想我們如何設法解釋人與人之間的差異，我們最終幾乎總是倚賴一個過度簡化的二分法：這必定是因為先天因素（基因）和後天因素（我們的環境、教養和經歷）的某種結合。但第三個可能性往往被忽視。如果我們之間的某種差異，如同神秘的大理石紋螯蝦，只不過是個意外或任意發生的事又會如何？

行為遺傳學家推論我們之間大約一半的差異，是因為我們DNA的緣故。這讓另一半差異成為人類發展上的暗物質，生命不可解釋的瑣事。倫敦國王學院（King's College London）行為遺傳學家達米恩・莫里斯（Damien Morris）主張，我們的生命路徑有時可能受到看似隨機的機運影響，他用教室裡一模一樣的雙胞胎故事加以闡述。「其中一個雙胞胎正盯著窗外，因為一隻飛過的鳥而分心，而另一個深深著迷於老師所講述的一首詩——此後一輩子喜歡詩。」兩人的大學主修科目和職業道路後來產生分歧，全因為一隻飛掠過窗外的鳥。

此一猜測正獲得科學的證實。看似隨機的波動，顯然開始於出生之前的大腦發展期間，這些小改變可能在我們的人生軌跡中扮演重大角色。研究人員做實驗比較在相同環境中飼養的、基因完全相同的果蠅的行為，他們發現當中存在著相當大的、不可解釋的非遺傳性特質差異。這些差異似乎因為隨機的神經線路的微小出入而產生，大腦發展期間的小波動造成終生的影響。我們的大腦也有與果蠅大腦類似的構造，因此在人類身上進行相同的實驗雖然不道德，但我們有充分的理由相信，我們的大腦線路發展，在我們出生之前也遵循這種無計畫但重要的變動。無論我們如何盡力假裝情況並非如此，但我們有時就是意外事件的傀儡。

許多人拒絕以這種方式看世界，並堅稱如此的概念雖適合哲學家去思索，但只不過是「噪音」罷了。或許這些看似隨機的波動會隨著時間被沖刷掉，而改變確實依據有結構的模式和秩序發生。那麼，讓我們最終地徹底回答這個核心的謎題：我們的世界是偶發或趨同的？每件事的發生是否都有原因，或者事情就是這麼發生了？

在印度神話、中國神話和某些美洲原住民起源故事中，據說地球被馱在一隻巨龜的背上。根據一則眾所周知的寓言故事，聽到這件事的男孩問出顯然順理成章的問題：「可是那隻烏龜站在什麼上面？」第一隻烏龜站在第二隻烏龜上面，人家告訴他。「那麼第二隻烏龜站在什麼上面？」男孩問。答案來得迅速而明確：「一路往下全是烏龜。」

「一路往下全是烏龜。」已經成為無限後退（infinite regress）的簡稱，當中每個解釋都站在另一個解釋之上，連續不斷。那便是偶發性的運作方式。在偶發的世界中，你是近乎無限個事件所形成的網絡的結晶，這些事件線縷交互纏繞才造就你的存在。改變任何一股線，無論它多麼細小，你都會消失，加入道金斯所稱的「未出生的幽靈」之列。但只要有一個小改變，一切都會不同。一路往下全是偶發事件。

許多通俗書籍想像人類歷史的如果這樣會怎樣。但有一個基本問題，我們只有一個地球，我們無法測試關於其他可能世界的假說。我們沒有任何機制藉由重播時間、微幅修改重演的事件來測試違反事實的事，看看歷史是否或者如何以不同的方式展開。我們只能止步於推測。

一九九八年，一部名叫《雙面情人》（*Sliding Doors*）的電影，想像我們能看見其他可能的世界。電影一開始，由葛妮絲・派特洛（Gwyneth Paltrow）飾演的海倫飛奔趕搭倫敦地鐵。她跑下階梯，但被一個小女孩暫時擋住去路，花費了她半刻時間。當海倫來到列車之前，車廂的門猛然關上，她被留在月台上。接下來，影片倒轉約十五秒然後重新開始，一切似乎都一樣，除了那個小女孩的媽媽這次拉了她的女兒一把，沒擋到海倫的路。因此，在車門就要關上時，海倫順利擠進車廂內。電影追溯海倫在兩個世界裡的人生，一個是她趕上地鐵的世界，另一個是她錯過地鐵的世界。在某些方面，海倫的人生徹底分歧；而在其他方面，海倫的人生趨同於類似的結果，不過她的路徑已然改變。想一想這部電影，你會發現這顯然正是我們人生的運作方式，但我們幾乎從未想過。或許因為承認每一個片刻都重要，會讓人不知所措和捉狂。然而和製片人不同的是，我們沒有倒轉鍵，所以不知道我們的哪一個「滑動門」時刻最重要。

演化生物學的研究反映《雙面情人》中的概念。物種的興衰是否有可預測的模式，牠們是否搭上演化的列車？或者看似不重要的微小改變和意外，是否會改變軌跡和產生新的特質、新的行為和新物種？演化生物學可說是一種歷史科學，讓我們以無可比擬的方式，更全面地思考和評估改變。因此這值得我們短暫地探索一下達爾文的世界，利用從動植物群那裡學來的教訓，了解我們的生活和社會如何改變。

達爾文的核心洞見是自然界創造「選擇壓力」，大致決定了誰存活下來和滅亡。如果有一群寬喙的鳥棲息在崎嶇的峭壁上，那裡唯一能找到的食物出現在狹窄的縫隙裡，那麼牠們會比鳥喙較窄、能從縫隙中覓食的鳥更容易死亡。久而久之，較窄的鳥喙「被選擇」，因為窄喙的鳥更可能存活和產生後代，而其他無法餵飽自己的鳥會滅亡。該物種一代又一代地適應牠們的環境，如果某天生出一隻有狹窄矛狀喙的雀鳥，牠會在演化的抽獎活動中打敗其他對手。這種情況會持續到環境發生改變為止，屆時生存的選擇壓力也會跟著改變。

但演化若要合理，地球必須足夠古老，給予物種進行實驗和適應的時間。若干世紀以來，盛行的典範是地球只有五千八百五十歲。（一六〇〇年代，詹姆士·厄謝爾〔James Ussher〕主教推論地球大約在西元前四〇〇四年十月二十二日早上六點鐘被創造出來。）這樣的時間不足以久到讓演化施展它的魔法。如果說羅馬不是一天造成的，那麼鴿子肯定無法在六天內出現。後來當地質學家開始發現，地球遠比我們先前相信的還要古老，演化理論變得似乎可信。

終其一生，達爾文無法理解其潛在機制：一個極微小的化學配方造成兩個物種之間的差異。然而，在達爾文去世後數十年，演化生物學領域被稱作現代綜論（modern synthesis）的概念所形塑。這是一個簡單但強大的模型，有助於了解人類社會和文化的改變，以及物種之內和之間的變化。有機體會發生突變和累積隨機的差異，形成用試錯法解決問題的基因積木。（現在我們知道看似隨機的突變發生在DNA進行複製時，但達爾文去世七十一年後，DNA的雙螺旋結構才被發現。）這些突變可能創造出不同的鳥喙類型，有些鳥喙長而窄，有些則短而寬，然後交由天擇完成它的工作。具備較有用特質的有機體，一般而言更能存活下來，將它們的基因傳遞給下一代，而具備較無用特質的有機體，一般而言更常在具備繁殖能力之前死亡。

由倖存者決定未來，雖然無情但有效。

但生物學家分成兩派，其中一派所描述的演化改變以平順、可預測的方式趨同於一個不可避免的結果，而另一派認為偶發事件定義了演化改變參差不齊、不可預測的進展。（這個分歧反映出歷史、經濟學、政治學和社會科學等領域類似的意見分裂。）改變的發生有多突然？科學家對於這個爭論頗有幽默感。主張改變過程緩慢穩定的人，被戲稱為代表「慢郎中演化」（evolution by creeps），而主張演化過程大多穩定，直到某個突然的變化改變了一切的人代表「急驚風演化」（evolution by jerks）[12]。

這些爭論對於我們，以及我們可稱之為貪睡鍵效應的事物是很重要的。如果這世界主要是趨同的，那麼你比預定時間晚五分鐘起床，並沒有什麼關係。但如果這世界有時因為小小的偶發事件而轉向，那麼每次按下貪睡鍵，都有可能改變一切。

自然界提供了這兩種觀點的證據。在偶發陣營裡有鴨嘴獸之類的生物，生物學家強納生·洛索斯（Jonathan Losos）稱鴨嘴獸為「演化的一次性事物」。

鴨嘴獸是會產卵的有毒哺乳動物，擁有鴨子的嘴、河狸的尾巴和水獺的腳，基本上從腹部的泌乳孔來餵養幼獸。鴨嘴獸十分獨特，完全不像其他任何生物，一七九九年，第一個鴨嘴獸樣本被運送到英國，某位頂尖的解剖學家表示，「牠自然地讓人想到這是一種人為的欺騙手段。」他徒勞地尋找縫合其他動物屍體使之成為有鴨嘴的某種合成怪物的痕跡。另一位解剖學家甚至假設牠是演化的性狂歡所產生的怪胎後代，「所有這些不同動物的不同性別之間的濫交。」好一個假設。

或者，想一想熊貍，一種原產於南亞和東南亞的靈貓科動物。牠的尿液中含有稱作2—乙醯基—1—吡咯啉（2-acetyl-1-pyrroline）的化合物，這種化合物賦予如爆米花般誘人的香氣。熊貍往往將尿液塗在腳和尾巴上，創造一條氣味小徑，這就是走進熊貍棲息地的人，往往在叢林中聞到電影院大廳氣味的原因。演化透過偶發事件，可能變得相當怪異。

螃蟹之於趨同正如鴨嘴獸之於偶發。帝王蟹、瓷蟹和寄居蟹，舉例來說，不

12. 作者註：包括普林斯頓大學演化生物學家夫婦羅絲瑪麗和彼得·格蘭特（Rosemary and Peter Grant）在內的科學家，此後直接證明演化在短得驚人的時間尺度上發生。比較正式的名稱間斷平衡（punctuated equilibrium）有時用於指稱「急驚風演化」。

是真正的螃蟹，而是不相干的甲殼動物。那是因為至少有五次演化將動物變成像螃蟹的計畫。這種情況如此常見，甚至有一個用語來描述：蟹化（carcinization），意思是「將事物變成類似螃蟹」。（有人表示這種趨同力十分強大，人類最終會像螃蟹一樣舉著鉗子快速爬行。）同樣的，飛行能力至少在生命樹演化出四個不同分支——在昆蟲、蝙蝠、鳥類和翼龍。對於共同的問題，大自然趨向於類似的解決方案。

我們的世界在偶發和趨同之間快速移動，提供結構和秩序的假像，直到一個小小的調整改變了一切。英國雷丁大學（University of Reading）演化生物學家馬可．帕格爾（Mark Pagel）藉由精密的ＤＮＡ定序，發現驚人的證據，證明百分之七十八的新物種因為一個事件而引發。大自然會犯下隨機的錯誤，或偶發的偏離，然後哇！你得到一種新的甲蟲。

但這對我們而言為何是重要的？

我們所了解的人類歷史是偶發與趨同之間的爭鬥。長期、穩定的趨勢推動改變?或者歷史圍繞著最小的細節展開?由於我們無法用實驗來驗證過去的事,所以只能在這兩種世界觀之間作猜測。

但如果你能夠創造多重世界,情況會如何?還有如果在多重世界裡,你不僅能控制當中發生的事,還能控制時間呢?想像一下扮演上帝的能力,隨心所欲地按下暫停鍵,甚至倒帶鍵和重播鍵。這會讓我們以史無前例的精準程度,瞥見因果關係的內在秘密。我們終將知道改變是如何發生,以及偶發和趨同,哪個占絕對優勢?這是一個迷人的思想實驗,但可能發生嗎?

幾十年前,一位名叫理查.倫斯基(Richard Lenski)的科學家知道這是有可能的,而且不靠科幻小說。倫斯基留著令人印象深刻的達爾文式鬍子,曾以演化生物學家的身分在北卡羅萊納州進行實地考察,研究掠食性的南方步行蟲。他喜歡戶外,但工作進展緩慢,還要應付許多毒蛇,他的步行蟲經常在暴雨中溺斃,最重要的是,真實世界的複雜程度引進太多變數,根本無法精確測試最讓他感興趣的想法。倫斯基想知道研究演化改變的實驗能否進行,不是在野性難馴的野外,而是在受控制的科學實驗室環境裡。一九八八年,倫斯基展開科學史上最持久、最重要的實驗之一。

倫斯基的實驗因簡單而優美。用十二支同樣的燒瓶,培育十二個同樣的大腸桿菌菌株，用完全相同的葡萄糖液餵養，讓它們進行演化。由於大腸桿菌繁衍迅速，它們每天歷經六點六四個世代。一個人類世代平均持續二十六點九年，所以這些細菌的一天大約等同人類時間的一百七十八年。此事難以置信，但自一九八八年起，倫斯基直接觀察了超過七萬個世代的大腸桿菌的演化，相當於人類在一百九十萬年後的改變。二〇〇四年，另一位了不起的科學家柴克瑞·布朗特（Zachary Blount）加入倫斯基的實驗室，他們一起長期監看這些微生物宇宙，每一個都在瓶中旋轉。

我拜訪過他們，所以我也能凝視這些受控制的宇宙。倫斯基和布朗特平凡無奇的實驗室位於密西根州立大學，裡面有燒杯、量筒、皮氏培養皿和層架上的白色化學藥瓶。倫斯基指著門邊的一個盒狀恆溫箱，溫度設定在攝氏三十七度，也就是華氏九十八點六度，與人體體溫相同。恆溫箱嗡嗡作響，緩緩旋轉和搖動裝著微生物的燒瓶。這間實驗室看似缺乏生氣，卻提供了線索，說明它是一個著迷於演化秘密的場所。牆上貼著一張海報，描繪達爾文著名的航程；電燈開關旁有一幅有框的圖畫，畫著奇幻生物，像人一樣直立，但有章魚的觸手；上方是一個橫幅，寫著與美國國格言E Pluribus Unum（意為「合眾為一」）意思相反的句子。在長期演化實驗（Long-Term Evolution Experiment, LTEE），他們遵循不同的格言，以此向演化的變化致敬：Ex Uno Plures——「一生萬物」。

柴克瑞・布朗特採用這句格言並製成橫幅。我是在密西根州東蘭辛（East Lansing）某購物商場的一家印度餐廳和布朗特碰面的，他的實驗室就在商場附近。你不可能錯認布朗特，他穿著高高的彩色條紋襪，腳蹬健行靴。他說自己是沒有手機的「二十一世紀怪咖」。你最可能找到布朗特的地方是實驗室，看見他忙著破解被嚴密把守的生命秘密，或者在野外露營地讀著一本厚厚的歷史書。他對微生物和人類歷史中的隨機十分著迷，可說是那種「白天搞細菌，晚上讀拜占庭帝國」的傢伙。和他在一起四個小時後，我不確定自己是否還認識其他對世界如此好奇，或者對於了解世界如此富有想法的人。

布朗特興致勃勃地描述這個實驗。每天每支燒瓶裡的大腸桿菌在完全相同的葡萄糖、糖和檸檬酸溶液中生長，更通俗的說法是「賦予柳橙汁風味的酸液」。這些細小的微生物在檸檬酸溶液中游泳，但只能吃葡萄糖。細菌不透過性行為繁殖，而是分裂成兩個幾乎完全相同的子細胞。因此燒瓶中的差異大多來自於突變，也就是DNA複製時發生的小差錯。實驗的巧妙之處在於，來自同一個共同祖先的十二個不同群落，可以在完全相同的條件下自由演化，也就是一生萬物。這個實驗因此將性、環境變化和掠食者排除於方程式外，讓科學家能觀察到純粹的演化。所以倫斯基和布朗特能藉此測試是偶發或趨同支配了演化。如果是趨同推動演化，那麼即便長久之後，這十二支燒瓶應該只有小小的差異。它們可能採取十二種不同的途徑，但最終會到達大約相同的地方，這也意味著演化的貪睡鍵大多沒有意義。但如果是偶發主導演化，那麼這十二個群落最終應該會產生巨大的分歧，因為偶發事件創造微生物的隨機，永遠改變了演化的途徑，就像按一下貪睡鍵可能改變一切。倫斯基和布朗特還具備其他科學家沒有的東西：時間機器。大腸桿菌可以被冷凍保存而不受損，這麼一來冰箱就能當作暫停鍵；按下播放鍵，就解凍這些細菌。打從一開始，倫斯基和他的團隊每隔五百代就將十二個菌株譜系冷凍一次，這代表他們可以在任何特定時間，重播任何一部分的實驗。想要創造從蘇聯解體那天，或者二〇〇一年九月十一日開始的細菌重播？沒問題。在這十二個溶液宇宙中，倫斯基和布朗特控制著時間。

持續超過十年後，實驗似乎支持演化趨同的假說。這十二個培養的細菌有所不同，因為小改變是不可避免的，但它們似乎全都以類似的方式在改變。每個細菌譜系都逐漸更擅長吃葡萄糖，變成按達爾文意思的更加「適應」，並且有明顯的秩序感。特定的突變似乎不太重要，彷彿所有這十二個菌株都循著相同的鐵路軌道，奔向相同的目的地。這證明演化是慢郎中而非急驚風。

後來，在二〇〇二年一月的某個大冷天，一位博士後研究員提姆・庫柏（Tim Cooper）來到實驗室照顧這十二個細菌群落，如同他先前做過無數次那樣。這回，事情有所不同。其中十一個群落看起來正常，「像裝在燒瓶裡的水，混入一、兩滴牛奶，唯有輕微的混濁表示裡面有無數的細菌。」然而第十二支燒瓶大不相同，裡面部分不透明，有混濁的混合物，原本應該是大多透明清澈的。「我想它出了差錯。」庫柏告訴我，「但我相當確定有趣的事正在發生。」

庫柏叫來倫斯基。

「我認為那是實驗室失誤。」倫斯基告訴我。「在實驗室裡我們避免污染的格言是，『有懷疑時，就把它丟掉。』」倫斯基決定取出上一次的冷凍樣本，重新開始培養那個譜系的細菌。幸好他們有微生物時間機器，能輕易修正錯誤。幾個星期後，同一支燒瓶又變得混濁。這次顯然沒有出差錯，而是有什麼事情正在發生。感到困惑的科學家們給那支不透明燒瓶裡的大腸桿菌進行DNA定序，發現了難以置信的事。那些細菌已經演化出吃檸檬酸鹽的能力，這應該是不可能的事。整個二十世紀，只記錄了一個大腸桿菌能吃檸檬酸鹽的案例。這個意外發生的事件已經是一個重要發現，但故事才即將開始變得更加有趣。

為了消化檸檬酸鹽，這個「怪咖」細菌譜系首先歷經四次不相關的突變，沒有為這個細菌群落提供明顯的好處，似乎就像是無意義的錯誤。然而倘若這四次錯誤沒有全部按照那個特定順序發生，賦予它們吃檸檬酸鹽能力的第五次突變不可能會發生。五次偶發的突變接連發生，也是極不可能的事。它們從頭到尾都是偶發事件。

這到底有多偶然？為了找出答案，布朗特耗費多年時間，研究這個古怪的細菌群落。他在不同時間凍結突變譜系的樣本，利用冷凍的細菌化石紀錄，來測試吃檸檬酸鹽能力是否會再次出現。在將近三年的實驗中，他分析了大約四十兆個細菌，只複製出十七次檸檬酸鹽突變。然而如果他足夠深入回溯大腸桿菌的演化史，檸檬酸鹽突變從未再發生。那完全是偶發事件。直至今日，歷經七萬個世代後——相當於人類一百九十萬年的演化——十二個譜系中只有一個發展出消化檸檬酸鹽的能力。對一個細菌譜系而言，一個微小的改變意味著它們未來一切的改變，全因為一個隨機的突變，這個突變又因為四個不相關的意外而可能發生。其餘的十一個細菌宇宙只能繼續吃葡萄糖，如同倫斯基說的，對於它們在「檸檬口味甜點」裡游泳的事一無所知。

布朗特認為長期演化實驗提供思考人類社會關鍵轉捩點的精妙邏輯。舉例來說，許多歷史學家說登陸日（D-Day）是第二次世界大戰同盟國勝利的關鍵。如果有人能實驗性地測試這個說法，歷史學家就能仿效倫斯基和布朗特的研究設計。想像一下你有一千個完全相同的地球，並且能在戰爭期間的不同時刻暫停它們。這個邏輯是如果在登陸日之後的世界，同盟國的勝利機率大幅增加，那麼歷史學家可以推斷登陸就是關鍵轉捩點。然而如果世界無論在一九四二年六月或一九四四年六月解凍，同盟國的勝利機率都是百分之七十五，那麼歷史學家顯然錯了。登陸日沒那麼重要，同盟國總是可能贏得勝利。

可惜，我們只有一個地球，也無法倒轉時間，這些偶發對比趨同的實驗，依舊只可能以科學實驗室的微生物為對象。目前，倫斯基和布朗特——以及已經在從事長期演化實驗的大型研究團隊——已經解決了偶發對比趨同的爭論：對我們來說，這世界似乎是趨同的，直到我們震驚地發現事實並非如此。

我們往往對這些可能令人震驚的事視而不見，直到它們發生為止。我們遵循慣例，看這世界日復一日地運行，認為小改變好像無關緊要。晨間新聞在七點鐘準時開播，我們在七點二十至二十五分之間通勤上班。在我們看來，平緩發生的趨同似乎占據主導地位。

然而我們的生活以及我們的社會，卻因為猛然出現的偶發事件而劇烈改變。有時，這些改變是許多小改變累積到最後的結果。它們隨著時間累積，直至達到臨界點，一切崩潰瓦解。其他時候，看似獨立的個別軌跡相交在一起，彼此有因果關聯，就像我們在第二章看到的伊凡和漂浮的足球，這種現象稱作庫諾偶發性（Cournot contingency）。想像一隻蒼蠅嗡嗡地飛了幾個小時，在找尋空的空域，直到突然撞進一位機車騎士的眼睛，騎士緊急轉彎、撞車然後死亡。那隻蒼蠅的軌跡對於騎士的性命而言極為重要，但他顯然絲毫未發現蒼蠅軌跡對於他的生命軌跡的重要性，直到事情已經太遲了為止。

就此意義而言，我們就像電影《雙面情人》中的海倫，往往沒有察覺偶然的小改變，如何改變了我們的生活和社會。某些改變是隨機的意外，例如DNA突變，有些改意是刻意的，是我們所作的次要決定，而這些改變不停地發生。我們告訴自己，我們掌控著自己的人生，但真相是一切事物都不斷在變動，包括我們自己。我們和大腸桿菌一樣，活在一個可稱之為偶發的趨同（contingent convergence）所定義的世界，改變大致上就是這樣發生的。其中存在著秩序和結構，但貪睡鍵效應也是真的。這導致一個令人不安，同時也令人興奮的真相：每一個片刻都很重要。

如果偶發的趨同占主導地位，為何隨機性在演化改變中所扮演的角色，如此經常被忽視？達爾文沒說過但後來卻被採用的「適者生存」（survival of the fittest）這句話，似乎在暗示從比較壞變成比較好的持續進展。天擇有時表現得恰好符合「每件事的發生都有原因」的趨同派思維，這種思維假設演化十分無情，所以現存任何一個經演化而來的特質，必定是看不見的大自然智慧之手所形塑。演化的運作，理查．道金斯曾說，像「一個小氣的會計，一毛不拔、不停地看錶，為了一丁點的奢侈鋪張而作出懲罰，不鬆弛也不停息。」演化以無情、最佳化的方式，一絲不苟地修正其錯誤。在這個概念下，不光只有秩序和結構，還有一個明確的目標：這世界要努力變得更強健。

演化有時可能是比較隨機的過程。此事相當明顯，當你知道哺乳動物之所以可能崛起，只因一顆巨大的太空岩石重擊地球，並徹底摧毀生命樹的全部分支。演化也會透過遺傳漂變（genetic drift）來遵循隨機的改變，由於偶然的原因使族群基因發生變化。但因為種種歷史因素，強調演化中隨機性和機運之作用的生物學家，在這個領域內被迴避。[13] 在通俗的演化討論中，我們大多聽到最適者生存，而非最幸運者生存。

儘管如此，你現在活著是因為在遙遠過去的某些幸運個體——演化的樂透彩得主。我們是各種遺傳瓶頸（genetic bottleneck）的後裔，遺傳瓶頸是遺傳漂變的子集，發生在基因多樣性因為物種中存活的個體數量大幅減少而遽降時。舉例來說，許多人（包括我在內）都曾讚嘆那些散布在加州海灘上的北象鼻海豹，然而在一八〇〇年代，人類為了獲取北象鼻海豹身上的獸脂，曾將牠們獵捕到近乎滅絕的程度，直到只剩下二十對繁殖配對還活著。如今，每隻北象鼻海豹都是那一個族群的後代。我們不難發現個別的海豹能存活下來，對於再生其物種有多麼重要。

現在，想像一下類似的情況發生在人類身上，我們整個種族減少到只有四十個人，然後暴增至八十億個，這四十個人的組合定義了人類這個物種。如果這四十個人全都是來自比方某家兒童醫院的護士和醫生，未來的人類將迥異於如果他們全是卡戴珊家族的人[14]，但願這件事不會發生。在數量如此少的情況下，每個個人都將重塑人類。無論好壞，來自始於四十分之一的川普（Donald Trump）基因庫的數十億後代，會與包含四十分之一的馬拉拉．尤沙夫賽[15]基因庫的數十億後代相去甚遠。

上述情況並非假設。若干萬年前（或許更多倍）[16]，人類曾遭遇一次嚴重的人口瓶頸。某項研究推斷，人類數量一度少到只有一千對繁殖配對。其他的估算數字沒有這麼少，但依舊表示在不同的瓶頸下，人類可能大約只剩下一萬人，這些瓶頸本身就是潛在的人類基因庫的任意子集。在演化時間尺度下的一眨眼間，人類數量從一萬增加到八十億。人類的基因多樣性似乎在瓶頸期遽減。相較之下，連喀麥隆某條河流兩岸現代黑猩猩的基因差異，都大於生活在不同大陸、相隔數千英里的現代人基因差異。[17]我們所有的生活和一切歷史，都圍繞著這些瓶

13. 作者註：已故的約翰．泰勒．邦納（John Tyler Bonner）曾任普林斯頓大學演化生物學教授，他在名為《演化中的隨機性》（*Randomness in Evolution*）的書中提出類似的褻瀆主張，但多半與微生物有關。介紹這本書的一個簡介說邦納「不只近乎異端邪說，他就是異端邪說」。

14. 譯註：Kardashians，一九八〇～。美國影視名人金伯莉．卡戴珊（Kimberly Kardashian）的家族，人氣和話題居高不下。

15. 譯註：Malala Yousafzai，一九九七～。以爭取女權和女性受教育權而聞名的巴基斯坦活動家。

16. 作者註：研究人類演化的研究者提出一些瓶頸，例如與多峇火山（Toba volcano）爆發有關的瓶頸，目前依舊有爭議性。我們不確定到底曾發生過多少次瓶頸以及情況有多麼嚴重。

17. 作者註：獵豹曾經歷過更嚴重的瓶頸，導致牠們的基因多樣性極低，研究人員能輕鬆將某隻獵豹的皮膚移植到另一隻獵豹，讓牠的身體當成自己的皮膚。

頸展開，它們讓我們稍稍瞥見遙遠過去的某次演化意外。倘若沒有這個意外，你和你認識的每個人都不會存在。

隨後的史前遷徙也意味著雖然數量較少，但仍然是被任意挑選的人類，他們「創建」了不同的族群，後來在地理隔離的區域內獨立發展。這稱作奠基者效應（founder effect）。舉例來說，某些遺傳研究顯示，美洲的原住民族群可能是由少至七十到兩百五十個個體所建立的，他們從亞洲跨越陸橋而來。在南大西洋遙遠的垂斯坦昆哈（Tristan de Cunha）群島，大約三百個居民之中，一百五十個患有哮喘，這是因為最初來到島上拓殖的人只有十五個（當中許多人有哮喘）。就連現已滅絕的著名度度鳥，也是產生自某次奠基者事件，那時一群任性的亞洲鴿子在幾百萬年前登陸模里西斯，因為增加了一些體重而失去飛行能力。沒有隱藏的目的在指引這些患有哮喘的島民或迷路的鴿子。一切就只是意外。

這些想法與稱作倖存者偏誤（survivorship bias）的概念有關，讓我們只看得見倖存下來的事物。我們對於穴居人的認識，許多都來自洞穴畫。或許某些穴居人並不住在洞穴裡，而且更常在樹皮上畫畫，所以我們應該視他們為樹人。然而這些樹木早已消失，所以我們不敢這麼說，但洞穴畫留了下來。同樣的，古希臘羅馬的古典思想深刻地塑造現代，但我們對這些想法的詮釋受到一個任意因素的影響：那些想法是透過手稿留存下來，而其他想法湮沒在歷史中。人類歷史的某些層面和大自然一樣是隨機產生的。

然而，大自然做為嚴厲的最佳化者的形象持續至今。《夠好了：容忍大自然和社會中的平庸》（*Good Enough: The Tolerance for Mediocrity in Nature and Society*）的作者丹尼爾・米洛（Daniel S. Milo）強烈反對這個觀點，並且極有說服力地表示，這世界充滿「足夠好的」解決方案，其他人稱之為勉強拼湊出來的辦法（kludge approach）。（kludge的意思是「為了滿足特定目的，用不相配的零件組裝出成品。」當我們年老時，所有的人都會發現人類的膝蓋或下背大多只能勉強發揮其功能，但只有極少數人說它們處於最佳狀態。）我們先前提到的意外的生物學家木村資生，幸運地沒有在京都被汽化，他證明了無意義的意外事件，推動演化中的改變，是該領域中少數做到這件事的人之一。他的分子演化中性理論顯示，隨機性在分子或基因層次上推動著相當大的改變。然而在演化生物學領域之外，極少人聽說過他或那個至關重要的概念。只要小小的改變，許多事情都可能產生不同的結果。不只演化上如此，在我們的生活和社會中也是，並非每一件事的發生都有原因。

看似隨機的波動有意想不到的好處。演化給我們上了至關重要的一課：不定向的實驗是必要的。在不斷改變的環境中，試錯法讓我們得以找到最佳前進途徑。藉由實驗，我們發現生命中的隨機所帶來意想不到的喜悅和智慧。

二〇一四年二月，倫敦地鐵的許多員工發動罷工，數以萬計的通勤者受到影響，被迫去實驗替代方案。牛津和劍橋的經濟學家利用匿名資料，檢視地鐵罷工前後的兩億個數據點。由於地鐵罷工，許多人只能走他們被迫使用的路線。他們之前從未意識到還有一條更好的上班路線，而稍微繞路使他們不再墨守成規。經過計算後，這些經濟學家得到一個驚人的結論：隨著數以萬計的通勤者發現了更有效率的上班路線，罷工事件意外地對倫敦經濟提供顯著的淨效益。

做實驗對於我們，以及我們的動物夥伴的音樂創作也極為重要。舉例來說，鳴禽透過結合模仿和試錯法來學習唱歌，牠們不斷測試音符，直到找出悅耳的聲調，再藉由小小的反覆變化而使之完善。人類也做相同的事。貝多芬不管到哪兒都帶著筆記本，隨時匆匆記下一小段樂句，日後發展成交響曲。二〇二一年，一部包含Beatles珍貴影像片段的紀錄片，顯示一個驚人的場景，鏡頭裡的保羅・麥卡尼（Paul McCartney）開始隨意敲打他的吉他，直到有幾個音符打動他。他撥弄這些音符，試驗微妙的變化。在神奇的四分鐘內，有史以來最棒的歌曲之一〈Get Back〉就憑空完成了。

不過我們太常因為被迫改變而學到這個教訓，而不是自願努力嘗試新鮮事物。一九七五年一月，知名爵士鋼琴家凱斯・傑瑞（Keith Jarrett）抵達德國的科隆歌劇院，參加特別演出。然而因為主辦方的失誤，傑瑞不得不將就彈一台本應是給業餘者練習用的，並且快要散架的走音老鋼琴。如今，傑瑞必須適應這台破鋼琴。他進行實驗，用無瑕的才能配合有缺陷的樂器，施展音樂魔法，最後這場音樂會的錄音至今仍是史上最暢銷的爵士獨奏專輯。

在偶然的世界，實驗推動我們向前進。無定向的小突變為密西根的一個大腸桿菌譜系增添極大的好處；倫敦的通勤者發現更好的上班路線；Beatles樂團意外地彈出一首金曲；而一位爵士鋼琴家被逼出他的舒適圈並適應環境，意想不到地創造出美妙的音樂。在一個總是視刻意最佳化為進步之道的世界，有時偶發的意外是最能啟發和改善我們人生的東西。

但如果偶發事件能影響一切事物，而且偶發的趨同支配我們的世界，我們為何如此關注趨同而不太注意偶發事件？還有我們在解釋事情發生的原因時，為何經常排除隨機性？我們即將發現，答案是我們的大腦已經演化成在對我們說謊。

第 4 章 我們的大腦爲何扭曲現實

在設計一個用於理解簡單因果關係模式的心智時，欺騙為何有用

想像一下這兩種生物：我們可以稱之為真相生物（Truth Creature）和捷徑生物（Shortcut Creature）。真相生物準確如實地看待一切事物，牠能看見每一個氧分子、每一道紫外線、藏在每片腳趾甲下的每個細菌的每個原子。視覺訊息的每個可能片段，都被真相生物的大腦覺察和處理，一切都被注意到，毫無遺漏。相反的，捷徑生物看不見任何那種細節，只覺察和處理對牠最有用的東西。其他一切不是被捷徑生物忽視，就是覺察不到。因此，捷徑生物無法理解大部分現實。

你願意當哪一種生物？

我們都想要與真相與伍，但那會是一個致命的錯誤，因為捷徑生物總是會贏。幸好，我們正是捷徑生物——一個演化成以簡化的方式覺察現實的物種，所以我們能存活下來是有道理的。這個猜想已經被適應勝於真相（Fitness Beats

Truth）定理所證實，該概念由數學家和認知科學家提出並驗證，並且因加州大學爾灣分校教授唐納德・霍夫曼（Donald D. Hoffman）的推廣而普及。他們的發現顛覆了我們對世界運作方式的常識。

大多數人假定真相從本質上而言是有用的，但只要稍加仔細考慮，我們便明白情況並非如此。我們沒有看見現實，而是現實的「顯相」（manifest image），一種幫助我們生存於世的有用錯覺。霍夫曼援用電腦的比喻來說明他的論點。電腦「真正的」機械操作是非專家難以理解的事。我們在點擊圖示、敲打鍵盤或刪除檔案時，大多數人找不到一句話設法解釋實質層次上正在發生的事。幸好科技魔術師替我們開發出全然不精確但有用的錯覺，好讓我們知道如何操作電腦。我們稱這個錯覺為「桌面」，可以在上面到處移動游標。然而我們所使用的這部機器裡面並不存在桌面和游標，而只有執行二進位運算的一堆矽、塑膠和銅。哎呀，如果我們在寫電子郵件時這樣看待電腦，我們會被困於真相，迷失在現實裡，什麼事也做不成。電腦之所以變得對我們更有用處，正因為它被轉變成一個捷徑錯覺——由假的視覺空間所構成，包含檔案、游標和圖示。關於霍夫曼的論點，我要作些補充，請你想一想早期的個人電腦，例如MS-DOS操作系統，這個比喻會更清楚。MS-DOS讓電腦使用者更進一步地接近現實，這正是

MS-DOS 令人感到困惑的原因。當更遠離現實、但更有用的視覺化桌面問世後，MS-DOS 就銷聲匿跡了。

相同情況不斷在大自然中起作用，那是我們的心智起源故事。我們對現實的感知是天擇之下演化的偶然副產品。在演化之路上，我們的先祖面對分岔的途徑，其中一條通往真相，另一條通往實用。你可以成為真相生物或捷徑生物，但二者只能擇其一。對於演化而言，成功繁衍是最重要的事，而且如同適應勝於真相定理所證明的，當真相與實用性互相牴觸時，捷徑策略最終總是贏過真相策略。認知心理學家史蒂芬．平克（Steven Pinker）這麼說：「我們是有機體，不是天使，我們的心智是器官，不是連接真相的線路。我們的心智在天擇下演化，用以解決攸關我們先祖生死的重要問題，不是為了與正確性融為一體。」我們的感知能力經過數百萬年的鍛造和微調，幫助我們存活下來，僅此而已，不多不少。

越來越多的神經科學證據證明，我們透過突觸修剪（synaptic pruning）這項機制，更好地存活於世界。新生兒的大腦塞滿一千億個神經元。但是你，我恐怕得說，只有八百六十億個（加減個幾十億）。學步幼兒大腦皮質裡的突觸密度也比你還高，大約高出百分之五十。好消息是演化藉由突觸修剪，想出一個相當好的辦法來幫助我們理解世界。如同卡內基美隆大學（Carnegie Mellon

University）神經科學家艾莉森・巴思（Alison Barth）的說明，「神經網絡是以過剩方式建立起來的，所以進行修剪會使它更強健和更有效能。」我們的大腦利用一種篩選過程，幫助維持對我們最有用處的連結，校正我們的心智來配合我們生活的世界。

我們的感官也是如此，儘管我們從未停下來，想一想我們看世界的方式並非不受限制，而是被歷經演化過程的感官給過濾。關於現實，我們能察覺到的部分並不多，因為我們不具備用來感知現實的器官——從紫外線和紅外線到原子和夸克。你看見的不是全部。即便是我們能察覺和處理的訊息，大部分也被我們自動忽略了，因為我們的大腦會加以過濾。

詳細解釋我們的世界會造成訊息爆炸，畢竟我們不可能關注每一件事，一旦這麼做，會超出我們的負荷，使我們看不見重要的事。為了處理這個情況，我們的大腦有雷射般的專注力，能偵測有用的模式以及造成潛在威脅的異常狀況，同時拋棄比較無用的東西。如同哲學家路德維希・維根斯坦（Ludwig Wittgenstein）說的，「我們看得見情緒……我們沒看見扭曲的面容，於是推斷他感到開心、難過或無聊。我們能馬上描述一張悲傷、容光煥發或感到無聊的臉，即使我們描述不出其他任何一項臉部特徵。」這就是捷徑生物的優勢。

為了生存，我們放棄不必要的細節。你不相信我說的話？要不你試著完全憑藉記憶，畫一個你見過無數次的東西，例如五美元／英鎊／歐元，要盡可能畫得準確。我向你保證，事情不會順利。我們的大腦自動地處理現實，幾乎不留記憶供日後回想。我們只會察覺和保存有用的一小部分。

此外，我們體驗現實的基本方式部分源自任意的演化意外。考慮一下這件事：若非發生一些隨機的改變，我們藉以看見世界的窗口，也就是我們的視覺可能會極不相同。倘若我們擁有老鷹的敏銳視力，能夠發現兩英里外的敵軍士兵，這麼一來戰爭會不會以相同的方式展開？倘若我們只有黑白兩色的視力，歷史會如何產生分歧？

這些並不是牽強的思想實驗。我們察覺到的現實，不過是其中一種看世界的可能方式。因為我們眼睛裡有三種光接受器（紅、綠和藍），我們被稱作三色視覺者（trichromat）。大多數哺乳動物，包括寵物狗，只具備藍色和綠色光接受器，所以牠們是二色視覺者（dichromat），類似於人類的紅綠色盲。鯨豚是單色視覺者（monochromat），只有黑白視覺。大多數鳥類、魚類以及某些昆蟲和爬蟲類（包括恐龍）是四色視覺者（tetrachromat），因為牠們能看見紫外光。新世界的猴子，例如蜘蛛猴則更加怪異。一般而言，雌猴是三色視覺者，而雄猴卻是二色視覺者。（如果人類男性和女性察覺到不同顏色，這會是個奇怪的世界。）

由於產生我們眼睛的基因的本質，理論上人類有可能一出生就擁有四種而非三種色覺視錐細胞——人類四色視覺者。紐卡斯爾大學（Newcastle University）的加蓓瑞爾・喬登（Gabriele Jordan）博士在職涯的大部分時間裡，都在找尋一位四色視覺者。在碰見幾個偽陽性者後，她終於發現一個真案例。案主是來自英國北部的一名女醫師，科學上稱作cDa29，可以理解她想避免記者和播客主持人不時闖進她的生活。我們能看見大約有一百萬不同種顏色的生命。對cDa29來說，這個數字是一億，是我們其他人只能想像的繽紛。

我們喜歡以為每件事情的發生不只有某個理由，而且是好的理由。然而事實上若非發生一些小改變，我們有可能全都用像cDa29的眼睛來感知世界，或像鯨魚那樣困在黑白的世界，又或者甚至像孔雀螳螂蝦，擁有十二色光接受器。倘若真的如此，人類歷史中的每一件事都會改變。反事實歷史往往想像如果這樣會怎樣，想像著一個與我們的世界完全相同的世界，其中某個關鍵的選擇或結果產生了不同的走向。如果當年希特勒去上美術學校，或者林肯死裡逃生？但想想看如果幾十萬年以來，所有人類都以不同的方式察覺現實，可能會出現的反事實歷史。我們的感官是人類這個物種關鍵但隱藏的變數，如同生命中的許多事物，只要有一些小改變，情況就可能不同。

我們的感官不是隨機出現的，而是複雜的演化史中偶發的意外結果。那麼，人類為何具備三種色覺（紅、綠、藍）的視錐細胞而非兩種？幾百萬年前，靈長類分化成兩個族群。研究人員注意到一個造成分化的有趣關聯：其中一個族群棲息在有大量紅色無花果、生長於翠綠色棕櫚樹林之間的地區，牠們演化出在綠色背景下偵測紅色的能力，幫助牠們存活下來。棲息在沒有無花果地區的另一個靈長類族群已經滅絕——而且依舊是紅綠色盲。我們則是無花果靈長類的分支。科學家本可正式提出一個似乎有理的「原因」——人類眼睛裡之所以有三種光接受器，是因為我們的先祖演化成比競爭對手更善於看見無花果。但這個原因多麼隨便？生命的其中一個天大秘密的答案是……無花果？

捷徑生物的另一個秘訣是，人類大腦是偵測模式的機器。打從一開始，古人就會將天空中的點連接起來構成星座，再配上英勇的故事使之完整。[18] 如今，許

18. 作者註：星座圖案以及用星座創作故事的概念十分普遍，因此在不同的時間和空間中一再出現。舉例來說，獵戶腰帶（Orion's Belt）在前基督教時期的斯堪地那維亞稱作弗麗嘉的紡紗桿（Frigg's Distaff）；在紐西蘭原住民毛利人的文化中，這三顆星稱作「三連星」，它們構成巨大天舟的一部分。人類一再地將相同的圖案貼在天空中。

多神經科學家認為我們「絕佳的模式處理」能力，是使我們基本上之所以為人的特點，並產生非凡的智力、想像力和創造力。我們擁有能進行分類、推斷因果關係，以及從無比複雜的世界中發現模式的神經架構。

但我們的大腦也演化成對機運和混沌過敏，錯誤地偵測模式，提出錯誤的理由來解釋事情發生的原因，而不是接受意外或任意的原因才是正確的解釋。在面對顯而易見的隨機性時，捷徑生物想出井然有序的解釋，這使我們誤以為隨機是不重要的。藉由將生存置於真相認知過程，我們的心智演化成簡化我們對因果關係的理解，變為誤導但有用的形式。我們傾向於為結果找尋某個原因，我們傾向於想像因與果之間有直接的線性關係（小原因產生小結果，而重大的原因產生重大的結果），而且我們還有系統地忽視隨機和機運的作用，捏造甚至不存在的原因，嫌惡不確定和未知的事物。

我們已經演化成過度地偵測模式，但錯誤地假設窸窣聲是潛伏的掠食者所造成，總比將窸窣聲當作隨機吹起的風聲，而忽略獅子的存在來得安全些。為了生存，我們的大腦變得對於移動和了解意圖極其敏感。如同演化哲學家丹尼爾・丹尼特（Daniel Dennett）所言，我們不僅對於移動的反應特別靈敏，對於別人的想法、欲望、訊息和目的也是如此。或者如他說的，「誰知道什麼？」和「誰想要什麼？」是演化訓練我們去提出的問題。這個有尖牙的奇怪生物是不是想要吃我，或者牠只是好奇？這是相當重要的問題。在遙遠的過去，那些作出錯誤判斷的人比較不可能傳遞他們的基因，因此從人類的未來中被淘汰。在一個偽陽性會惱人，但偽陰性卻致命的世界，神經科學家和演化生物學家表示，我們的大腦已經演化成對於某天可能救我們一命的模式偵測超級靈敏。

身為重視模式的人，我們渴望為事情的發生找理由，即便沒有好的理由也依然如此。一九四四年，麻薩諸塞州史密斯學院（Smith College）心理學家瑪麗安・西梅爾（Marianne Simmel）和弗里茨・海德（Fritz Heider）發現，這種傾向根深柢固。他們播放一部簡單的動畫，裡面只有在螢幕上隨意移動的幾個幾何形狀。三十六個參與者觀看這部動畫，其中三十五個參與者描述片中一個作為惡霸的大三角形在追逐「英勇」和「熱情」的小幾何形。參與者的心智忍不住為這些形狀注入因果關係、故事甚至個性。

然而這種敏感的模式偵測有不利之處，那便是我們會忽視隨機事件，或裝假它們是某種隱藏的、有秩序結構的一部分，就像我們在散布圖上畫整齊的線條那樣。人類這個物種是理由邪教（Cult of Because）的虔誠信徒，對我們來說，最令人不安的莫過於感覺自己像被機運迫害的傀儡，而最令人擔憂的莫過於生與死似乎隨機到來。但這樣的事時常發生，而想要理解這種無意義是我們和我們的人族表親長久以來的野心。五萬年前的尼安德塔人墳墓甚至顯示了迷信的可能跡象，例如有些墓葬的骸骨四周被發現撒了花粉粒，或者有一個墓葬中有各種動物的角和犀牛頭骨。

在啟蒙運動開啟了理性時代之後，非宗教的迷信日益成為知識論述中被嘲笑的對象，但它們仍然廣為傳布，甚至在我們意想不到的地方。在某個或許是杜撰的故事中，有一位造訪諾貝爾獎得主物理學家玻爾（Niels Bohr）住家的訪客注意到，房門上掛著馬蹄鐵。玻爾身為原子理論和量子物理學的奠基者之一，訪客對於他的迷信感到驚訝，於是問玻爾是否真的相信馬蹄鐵能帶來好運。「當然不相信。」據說玻爾這麼回答，「但是人家告訴我，就算不相信，馬蹄鐵還是能帶來好運。」

在沒有現成的解釋時，我們會盡力創造。舉例來說，第一次世界大戰結束時，染血的壕溝裡不只裝滿屍體，還有護身符。石南枝、心形護身符和兔子腳一起被埋在臨時墓園；來自奧匈帝國山區的部隊會把蝙蝠翅膀縫進內衣裡，好幫助他們活命；幾乎沒人敢穿死人的靴子，無論皮革的品質有多好。

二十年後，世界大戰再度開打，迷信又盛行起來。一九四四年，當V-1飛行炸彈落在倫敦，倫敦居民開始用地圖和種種迷信手段，瘋狂預測下一批炸彈的落點。然而當爆炸點在戰後被分析出來，發現炸彈的破壞遵循卜瓦松分布（Poisson distribution），一種幾乎完全隨機的分布。

迷信是未得到解釋和顯然隨機的事物的產物。我們發明迷信來處理因果關係的不確定性，當我們不知道事情發生的原因，以及覺得自己像混沌的玩物時，就會有這種不知所措的感覺。許多人不公平地以為迷信是蠢人的天命，但情況並非如此。迷信是人類感覺用平常辦法理性地操縱世界已經不管用時，藉以宣稱控制的一種可理解且近乎普遍的做法。按西奧多．澤爾丁[19]的話來說，迷信的作用就如同「現代的汽車駕駛，雖然不知道自己的車子是如何運作的，卻一直信任它，他只想知道該按哪個按鈕。」幸運符或許沒有效果，但如果炸彈像雨水一樣從天而降，你有任何更好的辦法嗎？

隨機性這個理由也無法滿足我們，借用強納森．歌德夏[20]的說法，因為我們

19. 譯註：Thedore Zeldin，一九三三～。牛津大學格林坦普爾頓學院的學者和現任副研究員，《法國激情史》、《人類親密史》的作者。英國科學院和皇家文學學會會員。

20. 譯註：Jonathan Gottschall，一九七二～。美國文學學者，專門研究文學與進化。

是「說故事的動物」。我們的大腦被設計用來說故事，我們給自己講故事，而所有好故事的核心都有明確的因果關係。隨機數產生器飛快吐出的數字，不會讓我們興奮地期待。

福斯特[21]曾寫道，「『國王死了，然後皇后死了』是故事。『國王死了，然後皇后死於悲傷』是情節。」偵探小說作家P．D．詹姆士（P. D. James）贊同這個說法，但她表示可以用以下的補充來增進情節「每個人都認為皇后死於悲傷，直到他們發現她喉嚨上的刺痕。」這三句話按順序來看，從最容易忘記到最令人難忘。第一句沒有因果關係，因此只是列出不相干的事實，是我們最難記住的那種訊息。第二句訴諸因果關係，但直接提供皇后的死因，澆滅了我們的興趣。然而，第三句使我們想知道是誰造成皇后喉嚨上的刺痕，而且這個有因果關係的懸念容易被記住。這就是懸疑小說作家創造出暢銷書，還有犯罪紀實稱霸播客和紀錄片排行榜的原因。我們想要知道是誰，但最重要的是，我們必須知道為什麼。

在科幻小說《貓的搖籃》（*Cat's Cradle*）中，寇特．馮內果（Kurt Vonnegut）諧擬了這個人類衝動，寫到一個虛構的宗教布克農教。該宗教談到人與上帝的一次遭遇。「人眨眨眼，『這一切有何目的？』他禮貌地問。『一切都必須有目的嗎？』上帝反問。『當然。』人回答。『那麼我讓你去想出一個目的。』上帝說完就離開了。」

如果我們不知道為什麼，我們會假裝知道，這種想要創造原因的傾向在裂腦（split-brain）實驗中最為明顯。患有嚴重癲癇的人有時會接受切斷胼胝體的手術，胼胝體是連接左、右半腦的一大束神經，此後患者仍然能正常生活，但兩個分開的腦半球之間無法實際傳遞訊息，因為管道已經被切斷。左半腦專門處理語言，因此是我們構想出敘事解釋以理解世界的所在。奇怪的是，實驗顯示當訊息給予右半腦但不給左半腦時，左半腦會自動創造貌似有理的解釋，來處理這種困惑。這導致神經科學理論認為，左半腦可以被視為頭顱裡的詮釋者。在沒有原因時，我們的大腦會捏造出原因。

不只因為我們需要原因，還因為我們需要簡單的原因。在我們所渴望的井然有序的世界，一個原因產生一個與其大小成比例的直接結果，但這並非現代世界的運作方式（下一章有詳細的討論）。當我們將有目的的、有秩序的原因強

21. 譯注：E. M. Forster，一八七九～一九七〇。知名英國小說家、散文家，著有《窗外有藍天》、《霍華德莊園》、《印度之旅》等小說。

加到無秩序，甚至隨機的過程中，所犯的認知錯誤稱作目的論偏誤（teleological bias）。目的論偏誤似乎是文化中固有的東西。舉例來說，中國兒童和西方兒童容易直覺地認為，山生來就是要給人爬的。教育雖然削弱了這些認知偏誤，但目的論的想法堅持不變。形塑關於改變的通俗概念的思想家們，幾乎不可能說出某特定事件是受到中立、隨機、混沌或偶發事件的驅使。當壕溝裡的士兵用簡單清楚，但往往證明為誤的因果關係，來解釋隨機性和不確定性，我們就稱之為迷信。然而當我們做同樣的事，藉以解釋這個複雜世界所發生的改變時，我們卻有別的稱呼：專家見解和社會科學的不良示範[22]。

我憑個人經驗這麼說。我有時受邀出現在電視新聞節目，我會盡力回答問題，但專家見解有許多潛規則。新奇的「招數」會獲得獎賞，與其顯得膽怯和不確定，不如在站不住腳的意見上強勢展現自信和確定感。因為這兩個字勝過不可說的四個字：我不知道。有一條潛在的鐵律是，你千萬絕對不可以說，某件大事之所以發生，嗯，有時候是因為在有八十億人互動的現代社會、複雜交織的系統中的意外小擾動。或者更準確地說，如果你想要一再受邀，在有線電線頻道四十秒的片段中討論新聞，你不能說那種話。這個現象在作市場分析時尤其明顯，當中股價的隨機波動，幾乎總是被解釋成某個明確因果關係的自然結果。每當你聽見「市場對……作出反應」或者「今天股價因為……而下跌」，你就應該提高警覺，豎起你的目的論偏誤天線。

目的論偏誤與稱作幻想性錯覺（apophenia）的現象有關，意思是推論兩個不相干的主體之間的關係，或者錯誤推論因果關係。[23]這種錯覺在運動場上成為「熱手謬誤」（hot hand fallacy），指的是籃球員接連投中幾球後，手感正好，被認為不會發生失誤，即使該籃球員先前投中的球與後來無關（或許除了可以提升自信）。「賭徒謬誤」（gambler's fallacy）是類似的錯覺，說明接連贏得賭注讓人變得過度自信，因而從隨機的結果中錯誤地推論出某種模式。

陰謀論在這些認知偏誤上大行其道，包括重要性偏誤（magnitude bias）。按照過分簡化的線性世界觀，重大事件必定有重大原因，而非意外或隨機的小原因。在倫敦大學金匠學院（Goldsmiths, University of London）帶領反常心理學單

22. 編註：社會科學的不良示範（Bad Social Science）指的是那些在方法論上存在缺陷、結論不充分或者存在偏見的社會科學研究或理論。

23. 作者註：空想性錯視（pareidolia）是認知偏誤中一個特別有趣的子集，意思是我們會在隨機的影像中發現視覺模式，例如臉。一九九四年，美國佛羅里達州的戴安．杜耶爾（Diane Duyser）在她的炙烤起司三明治中看見聖母瑪利亞，並且以二萬八千萬美元的價格拍賣出去，因為別人也從中看見聖母瑪利亞。

位的克里斯多福・法蘭奇（Christopher French）告訴我，黛安娜王妃的死亡之所以引發如此多的陰謀論，正是因為這麼重大的一個事件，可能只不過是人為錯誤和汽車行駛過快的平凡致命原因所造成。陰謀論者認為，必定有別的事在進行，有某個秘密的模式等著被發現，他們甚至願意接受相互矛盾的解釋，而不是排除一個更大的、隱藏的解釋。某些陰謀論者相信黛安娜現在還活著，而且她是被英國安全部門企圖殺害。對於這些陰謀論者而言，二者皆為在邏輯上的不可能，相較於黛安娜是意外身亡這樣令人不滿意的解釋，反而是比較小的問題。

伏爾泰試著理解一七五五年的里斯本地震，之後有了寫《憨第德》（*Candide*）的靈感。這場地震夷平城市、引發海嘯，殺死一萬二千人，顯然是隨機發生的悲劇，沒有明顯的原因。書中過度樂觀的人物潘格洛斯先生（Dr. Pangloss）是擬人化的目的論偏誤，他處處看見理性和完善。石頭放在地上，正好方便封建地主日後能建造城堡。雙腿的設計與十八世紀的馬褲完美匹配。我們的鼻子以正確的形狀被刻在臉上，預示了眼鏡的發明。伏爾泰的人物激發出一個新字Panglossian，意思是極度的樂觀，認為我們所居住的世界是有史以來可能的最好世界，不斷地朝向進步發展，一切設計都精準配合它的功能。這個觀點自然地助長每件事的發生都有原因的口號，一切事情都有隱藏的目的等待被辨明。

「如果你沒有被送進宗教裁判所，」潘格洛斯先生表示，「或者如果你沒有失去在黃金國鄉下所有的羊」，那麼，「你就不會在這裡吃著醃檸檬和開心果。」或許如此，然而潘格洛斯先生作了一個誤判——就像我們許多人那樣——當他暗示線性的事件軌跡包含著進步的最終目的。黑格爾和馬克斯是錯的：大自然和複雜系統，例如現代人類社會，並非不停地朝某個理想化的終點前進。聽到潘格洛斯先生在極力吹噓這種古怪的思想，令人覺得荒謬，但同樣的潘格洛斯思想，如今依舊主宰著大部分的現代社會。我們有時無中生有地看見模式和有意義的關係，因為總比什麼都沒看見要好。用已故哲學家蘇珊．蘭格（Susanne Langer）的話來說，「人能讓自己去適應他的想像力所能應付的每一件事，但他無法應付混沌。」

這麼說來，捷徑有時會辜負我們。大多數時候，我們為這個星球增色，我們經過演化的心智已經善盡其責，使我們存活下來，而且倖存者形塑了我們這個物種。然而當世界改變時，捷徑生物可能發現自己陷入險境。如果舊模式被新模式取代，一度有用的捷徑可能突然變得有害。我們可以從與我們截然不同的兩個物種那裡得到這個教訓，牠們的大腦像我們的一樣，演化成以有益的方式欺騙牠們。當世界改變時，牠們內建的自我欺騙證明是致命的。

我們暫時換個題目，談一下海龜和吉丁蟲。牠們和我們一樣都是捷徑生物。海龜利用光作為捷徑：剛孵化的幼龜會朝向地平線最亮的點移動，那通常是映照在海面上的月光。這條捷徑是可靠的——直到人類建造出有明亮探照燈的濱海旅館，海龜開始大量死亡，牠們朝著光亮處不停地拚命找有水的地方，卻離海越來越遠。（現在許多海岸地區已經通過燈光條例，以防止這種悲慘命運。）

但吉丁蟲提供了更令人難忘的捷徑出錯案例。雄吉丁蟲看不見雌吉丁蟲體型比牠大得多的「真相」，而是找尋牠那獨特的色彩、尺寸和酒窩狀的外殼圖案。以往這個捷徑很管用，直到澳洲的某家啤酒公司，在瓶身設計上碰巧創造出如假包換的雌吉丁蟲特徵複製品。兩者之間有難以解釋的相似性。雄蟲遵循捷徑，設法與被丟棄的啤酒瓶交配，因此無法產生後代。科學家碰見被丟棄在路旁的酒瓶，他們相當細膩地描述雄吉丁蟲成群地爬上酒瓶，「生殖器外翻，想要插入交尾刺。」

這種因捷徑出問題而造成的不匹配，稱作演化的陷阱。演化的陷阱之所以產生，是因為舊的生存方式與較新的現實變得不相容。不幸的是，如我們所見，設法在複雜得難以想像的現代社會中生存的人類，正面臨著我們自己的演化陷阱，因為我們的心智沒有演化成能應付一個超連結世界，這個世界不停地朝向不確定的處境趨同，當中只要有一個小小的隨機，都能立即改變一切。捷徑生物並不擅長應付一個比較複雜的新世界。

第5章 人類群體

為何自我組織的臨界狀態會創造出黑天鵝

一八七五年，範圍達到加州大小的蝗災橫掃美國，吞噬沿途的一切。蝗蟲群散布在肥沃的平原，上至明尼蘇達州，下至德克薩斯州。估計有三兆五千億隻蝗蟲形成一千八百英里長的雲。當蝗蟲靠近時，農夫們對遠方所見的東西感到困惑。有些人覺得那看起來像是猛烈的雹暴，在重擊地平線上的農作物。也有人認為是來勢洶洶的草原大火，煙霧不尋常地貼近地面打轉。後來，等到蝗蟲更靠近時，人們才真正明白牠們的可怕。那是人類歷史上有記錄的最大蝗蟲群。

蝗災接連肆虐美國好幾年。地面被「厚達幾英寸、密密麻麻的一大片爬行物覆蓋和遮蔽。」日光被掩滅，黑暗伴隨著「無數把剪刀一齊剪動」的巨響。蝗蟲群吃光所有的東西。大麥、小麥和捲心菜消失在灰色閃光中。桃樹的樹皮被剝得乾乾淨淨，只剩下果核懸掛在樹枝上。大片的玉米田「被融化，彷彿每片葉子是正午陽光下的霜沫。」男人絕望地朝天空開槍，但子彈對抗不了三兆五千億嗡嗡作響的大軍。女人在蔬菜上方揮動衣服和毯子，卻只能眼睜睜看著蝗蟲將布料當作餐前點心大快朵頤，接著享用底下隱藏的正餐。蝗蟲甚至直接在綿羊背上啃食羊毛。農夫連忙發明應急的「拖蝗器」（hopper-dozers），靠馬匹拖曳、用來捕捉害蟲的寬形裝置，上面塗抹煤油或黏稠的糖漿，以減少蝗蟲群的數量。明尼蘇達州政府曾提議發獎金蒐購蝗蟲卵，在牠們能起飛之前加以摧毀。[24] 每個人都設法預測蝗蟲接下來要去哪裡，以便為牠們的襲擊做好準備。

任何手段都無效。

蝗蟲吃掉美國的糧倉。牠們當時總共吞食了美國四分之三價值的農產品，造成相當於現今一千兩百億美元的損害。（《紐約時報》的一位作家曾提出有用的建議，他表示損失的農產可以用蝗蟲本身來替代，將牠們炙烤至酥脆，佐以蜂蜜上桌，散發堅果的風味，頗有施洗約翰的風格[25]。）蝗蟲甚至沒放過蘿拉·英格斯·懷德[26]，她在《梅溪河岸》（*On the Banks of Plum Creek*）中描述了這場破壞。當蝗蟲吞光她家的農作物時，她注意到牠們有目的地進行破壞，「如軍隊般」朝小麥田行軍。

蝗蟲確實會行軍。那是科學家用來描述牠們在群體中的協調行為的術語。或許那不是最合適的比喻，但藉由蝗災來探索我們的共通性，能讓我們更了解自己。是的，蝗蟲和人類都能以駭人的規模進行消耗和破壞，但我們共通的貪婪，並不是我們能從蝗蟲那裡學來的東西。相反的，蝗蟲在群體內外的個別和集體行為，能替現代人類社會提供有用的類比，一個安排得無比協調、嚴格控管和有組織的領域，然而這個領域卻比人類歷史上的任何時候更不規律，更容易受隨機事件的影響。群（swarm）的模式能幫助我們了解一個似乎極有秩序，直到轉瞬間一切都改變的社會世界。我們生活在一個，借用物理學術語來說，在混沌的邊緣搖搖欲墜的群之中。

蝗蟲群有點像是哲基爾博士和海德先生[27]。蝗蟲在生命週期的大多數時候獨來獨往，有點隨機地移動，是無害的蚱蜢，肚子餓了就快樂地大聲咀嚼。如果讓

24. 作者註：那位州長是約翰・皮爾斯伯里（John S. Pillsbury），皮爾斯伯里公司的共同創辦人，後來以皮爾斯伯里麵糰小子（Pillsbury Doughboy）和綠巨人（Jolly Green Giant）作為吉祥物。

25. 譯註：《聖經》中描述施洗約翰在曠野時，吃的是蝗蟲和野蜜。

26. 譯註：Laura Ingalls Wilder，一八六七～一九五七。美國作家，作品大多以她童年時代的西部拓荒故事為背景，最有名的小說是《草原上的小木屋》。

27. 譯註：Dr. Jekyll and Mr. Hyde。羅伯特・史蒂文森的小說《化身博士》中的人物，兩人善惡性格截然不同，後來成為心理學「雙重人格」的代名詞。

牠們自行決定，牠們會避免追隨蝗蟲群。但蝗蟲如果被迫聚在一起——通常因為食物短缺——群聚會激發牠們內在的海德先生。牠們變成「群居」狀態，拋棄牠們的保護色，變成更鮮豔的黃色或甚至黑色。儘管有看似友善的「群居」描述，但牠們不是你會想邀請來參加晚宴的客人，除非你樂意讓訪客吃掉除房貸之外的所有東西。

長久以來科學家對於群的形成深感疑惑。最近的研究或許終於解答這些謎題，而這一切都跟密度有關。當每平方公尺的蝗蟲數量少於十七隻時，每隻蝗蟲處於獨處狀態。這些蝗蟲的移動缺乏協調或目的。想要預測牠們的路徑是不可能的事，因為它非常受到波動的影響，沒有清楚的模式。每隻蝗蟲大多不受其他蝗蟲的影響。這時孤單和獨立，而非連結和相互依賴，定義一隻獨處的蝗蟲。

當更多蝗蟲來參加派對時，牠們的行為開始改變。在每平方公尺平均二十四至六十一隻蝗蟲的中等密度下，牠們聚集成小群體，有些一致地一起移動，但這些迷你小群是獨立的。每個半組織的群體會整群一起移動，但群體之間沒有協調的動作。牠們比較像中學裡的小團體，而不是軍隊。牠們可能相當沒有規律，瞬間快速改變方向，彷彿先前在追逐某個風尚，隨即又突然追逐另一個。每隻蝗蟲都能左右自己的小團體，但無法影響其他小團體。

在每平方公尺的數量精準達到七十三點七隻時（別問蝗蟲如何以及為何選定這個特定密度，大自然把守著許多秘密），蝗蟲開始像統一的群體一樣行軍。「那是相當牢固的臨界點。」從事這項研究的阿得雷德大學（University of Adelaide）的傑洛姆．布爾（Jerome Buhl）教授告訴我。聚集到這個程度時，行軍開始。這些密集的群體對於群居狀態的蝗蟲而言，顯然是最穩定和最可預測的形式。牠們像統一的整體一起移動，這是無情地被執行的安排。如果有哪隻蝗蟲脫離群體擅自行動，牠會被吃掉，同類相食的懲罰確保群體不潰散。而這個辦法確實奏效。聚集成雲的蝗蟲成為一個整體一起行軍。

儘管有如此無情被維護的秩序，但想要預測發狂的蝗蟲接下來的去向是不可能的事，類似的飄忽不定也時常發生在群飛時突然俯衝的鳥群，以及迅速進出珊瑚礁的魚群。「在實驗室實驗的背景下，」布爾說，「我們發現方向的改變，事實上是全然隨機和不可預測的。」這會造成一些問題，如果你是想在正確地點噴灑殺蟲劑的政府單位，或是設法將你的拖蝗器擺在蝗蟲接下來可能抵達之處的十九世紀農夫。我們或許可稱之為群的悖論。全然出於混沌的蝗蟲群，卻產生驚人的秩序。但只要時間一久，蝗蟲群的全體移動卻又變得複雜和難以預測。牠們一齊行進，接著又突然無預警地改變方向。

雖然這不是最恰當的類比——我們不是昆蟲——但幾千年來，人類已經從反映中密度蝗蟲的社會，轉變成高密度群體。我們演化成生活在孤立的迷你群體中，現在我們全都生活在巨大的群體中，比以前更加狂亂和脆弱。

舉例來說，五萬年前，大多數人類生活在孤立的一小夥人之中。他們偶爾遇見另一夥人，但互動十分短暫。社群發展出獨特的習俗和文化。以往的人們沒有跨越長距離的重大文化交流或共通習俗，因為就連石器時代遊牧性最強的不列顛狩獵採集者，也從未遭遇他的亞洲或非洲表親。過去的我們有點像蝗蟲團夥，是半組織的小型群組，但彼此分開。

後來我們形成酋邦和國家，接著是不停擴展的帝國。但人類仍保持這種中等層級，在這些控制鬆散的社會中，實質距離的靠近是最重要的事。那是一個在空間上低度連結和有限相互依賴的世界。少數握有權力的人能重塑社會，例如國王、宗教領袖和將軍，即便他們具備有限的行使權力範圍，但他們的影響力往往只是暫時的（回想一下電影《聖杯傳奇》〔*Monty Python and the Holy Grail*〕中的場景：一名農夫遇見不列顛國王亞瑟，但他從沒聽說過亞瑟，也沒聽說過不列顛）。一般人例如農夫，鮮少能重塑群體。這種情況在人類歷史中持續了大部分時間。

想一想這些前現代時期的生活方式，有助於理解什麼是年復一年穩定、規律且有秩序的生活。過去主要由局部不穩定（local instability）所定義。日常生活是不可預測的，你可能某天還身強體壯，但隔天就死於神秘的疫病。生孩子是死亡陷阱。挨餓是經常性的威脅，因為農作物可能無緣由地歉收，或者曾經數量充足的動物突然無處可尋。然而我們的遠祖也經歷過全域穩定（global stability）。那並不代表世界永遠不會改變，而是總的來說，社會一代代或多或少沿著類似的路線前進。如果你的父母是農民，你可能也會成為農民。不同於現在，過去的祖父母和孫子生活在同一類型的世界。父母傳授子女技術，而不是反過來那樣。還有在石器時代，技術革新大約每幾千年發生一次，而非每幾個月發生一次。

現代社會和以往大不相同，有如合為一體的蝗蟲大軍。現在有極好的秩序和明顯的規律，即使人口數目飆升，密度達到史無前例的程度。目前世界上有八十億個人類，但如果將他們納入以規則為基礎的現代經濟文明中，他們會開始展現極容易預測的模式。不同於我們的先祖，我們經歷更多局部的穩定。近來利用匿名手機資料的一項研究發現，大約百分之九十三的時間中，我們可以精準預測某個特定的人會在哪裡，因為我們是重複和習慣的生物。社會對於個人行為發揮極大的約束力——大到我們能自信地以七十英里時速開車衝進一條狹窄的柏油路，因為我們幾乎確信每個人都會遵守規定。不遵守規定的人，就像那些愚蠢地擅自行動的蝗蟲，往往會被殺死。

如今人口之間的連結程度也達到最高點，導致人類群體之間文化與習俗的趨同。無論你在世界的哪一個地方，下次當你進到電梯裡，不妨瞧瞧四周。你會發現每個人都面向電梯門。沒有任何規定或法條說你必須如此。如果你是在辦公大樓的電梯，裡面有許多人甚至都穿著類似的服裝，無論你是在馬尼拉或曼哈頓，想到巨大的文化鴻溝需要藉由拘謹的正式服裝來消除，這個事實令人驚訝。[28] 幾乎在世界的任何地方，你只要在提款機輸入四個數字的密碼，瞬間就會吐出錢來，這筆錢提領自數千英里外你的當地銀行。你可以在一百一十八個國家點相同的麥當勞漢堡。現代人類社會有史無前例的規律。我們活在一個比以往任何時候更有秩序、嚴密控制和結構化的世界。這世界讓人感覺牢固和可預測。

然而現在，如同行軍中的蝗蟲一樣，每件事都可能在一瞬間改變。我們的生活經常被巨大的社會衝擊給顛覆，例如金融危機、疫情和戰爭。這些意料之外的重大事件——黑天鵝——打擊我們，使我們的生活更傾向於全域不穩定。現在沒有人——無論他如何遁世隱居——能免於偶發事件的影響。

那就是群的悖論。人類社會已經變得朝向有秩序的規律趨同，同時也更加具有偶然性（使之在根本上不確定和混沌）。現代人生活在有史以來最有秩序的社會，但我們的世界也比人類歷史上其他任何社會，更容易陷入混亂和失序。

到底發生了什麼事？

我們的大腦適應了生活在比較簡單的世界。過去二十萬年來，大約出現八千個人類世代。但自從羅馬帝國衰敗後，只有大約五十七個世代。這意味著我們的大腦在演化下經歷的鍛造，絕大多數時候是發生在與我們現在居住的世界截然不同的世界。從前，我們只需要了解簡單的模式：「劍齒虎會造成痛苦的死亡」，說到理解傷亡，通常這已經足夠複雜。我們的心智演化成配合簡單直接的因果關係模式。如今，我們可能會想像這樣直接的關聯，例如吸菸↓攝入有害的化學物

28. 作者註：每個生活細節中都存在著偶然，只要你知道在哪裡尋找。現代正式服裝的出現，據說可以追溯到某個個人，美男子布魯梅爾（Beau Brummell），他是英國攝政時期的社交界名人。當人們提到某人是「美男子」，他們指的是美男子布魯梅爾。

質→對DNA造成傷害→增加罹患肺癌的風險。[29]

我們憑藉著簡化版的現實，簡單地從原因單向推論出結果，用如此基本的方式很難理解複雜的社會系統。如今的現實世界充滿了回饋迴路、臨界點、反向因果關係（其中結果同時造成原因），以及看似好像無關緊要，但其實極為重要的漣漪——隨機——的無窮組合。在日常生活中，此事不盡然這麼重要，我們依舊能有效地適應我們的環境。然而當我們想要理解和馴服一個更加複雜的社會時，問題便開始產生。因此，我們該怎麼辦，有鑑於我們的心智已經演化成去理解一個比較簡單社會世界？

答案就在一個比較新的知識領域，稱作複雜性科學和複雜適應系統研究。複雜性科學衍生自幾個不同的探究領域，從物理學、數學和化學到生態學和經濟學。它關切的是介於有序與無序之間、全然的隨機與穩定性之間、控制與混亂之間的世界狀態。聖菲研究所（Santa Fe Institute）是複雜性科學的聖城，蓬勃發展的研究樞紐，坐落於長著山艾樹的新墨西哥州山丘，距離研發原子彈的地方不遠。現代人類社會顯然是一個複雜適應系統，可惜該領域的研究人員依舊占主流經濟學、政治科學、社會學等學科中的極少數。但這並非跨學科的合作，而是以全然不同的觀點看待世界，將一切事物看得更清楚。

研究人員透過舊觀點所提出的模型，大多依賴誤導的線性系統，這些系統只有單一的平衡點，例如供需曲線，當價格產生一個匯聚點時，由一個方程式提供「正確」答案。真正的經濟不是那麼一回事，但一代又一代的學生繪製這些騙人的圖表來通過考試。無數的人被教導去想像一個千篇一律、有僵硬的規則和界限的二維世界，扭曲了許多現代人的思維。同樣的，在這個舊的、精簡化、線性的社會改變模型中，任何因果關係的變化都被視為與結果的大小直接成正比。小改變造成小結果，而重大的改變造成重大的結果。這顯然不是真的。舊觀點也傾向於涉及三個假定，乍看之下好像合乎直覺：

1. **你能看見的每個結果，也有你能看見的某個特定原因。**

29. 作者註：現代研究中充滿這些過度簡化的濃縮現實，常被稱作有向無環圖（directed acyclic graph）。它們在封閉、穩定的系統中可能有用，但是在動態建模、混沌系統中往往沒有用處（例如我們在經濟、生態、政治等方面最關心的事物）。

2. **如果你想要了解某件事，只須了解它的組成部分。**
3. **如果我們了解過去的模式，那麼我們會更了解未來。**

然而在複雜適應系統中，例如現代人類社會，這三個假定沒有一個是正確的。小小的原因時常造成重大的結果。結果的產生幾乎總是有許多原因，這些原因無法輕易釐清。了解一個系統的組成部分是不夠的，你還需要了解每個部分如何與其他部分互動，因為複雜系統是由交織的關係和漣漪所定義，不是可分開的個別項目。而且過去的模式不必然是未來有用的指引，因為系統的動態會隨著時間而發生劇烈的改變，或達到臨界點，推翻了由來已久的規律模式。我們的現代世界與我們長久以為的世界大不相同。

讓我們釐清一些用語。瑞士手錶是繁複（complicated）而非複雜（complex）。手錶裡有許多精密的可動部件，每個部件有不同的功能，但並不難理解，也不難預測它的行為。最重要的是，它是繁複而不是複雜，因為個別的組成部分不必適應另一個部分的改變。如果手錶的齒輪系故障了，其他部件不會變成新東西，發展出新功能並接替齒輪系的工作。手錶就是故障了。即便太空梭的建造窮盡了人類的聰明才智，但太空梭是繁複而非複雜，這就是為什麼「挑戰者號」（Challenger）竟因為一個O形環故障而爆炸。所以，是什麼讓事物變「複雜」？

複雜系統，例如蝗蟲群或現代人類社會，涉及彼此相互適應的多樣、互動和相互關聯的部分（或個體）。[30]複雜系統如同我們的世界不停地在變化。如果你改變系統的某個層面，其他部分會跟著自動調整，創造出全新的東西。如果某人在開車時踩煞車，或者人群中的某人停下來跟另一個人聊天，人們不只是繼續遵循固定的軌跡，他們會適應和作出調整。系統中的整個人流或車流，可能因為一個小改變而大受影響。

因此，複雜適應系統是路徑依賴（path dependent），有點像小徑分叉的花園。如果你選擇了一條路徑，它會影響你未來可選擇的路徑，就像很久以前的QWERTY鍵盤的任意排列，意味著如今我們仍使用這個系統在打字。就算現在已經開發出更好的鍵盤，但為時已晚，我們已經作出我們的選擇。因此，為了了解複雜適應系統，你也必須了解它的歷史。

當系統適應時，會出現不穩定的秩序，就像在蝗蟲群中那樣。然而，整個系

30. 作者註：這個定義出自密西根大學的複雜系統學者史考特・斐吉（Scott E. Page）。

統是去中心化和自我組織的。那是近乎無限次調整，以及決定系統如何運作的行為的累積，不是由上而下支配一切的規則。想一想股票市場，股價不是由高層訂定，崩盤也不是某個重要的銀行家下令。當中既無可預測的秩序，也沒有失序的混沌。相反的，股票市場存在於兩者之間的某處，有無數個動因相互作用而產生其行為。它是一個去中心化的系統，就像蝗蟲群，無法被控制。

大量多樣化、相互連結，不斷彼此適應的動因或單元的互動，可能產生稱作湧現（emergence）的現象。湧現發生在個體或組成部分自我組織，而產生不同於部分總和的東西時，就像蝗蟲群在根本上有不同於單隻蝗蟲的特性。（人類大腦有時被說成是湧現的，因為沒有個別神經元能產生意識或複雜的思想，但神經元合起來能做出驚人的事。）人類社會也充滿湧現特性。

複雜適應系統藉由去中心化、自我組織的湧現而產生規律和模式，部分原因是複雜系統科學家稱之為吸引域（basin of attraction）的現象。這是用行話偽裝的一個簡單現象，意思就是系統隨著時間趨於一個或多個特定結果。想像一下鐘擺的擺動。你從何處讓它開始擺動並不重要，它最終會停在中間的最低點，那是這個極簡單系統中的吸引域。如果我們將這個邏輯運用在人類、交通流和汽車速度上，那麼它們之間的間隙可以想成是一個吸引域。汽車出發時會有不同的速度，但在路上奔馳時，它們傾向將自己組織在大約相同的速度和間隔。當吸引域存在時，我們容易看見模式以類似的方式重複出現。

在複雜系統中，吸引域可能隨著時間而改變，創造出不穩定性。如果你將吸引域的比喻運用到政黨，舉例來說，你可以利用這個概念，將美國政治系統想成有兩個黨派認同的主要吸引域：共和黨和民主黨。每次當某人對政治感興趣時，無論這人最初的意識形態為何，他最有可能被吸引到這兩個吸引域的其中一個。但分裂不時會發生，例如川普在二〇一六年裂解共和黨，成為「絕不支持川普」和「讓美國再度偉大」的共和黨人，或者英國工黨和保守黨的傳統分野，被英國脫歐所定義的新吸引域給取代。[31]同樣的，西方世界在中世紀時曾有一個主要的宗教吸引域，但新教改革創造了分裂和新的吸引域，再度引進波動。當吸引域的數量陡然增加，系統會變得更容易受衝擊。相反的，當社會看似穩定時，往往因為吸引域是穩定的，而且按其「正常」模式在運作。但問題在這裡：現代社會只是產生穩定的假象。我們已經創造出許多具備一個不幸特質的許多複雜系統：它

31. 作者註：這些是不精確的類比。所有這些出自混沌理論和複雜系統的概念，都是數學上準確的用語，在動態系統理論中有更具體的定義，所以為了易於理解，請原諒任何的不準確。吸引子也可能存在於穩定系統，而「奇異吸引子」存在於混沌系統中。

們被設計成擁有位於懸崖邊的吸引域，鄰近臨界點或有時稱作混沌的邊緣。

想像人類社會像一個在崎嶇之地到處漫遊的探險者。在人類歷史的大多數時候，這些漫遊活動都是隨意、無效率和無成效的，但比較不容易受衝擊，例如狩獵採集者在相當簡單的社會網絡中進行探索。

然而在現代，我們執迷於效率，因此社會就像一個已經變成強迫性的、執迷登山的探險者。現代社會並非有些隨機地到處漫遊，而是講求最佳化，直奔最近的峰頂，即便那裡是正在坍塌的懸崖邊緣。一旦這位探險者到達峰頂，會先聽見隆隆的聲響，接著是雪崩，然後一切都崩潰瓦解。然而等到這個探險者掉落到底下後，他會再度執迷不悟，回頭直直地往山上走，等待下一次雪崩。因為我們無止盡地渴望無情、完美的最佳化，所以大多數現代社會系統幾乎沒有鬆弛之處，例如我們的經濟和政治。而且現在的互連程度如此之高，就連小小的擾動，都可能造成重大的衝擊。我們有意衝向懸崖邊緣，卻在墜落懸崖時感到驚訝。

思考這件事的另一種方式是想像一個紙做的碗，裡面放一顆彈珠。當紙呈現碗的形狀時，小擾動並不太重要。彈珠總是會停留在碗的最低處。[32] 現在想像一下該系統隨著時間而改變，而你將紙碗完全弄平。然後你讓彈珠開始滾動，它可能完全脫離紙面，最終來到全新的地方。將它推回另一個方向，它會回到紙面上。可是如果你把碗顛倒過來，甚至把它折成直立的圓錐狀，尖角朝上，會發生什麼事？如果你把彈珠置於錐頂，保持岌岌可危的平衡，那麼就連最輕微的一陣風——或許只要我們呼一口氣——就會使彈珠掉落，最終遠離它原本的位置。你可以試著將彈珠拋回圓錐處，但它極不可能再度停留在錐頂。這是思考我們社會的有用方式。有時它們的適應性比較強——像碗一樣，有時它們像攤平的紙。但我們不斷變本加厲進行最佳化，以致我們這張社會紙最終變成有尖頂的圓錐，處於混沌的邊緣，稍有一點顫動就可能出現危機。

因為複雜系統是非線性的，這表示改變的規模與結果的重要性不成比例，小改變有時造成不可預測的重大事件——塔雷伯所警告的黑天鵝。它們往往是骨牌效應的結果，骨牌效應雖然事關重大，但難以預料。而且當骨牌效應發生時，我們時常無法了解——即使有後見之知的優勢。

舉例來說，一九九五年灰狼重新被引進黃石國家公園（Yellowstone National Park）。此事引發了意想不到的骨牌效應，整個生態系因為這個相對小的改變而

32. 作者註：這個穩定性的類比只在短時間規模內對人類社會有用，因為整體系統是混沌的，就連我們最「像碗」的社會，長久之後終究要屈服於混沌動態。

突然調整。在沒有狼時，公園裡的駝鹿不需要太多移動來避開掠食者，所以牠們留在原地嚼食柳樹。當狼回來後，駝鹿開始移動得更遠，吃到更多樣化的食物，讓柳樹得以恢復。結果給予數量減少到只剩下一群的海狸新機會。隨著柳樹恢復生機，九個海狸族群很快蓬勃發展。海狸數量的增加改變了公園裡的溪流環境，改善了魚群的生態系統。這個骨牌效應持續發揮影響，在將近三十年後，我們對於箇中原因依舊只是部分了解。這一切全都始於三十一頭狼在一九九五年被放進公園裡。

就人類而言，骨牌效應有許多種形式。中世紀時有許多人抱怨天主教，但在一五一七年當馬丁·路德將他的《九十五條論綱》釘在威登堡（Wittenberg）的教堂大門時，所激起的宗教革命將裂解世界上最有權力的機構之一。當下的基督教世界已經處在分叉的邊緣——接近臨界點，而馬丁·路德的小舉動將該系統推到超過邊緣，隨之而來的骨牌效應打破了天主教對於歐洲許多地區的掌控。

如今我們更容易來到混沌的邊緣，這不需要壓抑了幾世紀的怨恨。在二〇〇八至〇九年的金融危機之前，房貸產業已經以危險的方式朝懸崖移動，他們提供大量貸款給負擔不起的人。市場不斷攀高，朝向新的吸引域。一切似乎都發展非常好。接下來金融系統突然碰上它的臨界點。金融雪崩摧毀掉無數生計。

當複雜系統接近混沌的邊緣，準備觸碰臨界點時，它們可能開始顯示警訊。其中一個警訊是一個新發現的現象，科學家稱之為臨界慢化（critical slowing down）。「慢化」指的是系統歷經小干擾後，需要多少時間恢復平衡。當複雜系統的體質強健時，小改變可能被吸收，至少在一小段時間內，系統會迅速恢復「正常」。這樣的系統被說成適應性強。然而當複雜系統變脆弱時，小波動也能造成極大的惡化，直到某個小改變徹底重新安排整個系統——而一切都改變。這個臨界慢化理論是由生態學家所發展，他們注意到森林中食樹昆蟲的數量，會以無法預測的方式突然且不可解釋地暴增，因而摧毀生態系統。然而就在這些昆蟲數量暴增之前，森林的不同地方會發生劇烈波動，而且不會恢復到「正常」狀態。這種迅速恢復穩定性的慢化，生態學家表示，可能是大自然的預警系統。果然，在生態學家偵測到昆蟲群體的波動不久後，只要一丁點小改變都能爆發出吞噬森林的昆蟲大軍。

這種無法預測的骨牌效應為何會發生？答案可能在於一個稱作自我組織臨界性（self-organized criticality）的現象。該名稱在一九八七年由丹麥物理學家普・巴克（Per Bak）所創造，他說明了這個概念如何應用於沙堆裡的沙粒。沙粒在穩定的模式下逐漸堆積。當沙堆逐漸變大時，一切似乎都極有秩序、穩定且可預測。也就是說，直至沙堆到達臨界狀態時，再多加一粒沙就會引發大崩塌。在這樣的沙堆模式中，在無預警發生的災難性骨牌效應之後，我們可望看見穩定期。因為一粒沙就能造成崩塌，所以一個小改變也會對系統造成破壞穩定性的重大影響。如同雨果（Victor Hugo）在《悲慘世界》（*Les Misérables*）中寫的：「我們如何知道世界的創造不是落下的沙粒所決定？」普．巴克的答案很簡單：我們確實知道。世界可能是由落下的沙粒所決定，而且是一粒沙所決定。

如同堆得太高的沙堆，蝗蟲群存在於那個「臨界」狀態，意思是牠們在一小段時間內顯得穩定，實則岌岌可危和脆弱。蝗蟲研究者發現，影響少數蝗蟲個體移動的小擾動，可能造成骨牌效應，使蝗蟲群突然轉向新軌跡。如果有一兩隻蝗蟲被推擠偏離了即使只有幾英寸，整個蝗蟲群也有可能嗖的一下改變行進方向。蝗蟲群——數十億隻可綿延長達好幾英里——可能因為一隻手掌大小的小干擾而完全改變。這導致令人難以想像的結論：對於一八七〇年代的美國或現代非洲的農夫而言，他們的全部生計可能因為一隻昆蟲的稍微移動而得救或毀損。在我們這個交織的世界，自我組織臨界性放大了偶發性。

然而，單一蝗蟲個體無法指揮蝗蟲群。一隻昆蟲不能決定群體朝東或朝西移動，因為任何個體移動的結果是無法預測的。如同斯科特．佩吉（Scott Page）正確地指出，每個個體幾乎控制不了任何東西，卻影響一切。我們也是如此。群和沙堆是有用的類比，能幫助我們了解為什麼我們經常誤信假的安全感。我們欺騙自己相信我們是掌控者，直到我們又一次被毀滅性危機重創，例如金融危機、顛覆性的新技術、恐怖攻擊或疫情。然而我們不了解這些不可避免的雪崩是系統的正常運作──沙堆的運作正如同它被設計那樣──我們卻誤以為它們是「衝擊」。

當我們試著堅持我們對複雜系統的掌控，許多事情都可能出錯。毛澤東統治下的中國吃了苦頭才學到教訓，毛澤東不了解大自然的生態是複雜的──無法馴服而且對於某些物種的變化十分敏感。除四害運動期間，這位中國獨裁者下令國民殺死老鼠、蒼蠅、蚊子和麻雀。他希望這個運動能幫助消滅人類疾病。然而當麻雀被殺光時，蝗蟲不再面臨天然的捕食者，結果促成意想不到的生態浩劫。蝗蟲肆虐，隨後引發的饑荒造成五千五百萬人死亡。

現代社會是否符合自我組織臨界性的精確數學定義，對此學者們有不同意見，但它顯然提供了解我們世界的有用架構。[33]我們似乎打造出一個看似規律和

33. 作者註：舉例來說，任職加州大學聖塔芭芭拉分校的物理學家暨複雜系統先鋒琴・卡爾森（Jean Carlson）令人信服地表示，許多真實世界的系統更適合用她所發展的理論來描述，稱作高度最佳化容許差度（highly optimized tolerance），該理論能更好地預測生物和人造複雜系統的行為。

可控制的世界，只要我們通過對的法律並執行正確的貨幣政策。當我們驚訝於某個社會衝擊時，人們傾向於學到的教訓是，我們只需更努力地控制好這世界。如果我們有更好的法律、更好的規範、更準確預測的數據，黑天鵝可能就會變成昔日的禍害。但事實並非如此。真正的教訓是現代社會就像蝗蟲群，基本上不可控制和不可預測。我們的驕傲自大欺騙了我們自己。現代社會是一個複雜系統，看似穩定地在混沌的邊緣搖搖欲墜，直到一切因為一個意外或者極其微小的改變而瓦解。

複雜系統能幫助我們更加理解我們的歷史。第一次世界大戰的爆發很好地說明了臨界性與偶發性之間的關係。歷史學家長久爭辯這次大戰的原因。在戰爭爆發之前，歐洲的主要強國早已形成一系列聯盟。這一度創造出穩定，因為它在歐洲大陸刻劃出明顯的權力結構，可視為嚇阻侵略的力量。後來，法國與俄國同意聯合對抗德國。沙堆變大。作為回應，德國決定與奧匈帝國發展更緊密的連結，來抗衡法國和俄國。沙堆變大。英國擔心這個新創造的權力平衡，於是與法國和俄國結盟。沙堆變大。德國轉而也擔心這三個聯合起來對付它的強國的「包圍」。沙堆變大。所有這些強國開始全副武裝。沙堆變大。到了一九一四年，沙堆越來越高，將世界帶到災難性雪崩的險境。但這會是一次小雪崩或者大雪崩？情況並不明朗，答案將由一個偶發事件來決定，那是歷史上的可怕意外。

一九一三年十一月，奧匈帝國的推定繼承人斐迪南大公（Archduke Franz Ferdinand）到英國諾丁漢郡韋爾貝克修道院（Welbeck Abbey）拜訪波特蘭公爵（Duke of Portland）。該座莊園的地面上積著厚厚的雪，但大公和公爵仍冒險外出狩獵野雉。射擊時，幾隻野雉飛向天空，驚嚇到負責裝填彈藥的僕人，這位「填彈手」失足跌入雪裡。跌倒時，他手中的雙筒槍管被擊發。意外的開槍差點擊中斐迪南大公。如果填彈手稍微顫動一下，致使槍管的角度哪怕只偏移一度，大公很可能就會喪命。

相反的，大公死裡逃生，讓他得以在幾個月後前往塞拉耶佛。一到達那裡，斐迪南大公乘坐一輛奢華的汽車：一九一〇年奧地利製 Graf & Stift 敞篷車，牌號 A-III-118。當大公車隊蜿蜒穿過城市時，他沒察覺自己成為暗殺目標。汽車經過內德爾科・查布里諾維奇（Nedeljko abrinovi）身旁時，他朝大公拋擲炸彈。炸彈從車上彈開並引爆，炸傷大約二十人，但暗殺對象毫髮未傷。

這原本可能是故事的結尾，但大公和他的妻子蘇菲決定前往醫院，向那些因為他們而受波及的傷者致意。這個計畫外的行程，不可能有為之準備的暗殺行動。然而，當車隊穿越街道時，他們轉錯了彎。司機倒車然後熄火。這時發生了史上後果最嚴重的倒楣事之一，汽車劈啪一聲停了下來，正好距離另一個本來就打算動手的刺客加夫里洛・普林西普（Gavrilo Princip）六英尺遠。普林西普從混亂的人群中，朝大公的車子開了兩槍。他很幸運，子彈擊中目標，大公夫婦雙雙身亡。

他們的死亡引發骨牌效應，於第一次世界大戰達到最高點。但想像一下這個骨牌效應的規模是由歐洲內部的臨界性所決定。導致戰爭的不單是一個偶發事件，也不單是一個臨界狀態。結合起來的事物才是重要的。關於戰爭是否可避免，歷史學家仍莫衷一是，但倘若某些小細節以不同的方式展開，戰爭有可能就被避免了。波特蘭公爵正是這麼認為，他曾目睹斐迪南大公在狩獵意外中驚險逃過一死。波特蘭在回憶錄中寫道，「我時常在想世界大戰是否可能被避免，或至少被推遲，倘若大公那時就身亡，而不是隔年死在塞拉耶佛。」答案無人知曉。但第一次世界大戰的爆發顯示，臨界狀態如何從單一的偶發事件引發重大骨牌效應。如果一個人在雪地上滑倒的角度稍有不同，許許多多的人就可能不會死，歷史可能永遠被改變，而且目前活在現代世界中的人也會大大不同。

這個故事還給我們另一個教訓。如前所述，大公的車牌寫著A-III-118，也可寫成A-II-11-18。西線戰場炮火停歇的休戰日（Armistice Day）是一九一八年十一月十一日，也就是A-11-11-18。

此事多麼驚人？

這是一個測試：你是不是還陷在目的論思維？車牌號碼只不過是一個巧合。休戰的德語是Waffenstillstand。那是無意義的隨機，就像其他許多例子，都是這個複雜到令人抓狂的世界大量製造的事物。

第一次世界大戰結束一個多世紀後，我們憑藉大數據、資料分析和機器學習，在似乎穩定的系統中預測大量人群的一般行為時，有史無前例的精確度。舉例來說，目前英國的電網管理會考慮到無數人同時觀看電視盛事時的「電視選台」（例如世界盃大賽），期間人們會在中場休息時間一齊扭開電茶壺。像這樣按照數據來預測所需的電力供應，往往詭異地極為準確。我們比以往更擅長預測大量個體的協調行為，這給予我們膨脹的感覺，以為我們掌控著世界，我稱之為控制的錯覺（illusion of control）。

這種錯覺是危險的，使我們產生一種思維，將經濟衰退、戰爭和大規模流行疾病視為只是反常現象、無須在意的異常值，不予理會然後繼續做「正常」秩序的事。大量的沙粒平安無事地堆積，我們於是誤以為這種動態會無限期持續下去。我稱之為規律性的妄想（mirage of regularity）。然後雪崩接著出其不意地打擊我們。當雪崩發生時，我們將它歸類為外部衝擊，而不是處於混沌邊緣的系統內，事件不可避免地升到最高點。但這並不是出人意料的衝擊，這是我們的社會沙堆必然發生的結果。現在我們極容易面臨因小波動而引發的災難性骨牌效應。可是我們卻繼續玩命，將我們的沙堆越堆越高。

現代社會如此緊密地交織，不只國王、教皇和將軍，就連一般個人都能使整個人類群體轉向。想一想這個問題：到目前為止，誰是二十一世紀最具影響力的人？有人可能會說是習近平或普丁或川普。我不同意。我提出的人選是無名氏。COVID-19很可能起始於中國武漢單一事件中的單一個人。[34]幾年之中，感染某個個人的病毒徹底改變了數十億人的生活。在人類歷史上，從未有過這麼多人的日常生活因為一個小小的偶發事件，而受到如此劇烈的影響。歡迎來到群的世界。

現代社會為何朝臨界性傾斜，而且隨著時間變得越來越不確定？箇中的原因非常多，但我只強調幾個。首先，我們已經執迷於最佳化，崇拜更有效率這個假偶像，現代社會系統幾乎沒有可鬆弛緩衝之處。當某件事情出錯，這是不可避免的事，由於萬事萬物的相互連結和依賴，其結果會被放大。被推到混沌邊緣的完全最佳化系統，更容易飄向臨界點和產生骨牌效應。

相反的，當複雜系統被設計成少一點最佳化和多一點彈性時，它們會更有適應力。舉例來說，二〇一〇年智利發生了八點八級的大地震後，輸電網只短暫地斷電，因為地方系統被設計成能與全國系統「脫鉤」。這麼做雖然稍微降低系統的整體效能，但易於阻止骨牌效應和預防持續長達數週的全國性斷電。（我們從

34. 作者註：關於COVID-19起源故事的爭論已超過本書的範圍。無論起始於人畜共同傳染或意外的「實驗室釋放」，這兩種解釋都是偶發的單一個人的單一行為。

此例中可以學到許多有關生活的教訓：給生活一點鬆弛的空間，以便萬一事情出錯時，容易分散潛在的損害。）

這世界也比以往更容易處於臨界狀態，因為網際網路為已然交織的世界大幅增加連結程度。史上的許多通訊技術都具有顛覆性，但印刷術、報紙、無線電發送和電視播送，全都增加了能消費訊息的人數。網路基本上是不同的事物，它是一場翻天覆地的革命，在歷史上首度大量產生能創造訊息並廣為傳播的人。這是一種徹底的改變：從少對多的溝通到多對多的溝通。概念，甚至錯誤的概念，會激發行動，現在有數十億人以前所未見的速度接觸新概念。如同歷史學家費利佩・費爾南德斯—阿爾梅斯特（Felipe Fernandez-Armesto）寫道，「概念是推動人類文化改變的主引擎……而改變習慣是概念相互易於獲得的一個結果。」這個改變的引擎目前正超速運轉。

現代社會也變得更加不可預測，因為我們的群體正在加速。想一想經貿活動。當投機者比競爭對手多了情報優勢，更早知道關鍵的經濟情報時，他們更容易賺到錢。如今的高頻交易由電腦來完成，速度優勢以毫秒為計算單位。（作為對照，蜂鳥大約每十八毫秒振翅一次。）隨著速度加快，金融系統更常飄向危險的臨界性。這有助於解釋為何在二〇一〇年五月六日，下午二點四十二分至四十七分短短幾分鐘內，美國股市價值蒸發了一兆美元。就像一隻蝗蟲能使蝗蟲群轉向，這個毀滅性的骨牌效應是由一個操縱市場的無良股票交易員，為了好玩在倫敦家中臥室所引發。對蝗蟲而言，移動速率主要保持不變。我們是不同種類的群體——在現代生活中變得愈加狂暴。

複雜系統思維能給我們重要的教訓。我們讓我們的生活去適應非正式的社會規則、模式和期望，有像點人類吸引域，從形形色色、獨一無二的八十億人中，創造出穩定和規律的錯覺。然而我們可能會陷入麻煩，如果我們讓自己被規律的幻覺愚弄，只專注於這世界高度可預測和可重複的層面，卻忽略意外、異常和隨機波動，視之為可以不理會的白噪音，而不去理解它的真正面貌：複雜生活的嗡鳴聲。

在先前的幾章內容，我們已經見識了一個交織的世界意味著每件事都重要，因為小漣漪會重塑生活和顛覆社會。這些漣漪造成一個遠比我們願意相信的，更加隨機和偶然的世界，打破了「每件事情的發生都有某個原因」的口號。我們已經縮小視野看過細菌的演化，也放大視野看過戰爭，認清了偶發事件至關重要，不僅改寫生活、改變歷史、甚至產生新的生命形式。我們也見識到我們對現實的認知，已經被微調成抹除機運和偶發事件，並且用捷徑讓我們專注於簡化的因果關係模式。現在我們還知道自我組織臨界性——人類群體——如何使漣漪、意外和偶發事件更容易升高，最終造成重大衝擊和黑天鵝。這一切都導向一個似乎令人不安的結論：我們生活在一個遠比我們願意想像的還要更加不穩定和不確定的世界。

但接下來我要設法說服你，不確定性可能具備某些隱藏的好處。

第6章

赫拉克利特法則

複雜、不斷改變的世界中的可能性極限

有知覺的生物包括人類在內，是預言機器，我們的存活有賴於此。覓食、戰鬥或逃跑的決定，全都基於計算未知事物的嘗試。即便沒有數字或精密的邏輯或納特．西爾弗，動物也能對憑經驗所形塑的未來，進行有根據的猜想。人類也是如此。我們生活中的每個經驗都成為神經的數據點，由我們頭顱裡的粉灰色電腦負責處理。每當發生意料之外的事，神經元網絡便會微調。這就是我們在世間生存的方式。那麼，我們頭顱裡的預測機器如何處理一個不穩定的世界——在這個世界，一粒沙就可能引發毀滅性的骨牌效應。

人類早已接受超乎我們控制的某種不確定性。許多人包括古代人和現代人，都相信好干預的全知的神。教士或發布神論者能利用神明的智慧，或設法影響神明來幫助正義之士和懲罰邪惡之徒，但了解或預測未來不是人類該做的事。在這

樣的世界觀中，不確定性不是這世界的特性，而是人類的無知缺陷。神明永遠知曉一切。上帝不會操心可能性的問題。

凡人能做的充其量只有汲取神的智慧，用以瞥見神秘超凡的事物。在古代中國，舉例來說，《易經》的功能是作為一部占卜機器，利用蓍草探究更深入、更可靠的真相。然而在人類歷史的大多數時候，嘗試藉由測量或數據來克服不確定性，是自大傲慢的愚蠢行徑，欲將上帝數學化的瀆神企圖。令人驚訝的是，幾千年來鮮少有人有系統地嘗試精準測量或量化不確定性和風險。

這或許部分解釋了為何崇拜萬神的古希臘人，對於自然世界中的萬物，雖清楚闡述他們極其精妙的看法，卻未能發展出最基本的機率數學。這種知識鴻溝讓人費難，因為古希臘人喜愛博弈遊戲。有蹄動物的踝骨和蹠骨（稱作astragali）用作骰子的前身，最早可追溯到西元前五千年的希臘。人們自古就在思索機率問題，即便他們並未創造出系統化的機率邏輯。類似的博弈遊戲也存在於歷史上的其他文化。舉例來說，從阿拉伯語的al-zahr（骰子），我們得到hazard（冒險）這個單字，是risk（風險）的現代同義字，還有西班牙語的azar，意思是「機運」或「隨機」。數學的出現晚於這些遊戲。

後來，拉丁語單字resicum（產生我們的risk）首度出現在一一五六年義大利熱那亞共和國的公證合同上。這種合同用於規定成比例的分紅，分配渡越地中海的冒險貨運航程所得獲利，此類航程通常會致富，但有時也能導致破產。然而，為了量化風險——以符合邏輯的方式精準加以測量——數學家派上了用場。打從一開始，他們對於風險的理解就有部分漏洞，因為他們採納自古以來的亞里斯多德看法：想知道未來的機率，你只需計算在規律的生活模式中「經常發生的事」。（如我們所見，這個假定——過去是未來的可靠指引——在不斷改變的世界中，可能是一個致命的錯誤。）

然而，機率論在許久之後才獲得發展。造成延遲的理由之一，恰恰也是歷史一個偶然的意外。古羅馬和希臘數字在數學上笨拙難以操作（你不妨試試用MMXXIII〔2023〕快速減去MDCCCXLIII〔1843〕）。我們現在所使用的阿拉伯數字系統，以往並未更快地傳播到全世界，因為歐洲人擔心它們太容易在正式文件上被偽造。舉例來說，數字1能輕易改成4或7。（作家彼得·伯恩斯坦〔Peter Bernstein〕解釋，這個憂慮說明了為何許多歐洲人現在仍然會在數字7上再多寫一橫。）隨著印刷術的到來，用羽毛筆進行偽造變得不可能，阿拉伯數字這才成為主流。在歐洲機率論的詳細表述因為人們對偽造文件的過度敏感，貌似合理地被推遲了好幾個世紀。

早期機率論的突破是由博弈遊戲所推動。最值得注意的是，在一六五四年，布萊茲·帕斯卡[35]和皮耶·德·費馬[36]提出一個辦法來解決稱作「中斷的博弈」問題，其中兩名玩家開始博弈，但在還沒分出勝負之前因故被迫結束。在帕斯卡和德·費馬之前，要如何依據數學上的勝率來分配底池彩金，並無明確的辦法。為了解決這個難題，他們在吉羅拉莫·卡丹諾（Gerolamo Cardano）、梅雷的騎士（Chevalier de Méré）、雅各布·白努利（Jacob Bernoulli）、皮耶—西蒙·拉普拉斯（拉普拉斯的惡魔的那位拉普拉斯）以及湯瑪斯·貝斯（Thomas Bayes）（他發展出我們所稱的貝氏統計〔Bayesian statistics〕）等巨擘的基礎上，在草創的機率領域迅速取得進展。

隨著數學工具的進步，這世界有更大一部分可以被理解和計算。不久之後，一陣風潮席捲英國上層社會的知識份子：計算一切事物。例如牛頓發展出他的數學物理，當中的世界遵循可量化的模式在運作，可望利用數字和方程式來解開人類社會的謎題，這讓思想家們深感興趣。一六六二年，約翰·葛蘭特（John Graunt）進行了具開創性的倫敦人口死亡率定量評估，催生出人口統計學領域。一八〇〇年代初期至中期，法國哲學家奧古斯特·孔德（Auguste Comte）開創社會學領域，很大程度上衍生自他所提出的一個具有影響力的思想分支，稱作實證主義，以及一些合理作決定的定量方法。比利時天文學家、數學家、社會學家暨統計學家阿道夫・凱特爾（Adolphe Quetelet）發展出執迷於計量和量化的早期社會科學。這是講求理性新思想的時期，思索著我們的社會世界有多少部分能從不確定轉變為確定。

然而到了十八世紀，蘇格蘭的哲學家大衛・休謨（David Hume）詳述他著名的「歸納問題」，警告說機率是極不確定的事。休謨的警告是敏銳的：我們對於因果關係的理解大多只是基於經驗和過去發生的事。我們無法保證，休謨說，未來就像過去那樣。或者，如同他更令人欣賞地表示，「機率奠基在假設事物之間的相似性，當中有些事物我們曾經歷過，但有些我們不曾經歷。」機率可能有用處。但未來可能不同於過去的模式——如果真是這樣，未來會出其不意地打擊我們。（我們很快就會發現，休謨是對的。）

如今，機率論已經成為一個精密且賺錢的數學分支。數百萬人受雇負責預測機率。數十億人利用這些預測來作出更好的判斷，以及有根據地評估不可知的未

35. 譯註：Blaise Pascal，一六二三～一六六二。法國神學家、哲學家、數學家、物理學家、化學家。
36. 譯註：Pierre de Fermat，一六〇一～一六六五。法國律師、業餘數學家，成就不低於職業數學家。

來。一切事物都日益被量化，饋入簡化的迴歸（regression）、越來越聰明的演算法，以及精密的機器學習模型的黑盒子裡。

我們從拋擲蹠骨起步，至今已取得長足的進展。如今，我們仰賴更可靠的神諭：科學和統計學，而蓍草被經驗證據和一大堆資料集取代。這個重大改變已經釋放出巨大的人類潛能。但是我們會發現，相信人類力量能掌控不確定性，這麼想有點過頭了。我們太常假裝我們能回答我們無法回答的問題。過度的自信意味我們抹除掉機運、混沌和偶發的隨機，因為它們不適合我們喜歡想像的那個更井然有序的世界。

◁

為什麼會這樣？部分的解釋是，我們是自己驚人成就的認知受害者。科學家已經變成現代巫師。他們能編輯基因、發現看似隱形的粒子，甚至使小行星改變行進方向。這些突破給予我們一種可理解但誤導的感覺，以為我們已經弄明白這世界的大多數謎題。太多人相信人類知識負有掃蕩未知事物的責任，也相信我們很快就能提出令人滿意的答案，來清除那些揮之不去的討厭問題。目前雖然無治療癌症的辦法，但那是我們力所能及的事；現在雖然還沒人上到火星，但很快就會有。顯然無所不知的現代科學，似乎能保護我們免於偶發事件和混沌的風險。

但許多事情依舊是不確定和未知的。宇宙某些最無解的謎題是它最基本和最重要的謎題。它們仍包裹在絕對不確定的迷霧中——我們就是不知道。儘管如此，我們不停地被預測轟炸，從民意調查到經濟預測，無窮無盡的各種模型，全都帶著某種自大傲慢，彷彿我們已經馴服了這世界。如果你相信世界可以按我們的喜好被預測、控制和操縱，你比較容易以為那些任意、神秘的力量在我們的生活中只扮演小角色。如果你這樣想，那麼童話版的世界似乎是合理的。相反的，如果你覺得許多最重大、最重要的謎題依舊未解決，那麼你會有較多餘地承認隨機的重要。然而大多數人忽略了包圍我們的迷霧，繼續注視著我們看得見和能測量的東西。

其中最大的謎題當屬我們的意識，而我們並不了解它。自一九九四年起，最棘手的挑戰被稱作意識的難題（hard problem of consciousness），由現代哲學的泰斗大衛・查爾默斯（David Chalmers）所創造的用語。查爾默斯對於所謂的身心問題長期感到困惑，他想知道我們視為心的東西，與大腦的物理和化學構造之間，是否有什麼基本的不同。如果我們欣然接受肺臟和肝臟只是內含化學物質、有組織的器官組織和細胞團塊，為什麼大腦應該有所不同？但查爾默斯強調的是更深刻的事物。如同作家奧利弗・伯克曼（Oliver Burkeman）對這個難題的總結，「你頭顱裡重一點四公斤的那團濕潤、略帶粉色的米色組織，如何能產生作為那個團塊以及它所依附的身體，所帶來的如此神秘的體驗？」這正是身為人類的問題——對此我們毫無線索。

接下來是宇宙的基本定律。一八七四年，一名剛上大學的十六歲德國天才，央求導師指導他該研究什麼。別碰理論物理學，導師建議。「在這個領域，幾乎所有的東西都已經被發現，只剩下一些坑洞要填補。」幸好年輕的馬克斯・普朗克（Max Planck）沒有理會這個建議，並設法填滿其中一些坑洞。一九一八年，普朗克因為發展量子物理的新理論而獲頒諾貝爾獎，該理論顛覆了我們對於宇宙運作方式的認識。

物質似乎在最小的層次上，以不可能的方式做出表現。量子實驗的傳統詮釋暗示微小粒子可能同時存在於兩個地方，這種現象稱作疊加。然而，當我們觀察這些粒子時，它們潰縮到單一位置，意味著現實隨著是否有人在觀看而改變。量子糾纏的某些詮釋甚至更讓人難以想像，說到相隔極遙遠的成對粒子，當其中一個粒子被觀察時，它們便馬上相互影響——不是很快，而是馬上——愛因斯坦輕蔑地稱之為「遠距的詭異行為」。我們沒有詞彙可以用來解釋這些現象，因為這些粒子的行為，完全不像我們在直接可觀察的世界中遭遇的任何事物。即使最優秀的科學家也不知道發生了什麼事，但這些粒子確實好像不知怎的，被神奇的線完全交織在一起。

最怪異的或許是，某些頂尖的量子物理學家相信多世界詮釋（many-worlds interpretation），藉以理解該領域的核心方程式——稱作薛丁格方程式（Schrodinger equation）。多世界詮釋是普林斯頓大學研究生休・艾弗雷特（Hugh Everett）的智力結晶，出現在「所有派對的人一致表示他們喝掉大量雪利酒」的某個傍晚。根據多世界詮釋理論，每一件可能發生的事確實都發生了，因此世界不停地分叉成無限數量的宇宙。該理論暗示有無數個你的複本存在，以及有無數個你不曾存在於其中的宇宙。這聽起來像一九六〇年代某個科幻小說家的白日夢，是服用了太多麥角酸二乙醯胺（LSD）後寫出來的。但這也是通過嚴格驗證的量子力學方程式中，最容易理解的數學詮釋之一，而且有一些非常聰明、極有成就的物理學家相信多世界詮釋是正確的。其他宇宙中是否存在無數個替代版本的你，這似乎是一個相當重要的未解之謎。

沒有人真正了解我們的世界。如同演化生物學家柴克瑞・布朗特告訴我的，或許那是不可避免的事：「我不確定完全了解宇宙是否是有可能的事，但至少對人類來說不可能，因為人類所利用的大腦演化只管讓群居性的兩足猿活得夠久，以完成繁衍任務。」我們生活在一個似乎永遠使我們感覺不確定的世界。所以問題是，我們能不能至少了解自己？

◁

二〇一六年，《經濟學人》（*The Economist*）分析評估國際貨幣基金組織（International Monetary Fund）對一百八十九國家所作的十五年經濟預測的價值。在這十五年期間，有一個國家進入經濟衰退兩百二十次，某次重大的經濟衰退還對好幾百萬人造成嚴重的影響。國際貨幣基金組織每年進行兩次預測，一次在四月，另一次在十月，在他們看完當年一半的真實數據後。這些預測有多少次正確預測了經濟衰退的開始？我們當中最聰明的人有多少次猜對了答案？二百二十個案例中，四月的預測沒有一次正確。零次。這些預測從未發現經濟衰退的到來。十月的預測已經有六個月的真實數據加上警訊作為基礎，但也只猜對一半。相較於只預測世界上每個國家（從阿富汗到辛巴威）每年會以百分之四的固定速率成長的靜態模型，國際貨幣基金組織的預測準確度只稍微好一些。在物理學中，如果理論的預測稍微低於正常標準，它們就會被拋棄。然而當我們在研究自己時，有時卻運用從未正確過的理論，即便在如此基本的問題上，例如「明年經濟會萎縮嗎？」

相較之下，人類在二〇〇四年發射了一艘太空船，它航行了十年，然後輕輕降落在直徑二點五英里、以時速八萬四千英里行進的彗星上。為此每次的計算都必須毫無瑕疵——情況的確是這樣。相反的，想要正確地弄清楚泰國經濟在接下來的六個月會成長或萎縮，或者英國往後三年的通貨膨脹是否會超過百分之五，好吧，那不是我們辦得到的事。

我不是在挑剔社會科學，畢竟我是（理想破滅的）社會科學家。但所有科學家都知道一個我們鮮少公開討論的秘密：即使我們當中最聰明的人，也不真正了解我們社會的運作方式。對於罕見、不重複且偶發的事件而言，此事尤為真確，它們往往是我們必須了解的最重要事件。我們交織的社會世界過於複雜，複雜到我們無法掌控，它受到回饋迴路和臨界點這些不斷改變的力量的推動，被機運和混沌、意外和隨機所左右。

二十世紀初期，一位名叫法蘭克·奈特（Frank Knight）的變節經濟學家，他挑戰了倚賴一系列簡化假設的傳統經濟學智慧。奈特令人信服地詳述，按他的話說，不確定性（uncertainty）與風險（risk）之間的差別。（在這個語境脈絡下，風險與波動有關，不是指壞事發生的風險。）奈特表示，風險是兩者之中比較容易處理的那種，風險發生在未來的結果未知，但發生某事的精確機率已知且穩定時。我們不知道會發生什麼事，但我們的確知道這事將如何發生以及為何發生。舉例來說，拋擲一枚六面骰子是關乎風險而非不確定性的事。我們不知道骰子會落在哪個點數，但我們確實知道每個點數都有六分之一的機會正面朝上。風險可以被馴服。不確定性，對照之下，是指未來的結果未知，而且產生這個結果的潛在機制同樣未知，甚至可能不斷改變的情況。我們不知道會發生什麼事，也沒有任何辦法評估它會發生的可能性。我們完全處在黑暗中。在這樣的情況下，國際貨幣基金組織接連未能預測經濟衰退的開始，是因為它將不可控制的不確定性，當作可解決的風險來處理。但事實不然，所以預測失敗。

奈特對不確定性和風險所作的區分很有用。為了避免嚴重的誤判，分清能知道和不能知道的事至關重要，因為有些領域就是不可知的領域。為了應付這個問題，許多人沒有求助於古老的占卜迷信，而是尋求有時會誤導人的機率的安慰。許多時候，運用得當的機率能幫助我們作出比較明智的決定並度過風險。但如果你冒險進入不確定的未知領域，憑著你信任的機率去作決定，你可能會遭遇不愉快——而且可能是災難性——的衝擊。不要錯將無法馴服的混沌，當作可馴服的機率。

經濟學家暨英格蘭銀行前行長默文．金（Mervyn King）在最近的某次訪談中說得好：「我們都是在這樣的概念下長大的，也就是說如果你是聰明人，你用機率來思考不確定性，而且許多人會用某種機率設法詮釋每一種未來的不確定性。我認為這是一個嚴重的錯誤，使我們無法作出好的決策。」機率是用來處理風險的絕佳工具，在面對這類問題時，應該被欣然採納。然而，如果遇上無法解決的不確定性，不如痛快承認「我不知道」，也不要利用以有漏洞的假設為基礎的假可能性，來穿越不可知的領域。

然而有時我們必須作出選擇，即使我們完全不確定。問題可以分成兩類：必須回答的問題和不需要回答的問題。我們可以稱之為「盡你的全力」問題和「用不著費力」問題。如果你罹患罕見疾病，醫生必須決定如何處治，即使他們不知道致病原因或什麼方法可能有效。在處理謎樣的癌症時，說「我不知道」不是一個可行的選項。你得盡你的全力。

然而，沒有法律和道德義務表明，我們必須預測蒲隆地（Burundi）五年中的經濟成長正好是百分之三點三，這是不可能的精準度，肯定是錯的，而且可能使我們犯下嚴重的錯誤，因為假的確定性蒙蔽了我們的判斷。說「我不知道」不代表你必須舉手投降，什麼事都不做，只表示在不必要時，要避免去作愚蠢的預測。但如果有必要時，至少必須承認那撥不開的不確定性迷霧，並且在作決策時考慮到混沌的動態。可惜我們的社會傾向於被正好相反的觀點所支配。我們太常錯誤地將（假）確定與自信和權力相提並論，而不是獎賞智識謙遜[37]。太多人遵循著永遠表現得確定不疑的策略而晉升至高位，但他們往往是錯的。

但在真正不確定的情況下，如果機率派不上用場，為何我們這麼常誤用機率推理？問題始於我們用機率指稱許多不同的事物。一旦有人提供一個特定數字例如「百分之六十三點八的機會」，來描述某個未來事件的可能性，彷彿這樣的量化使這人成為現代神諭發布者，掌握了神奇地變得更具正當性或更真確的知識，因為它是由數學產生（即便這個數學奠基於有嚴重漏洞的假設）。比起與某個只是說「我相信」某事會發生的人爭辯，要與一個清楚明確的機率爭辯是比較困難的事。然而這是看待這件事的正確方式嗎？

我們不停地聽到關於機率的聲明。然而當我們說今天有百分之八十的下雨機率，它真正的意思是什麼？答案似乎很明顯，直到你試著向別人解釋時。它是否代表在完全相同的大氣物理初始條件下，有百分之八十的時間會下雨（彷彿天氣型態像拋骰子那樣具有靜態機率）？它是否代表在一百個和今天一樣相同條件的想像世界中，有八十個世界可望會下雨，但其他二十個不會？它是否代表天氣模型的證據不確定，但天氣預報員希望你知道，他們有百分之八十的信心水準來預測今天會下雨？[38]

還有，正確預測是什麼意思？如果今天沒下雨，預測是否錯誤，因為下雨的機率超過百分之五十？的確，那不可能是正確的，因為百分之八十和百分之百不是相同的事。或者每當天氣預報說有百分之八十的下雨機會，如果一百次中有八十次下雨，那麼預測是否正確？在這種情況下，你只能在無數次重複的預測中，證實某次天氣預報的精準校正。但誰說今天的物理條件和未來的物理條件差不多？畢竟，如同混沌理論所證明，形成天氣的物理系統的微小變化，可能造成

37. 譯註：intellectual humility，具備智識謙遜的人，能認知到自己的局限和偏見，更關注真相而不是堅信自己是對的。

38. 作者註：值得注意的是，某些天氣預測模型故意偏向於造成較少抱怨的結果。如果天氣預報說會是晴天，結果卻下雨，人們比較容易抱怨。但如果天氣預報說會下雨，結果卻是晴天，人們比較不容易抱怨。為了避免被抱怨，某些模型刻意設法將預報晴天出錯的機會最小化，而比較不擔心錯誤預報雨天。

重大的改變。我們是否用蘋果在與柳橙作比較？

當機率從預測天氣型態變成預測獨一無二、不可重複的事件時，例如選舉，問題甚至變得更棘手。當統計師納特・西爾弗（Nate Silver）預測希拉蕊・柯林頓（Hillary Clinton）在二〇一六年美國總統大選有百分之七一點四（不是七一點三或七一點五）的勝選機率，那是什麼意思？那是否代表如果在電腦模型上一遍又一遍地跑選舉模擬，希拉蕊在百分之七一點四的時間中會勝選？好吧，但選舉只有一次，結果只有一個，你無法一再重新安排現實，無論我們多麼希望用後見之明這麼做。或者，這意味著選舉像在拋骰子，希拉蕊的骰子被加了重量，顯示出百分之七一點四的勝選機率，而非六分之一？她的敗選到底是百分之七一點四的預測錯了，或者只是比較不可能的結果發生了？

顯然，我們碰上了麻煩。當我們說，「有百分之X的機率，Y會發生。」這句含意極多的話，與許多不成文、未言明的假設密不可分。說「有百分之六十的機率，孔子在歷史上真有其人。」是基於機率的表述，但「有百分之五十的機率，下一次拋銅板時正面會朝下。」也是。這是類型極不相同的兩句話，卻被合併在機率這個標籤下。讓事情進一步混淆的是，有數不盡的用語在描述機率：貝葉斯的（Bayesian）、客觀的、主觀的、認知的、偶然的、頻率學派的

（frequentist）、傾向、合乎邏輯的、歸納的或預測推論。更糟的是，這些標籤對於不同的人而言代表不同的事。讓我們試著釐清混淆之處。

機率論述主要有兩個陣營。如同知名科學哲學家伊恩・哈金（Ian Hacking）的解釋，許多機率屬於頻率型機率（frequency-type probability）或相信型機率（belief-type probability）。

頻率型主要基於某個結果會發生多少次，尤其在長時間的重複試驗中。舉例來說，如果你拋銅板一百次，可能出現四十三次正面和五十七次反面。這樣的結果有兩種可能的解釋。或許這是一個有偏見的銅板，更常反面朝上。要不這枚銅板可能是公正的銅板，在這一百次的拋擲中只有輕微的差異。一旦拋擲次數從一百次變成一百萬次，這枚銅板是否有偏見就會一清二楚。如果它是一枚公正的銅板，正面和反面的整體比例會趨近於五十比五十。

相信型機率則完全不同。它們表達出你基於可得的證據，對於某個特定主張或未來結果的一定程度信心。孔子要嘛真有其人，要嘛不是，所以關於孔子存在與否的任何機率論述是相信型機率，這與拋骰子完全不同。這不像你可以不停地跑電腦歷史模型，看看孔子存在和不存在於多少個世界中。相反的，那只是依據你所擁有的證據，以數字形式呈現的最佳猜測。然而陳述機率的人鮮少說明，他們的主張是相信型或頻率型論述，因此可理解地造成人們的混淆。這種混淆耍弄了我們的智識，讓我們自願遵從現代社會中，那些往往隨著數字和統計學而來的不假思索的智慧。

機率只在某些情況下能當作有用的指引。當我們面對簡單、封閉系統中的問題——例如投擲骰子，有六個明確定義的可能結果——這時機率推理能夠完美地運作。然而當我們將機率放進凌亂的現實領域，事情很快就會出差錯。如同約翰・凱（John Kay）和莫文・金恩（Mervyn King）在《極端不確定性》（*Radical Uncertainty*）中所說的，最適合運用機率的情況是在「可能的結果有清楚的定義、造成結果的潛在過程幾乎不會隨著時間而改變，以及有大量〔相關的〕的歷史訊息。」可惜這些假設不適用於我們所面對的許多最重要的問題。機率在混沌中不起作用。

想知道為什麼，讓我們回到風險而非不確定性問題：拋擲銅板。因果關係的潛在動態是穩定的，不受時間和空間影響。用術語來說，它們是固定不變的。無論拋銅板的人是來自古代中國的秦朝士兵，或現代西維吉尼亞州的酒保都不要緊。出現正面和反面的整體機率，最終大約是百分之五十。再者，當我們談到拋銅板的機率時，我們談的是結果的平均分布，而非設法預測特定的某次拋擲結果是正面或反面。我們也能隨我們喜歡，想拋幾次就拋幾次，因此這個現象是可重複的。銅板本身也是類似的或可互換的，用我的銅板或者用你的銅板並不重要，只要它們都是二十五分的銅板或大致公正的銅板。由於所有這些因素，拋擲銅板的機率是趨同的。你做這件事的時間越久，每個結果的機率越接近百分之五十。這些因素結合起來（固定不變、平均、可重複、類似和趨同）使拋銅板非常適合用於機率分析，當中過去事件能近乎完美地預測未來結果。

現在，讓我們想想另一個例子，並從中設法弄清楚布洛芬是否有助於緩解頭痛。這比拋擲銅板複雜，但適用相同的原理。除非頭痛是由未知的新疾病所引發，否則我們可以肯定布洛芬藉以緩解頭痛的機制，不會因時間而改變，因此這是一個固定的問題。我們也對平均數感興趣，因為我們在找尋一個傾向於對所有潛在病患有效的治療方法，而不是對每個特定病例都有效的方法。頭痛很不幸地對於個人和大多數人都極度地可重複，症狀多半也是類似的，因此布洛芬緩解我的頭痛的化學過程，可能也能緩解你的頭痛，這樣的假設是合理的。

然而，這只在我們運用於正確的範疇時才行得通。此事聽起來或許書呆子氣，但我們所使用的語言對機率而言極為重要。統計學只不過和我們的語言學一樣好用。如果用頭痛一詞來指偏頭痛或腦瘤引發的頭痛感，情況又會如何？以機率為基礎的估算仰賴正確的範疇，意思是當我在不同的脈絡中提到頭痛時，我是用蘋果與蘋果作比較，而不是用蘋果與柳橙作比較。此外如果是在正確的範疇中，例如拋擲銅板、頭痛和布洛芬的問題是趨同的：即使我們在年齡、性別、種族、身高、收入等方面有別，但布洛芬可能依然有效。同樣的動態適用於各種領域，例如設法決定保險費的保險精算表，或者一季接著一季，有著相同規則和隊伍的運動聯盟。過去的模式是未來的可靠預報，因此機率是萬無一失的東西。這就是納特・西爾弗感到自在的穩定機率之地（Land of Stationary Probabilities）。

現在讓我們轉到比較棘手的不確定性問題，這個問題產生自我們那充滿偶然、交織的動態複雜世界，它容易接近臨界點、回饋迴圈，以及產生由最細微的改變所引發的骨牌效應。經濟學家約翰・凱和莫文・金恩指出美國歐巴馬總統在二〇一一年五月二日，決定下令特種部隊突襲狙殺賓拉登（Osama bin Laden）的例子。當時有許多事情不為人知：賓拉登是否待在巴基斯坦的宅院裡？如果賓拉登在那裡，這次突襲是否能以最少的人命損失，成功殺死他？巴基斯坦政府會不會因為領空被侵犯而攻擊或譴責聯合國？歐巴馬的顧問們試著提出機率評估，好讓他能作出正確的決定。「總統先生，有百分七十的機會他會在那裡。」這些評估就是可取得的證據，主觀地表達以相信為基礎的信心，並非大多數人在聽見機率一詞時所想到的事。賓拉登要嘛在那裡，要嘛不在那裡。這不是像拋銅板那樣可能出現的局面，在一半的世界中他在那裡，在另一半的世界中他不在那裡。沒人知道賓拉登是否在那裡。沒人知道巴基斯坦會如何反應，也沒人知道會發生什麼事。歐巴馬必須在不可避免的不確定中作出決定。

讓我們想一想突襲賓拉登與拋銅板有什麼不同。前者並非是固定的因果關係案例，在本例中，決定特種部隊在巴基斯坦發動突襲的結果的潛在動態是非固定的。或許巴基斯坦在二〇〇八年時對於類似的突襲行動可能有不良反應，但不像二〇一一年那樣嚴重。這個反應或許取決於巴基斯坦情報頭子前一晚睡眠時間的多寡，或許取決於掌權的政府、取決於首相、事實如何呈報給他，甚或值班將軍們的心情。從這裡我們無法可靠套取出固定不變的因果關係。完全相同的一場突襲，倘若在五月一日而非在五月二日嘗試進行，可能會產生截然不同的結果。其動態變化莫測，因此是不可知的。

再者，儘管拋一次銅板能與另一次的結果作比較，但歐巴馬並不關心以往所有特種部隊突襲行動的平均結果。他在意的是被提議的突襲行動是否會成功，他擔心特定的結果而非平均的結果，因為這次突襲是不可重複的。這是僅此一次的事，與拋擲銅板相去甚遠，也是獨一無二的，不可比較也不可互換。當然，你可以試著將狙殺賓拉登的行動放進其他特種部隊突襲行動的範疇中，將之與先前的行動作比較，但它們的差異太大，無法有效地作比較。先前行動的相關情報只能告訴你海豹部隊（SEAL）過去的優良紀錄和能力（顯然不曾計算過任何機率）。三個月前美國海軍海豹六隊在索馬利亞的成功突襲，無法告訴你此次狙殺賓拉登的行動是否會成功。[39]這次突襲終究是偶發的，而非趨同的。小錯誤或看似不重要的波動可能徹底改變結果。這些因素合起來導致不可簡化或完全的不確定性。沒人知道此次行動會有什麼結果。過去無法為未來提供可靠的指引。我們沒有發布神諭者可供諮詢，無論他們多麼擅長數學。歐巴馬必須在面對不確定性而非風險的情況下作出他的決定。

這就是我所說的赫拉克利特的不確定性之地（Land of Heraclitean Uncertainty）。你會回想起前蘇格拉底時期的哲學家赫拉克利特，他提到不斷改變的河流和不斷改變的人。赫拉克利特說改變是持續不斷的，他顯然是對的。這世界——甚至整個宇宙——每個毫秒都在改變。但有時候，如同我們在前一章所見，當這些改變達到臨界點時，會產生可觀察得到的不同因果關係機制。我們從未能完全了解或預測，這些突然的改變何時會發生。當不確定性的產生是因為世界本身的不斷改變時，那正是赫拉克利特的不確定性，而且機率很快就變得沒有用處，因為過去的模式可能瞬間變得無意義。

想像現在是一九九五年，你被要求預測到了二〇二〇年，一般英國人每天會花多少個小時使用手機。你可以花大把時間研究過去的模式，隨意運用任何形式的貝氏機率，但很可能也無濟於事。一九九五年時，每一百三十個人之中有一個人使用網際網路，iPhone要等到十五年後才被發明出來。無論你是否運用已知有最精密公式的超級電腦，或者你的統計模型是否運用以頻率或相信為基礎的邏輯來產生機率，都無關緊要。在一九九五年預測二〇二〇年使用手機的機率必定會嚴重失準。為什麼？因為人們與手機的關係徹底地改變。此外，百年一遇的疫情讓人們百無聊賴地待在家裡。一九九五年時，少數有先見之明的未來學家可能已經預期了智慧型手機的崛起，但他們的洞見是來自對新興科技的理解，而不是以過去模式為基礎的機率推理。當世界改變時，過去無法一直指引我們。當我們在赫拉克利特的不確定性之地運用機率，我們會迷路。

還有其他形式的不確定性。讓我們暫時回到天氣預報。若將氣候變遷先放到

39. 作者註：設法利用從大量類似事件中所觀察到的模式，推斷出特定的個別結果，這個問題稱作區群謬誤（ecological fallacy）。即使吸菸傾向於致癌，但並不保證只要吸菸就會得肺癌。從群體模式中只能大略推斷某個特定案例的動態。

一邊，我們多半可以合理地假設，驅動天氣型態的因果關係動態大都是固定不變的——過去的模式可以用來預測未來事件。天氣預報被設計成具有特定性，預測某天是否會下雨，而不是一般的三月一日是否會下雨。它們也可重複，而不是僅此一次。天氣型態也是可比較的，而非獨一無二。比較不同時間和空間中的雷雨胞是有道理的，這個情況不同於比較狙殺賓拉登的突襲行動，和在索馬利亞發動的另一次突襲行動。但現在問題來了：天氣型態是偶發的。如同氣象學混沌理論的奠基者愛德華．羅倫茲告訴我們的那樣，初始條件極為重要，因此天氣型態會基於可想像的最小改變，而隨著時間越來越分歧。離現在一小時後的天氣是可管理的風險，但由於該系統對於微小、不可預測的波動較敏感，因此你凝望未來的時間越久，它會快速地變得更不確定。因為我們需要有用處的特定天氣預報，還有因為初始條件的微小改變會產生截然不同的結果，所以在大約十天之後，所有的猜想都會偏離標準，由混沌理論接管。我們可稱之為混沌不確定性（chaotic uncertainty）。天氣讓我們認清了我們有限的理解，沒有人會嘗試預測三個月之後，在某人的婚禮那天是否會下雨。但憑藉我們經常會遭遇的赫拉克利特的不確定性之地，許多人仍愚蠢地設法假裝我們可以忽視我們知識的極限。他們妄想利用機率來克服極端的不確定性，就像錯配了工具，穿戴著蛙鞋和浮潛呼吸管去爬山。

由於美國前國防部長唐納德・倫斯斐（Donald Rumsfeld）所稱的「未知的未知」，在這些類型的不確定性之上，還有出乎我們意料的其他不確定性。我們往往不知道我們不知道什麼。我們無法搜尋正確情報，因為我們甚至沒想到情報的存在。想像你回到過去，發現一個穴居人並且問他，「在西元八七四年時，書本存在的機率有多大？」這是一個荒謬的問題。當時文字書寫尚未存在，更別提書本。當時沒有像現代曆法這樣的東西，而且數字對於穴居人來說毫無意義。

你不可能去計算你無法預期的東西。

我們太常在如同那位穴居人的處境中，被要求進行計算，卻假裝我們不是這樣。我們想像我們能計算我們無法預期的東西。這對於現代數據分析是一個嚴重的問題，因為大多數的研究只蒐集已被視為重要變數的資料。但在複雜系統中，如我們先前所見，看似無關緊要的細節卻十分重要。這些細節不被納入資料中，這是我們在找尋重大明確的原因，以便預測重大明確的結果時，不停犯錯的原因之一。

機率無法解決這個問題，因為如果你在計算某件事物的風險，你已經意識到風險的存在。如果你想要回答的問題是「美國會把第一枚原子彈投擲在日本的什麼地方？」誰會想到要去查看美國官員以往的度假歷史。你儘管計算所有的機率，但想要知道京都會逃過一劫，你只需知道一個關鍵的情報——當時的美國戰爭部長是否鍾情於京都，願意介入保護它。這是一個你絕不會考慮追蹤的情報，直到事後它顯現它的重要性。因此，未知的未知與塔雷伯所稱的黑天鵝直接相關，當中罕見、預期之外且後果重大的事件使我們感到意外，這些事件無法用方程式加以預測或量化。黑天鵝是複雜適應系統不可避免的結果，太常處於臨界狀態的世界的副產物。如果你明白看似無關緊要的隨機不斷左右著一個交織的世界，你會承認人類理解能力的局限。相反的，如果你抱持每件事都是可控制的風險的心態，那麼你會乾脆忽視這些問題，然後朝著災難直奔而去。

傲慢自大如今是尤其危險的事，因為我們的世界正在改變中，其改變方式對我們的動物先祖和早期人類而言十分陌生，而且與定義人類大部分歷史的生活方式截然不同。更糟的是，目前的世界改變得如此之迅速，憑藉過去的規律越來越難預測未來。機率的保存期限越來越短，形成一個奇怪的矛盾。未來變得更加不確定而且經常無法預測，同時我們卻在做愈加精確的預測，結果往往證明錯得離譜。我們甘冒風險，盲目地相信機率。

如果我們退後一步，或許就不需要一直如此擔心某些類型的不確定性。如果處理得當，些許的不確定性可能有奇妙的效果。不確定性太常被當作需要屠殺的惡龍。有時，這是相當合理的事，例如當我們被診斷出癌症且預後不明時，處在未來的黑暗中會讓人產生嚴重的焦慮和憤怒。

但請你思索一個完全確定的世界。想像你一出生就知道會發生在你身上的每一件事。或者，你不是確切知道，但你得知關鍵事件明確、固定的發生機率。青少年時期的你被告知，你有三個可能的人生伴侶，有百分之六十四的機率，你會與A伴侶共度一生、百分之二十二與B伴侶以及百分十四與C伴侶。幾乎沒有人會選擇那樣刻印成冰冷、固定方程式的世界，人生意料之外的喜悅和失望都變得可以預期。如果不確定性被消滅，驚奇、意外之喜和隨機也會跟著消失。我們的生命、我們的世界和宇宙中那些無法回答的謎題，激發出我們的好奇、驚異、敬畏還有當然，挫折與絕望。然而如果沒有這些東西，我們就不會是我們自己。不確定性自有其好處，但我們卻抓著假的確定性不放，不願欣然接受健康分量的不確定性。如今我們的大半個世界靠著極少人能了解的模型在運作。然而，問題在於這些模型已經變得太有影響力，以致我們可能忘記它們只是模型而已——在設計上刻意被簡化，不正確地呈現事物本身，就像地圖一樣幫助我們通過某個領土。但地圖不是真實的領土。利用模型時需要一些妥協。如同法國詩人保羅．瓦勒里（Paul Valery）言簡意賅的說法，「一切簡單的事物都是假的。一切複雜的事物都無法使用。」沒有人想要一比一比例尺的地圖。

當我們將地圖與領土混為一談，將代表物錯認為真實事物時，我們會有大麻煩。Google Maps與它所代表的美麗複雜、廣袤遼闊的自然世界，顯然並不相同。而聲稱能解釋人類行為的經濟模型其實就像Google Maps，有時管用，但與經濟本身相去甚遠，這對許多人來說或許不是那麼明顯的事。當我們透過簡化模型的稜鏡來看世界時，我們會因為看進哈哈鏡裡的世界而犯錯。我們迷失了方向。關鍵在於提醒自己，我們用以理解周遭事物的方法沒有改變，還有在一切事物之下存在著一個遠遠更加混沌與偶然的世界。

但我們依舊必須作出選擇。那麼，我們應該如何抉擇？

這個問題最常見的答案存在於決策論（decision theory）。重點是，當你面對結果不確定的選擇時，你應該衡量各種選項，考慮每個結果的報酬，並依據你對每個結果的發生機率所作的最佳猜測進行調整。這讓你得以將巨災風險和邊際效益等因素納入考量。如果進行某項醫療處置，讓你有百分之九十五的機率得到稍微美白一點的牙齒，但有百分之五的死亡風險，你大概不會接受。

決策論用於嚴謹地思考棘手的問題，往往頗具成效。但有個小問題。決策論的假設最適用於根本不存在的簡單社會世界。別人對於你的決定會如何反應呢？最重要的是，標準的決策論模型假設你可以獨立作決定，而不影響你生活於其中的系統。那是一個漏洞百出的假設，因為在交織的世界中，你的某些決定可能無意中造成你希望避免的結果。銀行擠兌是這種動態的絕佳例子，從有財務風險的銀行提領出你的存款，對你個人而言似乎是合理的事。然而你這麼做卻使整個系統更有可能崩潰，對你而言甚至是更糟的結果。決策論時常也假裝你的行動是孤立的，不與其他任何事情交織，但這不是真的。

還有，決策論是在短期規模上運作，意料之外的長期影響，並不是用於進行成本效益分析的機率計算的一部分。亨利．史汀生不知道十九年後，他的京都假期將在未來的某一場全球戰爭中舉足輕重。同樣的，我們無法知道在短期成本／效益分析中被我們忽視的哪些生活層面，此後將以往往意想不到的方式，證明對我們極為重要。因此在穿越我們眼前小徑分叉的花園時，決策論是有時管用但有瑕疵的方法。然而在我們複雜、混沌的世界中，如果我們忘記決策論的嚴重局限性，一切都會嚴重出錯。當傲慢自大結合過度井然有序的地圖時，我們會在混亂的世界中陷入麻煩。我們最好不斷提醒自己，總是會有一些我們永遠無法克服的不確定性。

這世界的運作方式和我們想像的不一樣。但到目前為止，我們忽略了一個關鍵問題：生命中的隨機出自何處？接下來的幾章，我們將更仔細地探索這些動態，檢視人類行為的四大層面，它們造成我們的生活和社會的重大改變：我們為何這般行事；我們在何處行事；誰在行事；以及我們何時行事？

我們先從以色列開始，在那裡我們會遇見可能迎來世界終結的紅母牛。

第7章 說故事的動物

在混沌的世界中，敘事偏誤、信仰和理性的決策論的局限之處

母牛美樂蒂（Melody）於一九九六年八月出生在以色列村莊卡法・哈西典（Kfar Hasidim），距離千禧年的結束幾乎整整三年。牠從鼻吻到尾巴通體鮮紅，在牧牛圍場裡黑白相間的霍爾斯坦牛（Holstein）之中，宛如一面會移動的鮮豔畫布。美樂蒂從各方面來說都是一頭正常、健康的母牛，但牠不只如此，牠還是一枚滴答作響的牛炸彈。如同新聞記者格森・高倫伯格（Gershom Gorenberg）在《末日》（*The End of Days*）中所述，美樂蒂原本可能「引爆整個中東」。美樂蒂是地球上最危險的母牛。將近兩千年以來，正統派猶太人一直在盼望能在原址重建聖殿的時刻，這地方是耶路撒冷的聖殿山（Temple Mount）。聖殿的重建取決於宗教信仰，其時間正值末日開始和彌賽亞歸來。但聖殿山並非一塊空地，那裡也是岩石圓頂（Dome of the Rock）和阿克薩清真寺（Al-Aqsa

Mosque）的所在地，是伊斯蘭第三大聖地。正統派猶太教的某些詮釋得到結論：在這些穆斯林建物被摧毀之前[40]，第三聖殿無法重建——彌賽亞也無法歸來。此事倘若真的發生，幾乎必定引發一場全球宗教戰爭。

還有另一個問題：在興建第三聖殿之前，進入聖殿山的任何人都必須淨身。《希伯來聖經》〈民數記19〉提供了奇特的淨化指示。以色列人被告知要找到「一頭毫無殘疾、從未負過軛的紅母牛。」等到這頭完美的紅母牛長到三歲時，牠會被屠宰和燔燒，剩餘的灰燼與水調和，用於淨化建築工人。

一九九七年春天，誕生一頭全紅母牛的好消息開始傳播。在猶太教的歷史中，只有九頭母牛曾被認證為真正的紅母牛。將近兩千年以來，一直沒發現合適的競爭者。美樂蒂有沒有可能是第十頭？拉比們帶著放大鏡來到美樂蒂所在的村莊。牠是正確的紅色，或者不合格的赭色？只要從一個毛囊中發現超過一根的黑毛或白毛，美樂蒂就會失去資格。只差一點就要成功了。

經過檢查後，拉比歡快地宣布判決：美樂蒂是全紅的母牛。如果美樂蒂在三歲時仍保持通體紅色，到時候就能用牠的聖灰塗抹建築工人——並引爆炸彈。何時是牠的三歲生日？那得看神的指示：時間就在新的千禧年黎明前。

美樂蒂長到一歲半時，牠的尾巴末端出現一小處白毛。〈民數記〉可不是要求大部分是紅色的母牛。美樂蒂的牛角被鋸掉，美夢結束。但如果美樂蒂的尾巴依舊是全紅，而不是百分之九十九點八的紅，情況又將如何？若非如此，很可能會有人嘗試炸掉伊斯蘭聖地，為興建第三聖殿做準備，結果引發一場聖戰。我們真的千鈞一髮（毛）地避免了這個悲慘的命運。

這個傳奇還沒結束。美樂蒂的功虧一簣激發了全球信奉彌賽亞的猶太人和千禧年主義基督徒，開始努力培育紅母牛。二〇二二年九月，致力於重建第三聖殿的聖殿研究所（Temple Institute）宣布在德州培育的五頭紅母牛的到來，「每頭都是完美的紅色、毫無瑕疵而且未滿一歲。」二〇二二年聖殿談話電台（Temple Talk Radio）的廣播節目向聽眾保證，雖然他們不願透露細節，但辨識真正紅母牛的準備工作已經完成。最終，他們肯定會成功培育出「天選之牛」。等到此事發生時，聖戰有可能因一頭母牛而爆發。

讓事情變得更加偶然和隨機的是，整個紅母牛傳奇可能是因為翻譯錯誤而產生。某些宗教學者表示，早期的翻譯弄錯了一個古字的意思，所以狂熱份子應該

40. 作者註：惟恐你以為這是一個牽強的設想：一九八〇年代時曾有一個圖謀炸掉岩石圓頂，以便興建第三聖殿的精密方案被制止。某極端團體的一位成員在遭逮捕前取得了足夠的炸藥。

找尋的是黃色母牛或更常見的棕色母牛。

◁

在童話版的生活中，人類是講求理性的效用最大化者，他們按照自己內在有條理的風險與獎賞、懲罰與報酬流程圖來作選擇。事實上，人類乃依據自身的信仰而行事，也就是驅使著我們的「為什麼」。這些信仰不斷受到任意、意外和看似隨機的事物影響。然而當我們研究起自己時——當我們試著理解讓社會運行的事物——我們卻有系統地忽略這個明顯的事實。

理性抉擇理論（rational choice theory）及其智識分支，自從亞當・斯密於十九世紀提出其核心假設後，一直主宰著關於人們如何作決策的社會科學思維。用這種方式去想像世界可謂漏洞百出，是一幅與真實領土相去甚遠的地圖。這表示我們做每件事都懷著明確的目的，基於對客觀資料的理性評估。我們運用一貫的策略來達成目標。我們利用百分百的訊息來作決定，總是確定每條路徑的成本與效益，但準確地知道有多少條可以選擇的路徑。最教條式的理性抉擇理論，將人類呈現為兩腳計算機，評估固定偏好之間的比較機率分布、充分利用一切以取得進步、渴望從每一個片刻中壓榨出最後一丁點效能。

即便是理性抉擇理論家本身，他們的行為也不像他們最純粹的模型所說的那樣。研究決策的德國心理學家捷爾德・蓋格瑞澤（Gerd Gigerenzer），時常說到兩位決策理論家對談的故事（據說是真的）。其中一位正在考慮是否要拋下哥倫比亞大學的職位，接受在哈佛任職的邀約。「你何不分別寫出留在原職和接受新工作的效益，再乘以它們的機率，然後選擇兩個之中效益較高的那個？畢竟，那正是你建議的事！」另一位理論家厲聲回答，「得了吧，這又不是鬧著玩的事！」

以往，理性抉擇理論經常用於建議人們設法在財務上最佳化。它有時用作粗糙的經濟模型的簡稱，但只要在現實世界中稍加審視，很快就四分五裂。我們是衝動的，我們是情緒化的。我們受非理性、信心和信仰的影響。我們的行事經常違反理性的自利原則。[41]我在馬達加斯加旅行時，曾見過裝飾華麗的大理石墓，它們是島上高地梅里納人（Merina）的家族長眠地。在一個國民年平均收入大約

41. 作者註：我最喜愛的例子之一出自四世紀中葉，當時一個稱作Circumcellions（意為在村子裡閒蕩的人）的北非基督徒團體，積極地想要被殺死，這樣他們就能成為殉道者。他們會忽然跳出來驚嚇武裝齊全的旅人，或者用木棍無效地攻擊羅馬士兵。他們經常成功——被殺死。

五百美元的國家，每座墳墓的造價約七千美元，對照美國人的收入，等同十四年的個人收入，相當於每座家族墳墓要花費八十八萬九千美元。然而在馬達加斯加的儀式信仰系統邏輯中，他們相信人間的生活轉瞬即逝，但在大理石墓中的生活永恆持久，他們的預算分配極其合理。

人類是教人驚奇連連的生物，但我們絕不是客觀、理性的最佳化者。這也是一件好事，因為如果我們活著的每一刻都能簡化成機率分布和預期效益的務實計算，它會吸光我們豐富的生命活力。這會是一個多麼悲慘的世界。這樣的人如果真的存在，我可不想在派對上碰見他們任何一個。

這正是為什麼後來溫和版的理性抉擇理論變得比較盛行，稱作有限理性抉擇理論（bounded rational choice theory）。有限是指人類在作決定時並非完善無缺。我們會犯下認知錯誤和缺乏關鍵訊息。我們不是最佳化者，我們時常受到足夠滿意即可的引導，選擇足夠好的東西，而非最好的東西。此外，現代神經科學研究也已經弄清楚，我們的決定只有一小部分是有意識的自我反思的產物。我們的大部分決定是自動產生的。有些決定甚至不只受腦中化學物質的影響，還受到寄居我們體內的微生物影響，它們有改變我們想法的能力。

曾經不加批評、天真地運用理性抉擇或有限理性抉擇理論的社會科學家，現在對該理論的局限之處抱持更開放的態度。然而，其假設仍構成我們用以理解社會世界的模型的主要核心。

因此，我們有一個嚴重的盲點。許多知識份子有系統地忽視超乎經驗理性與跨入神秘主義領域的思維，即使神秘信仰驅使著極大量的人類行為。舉例來說，在頂尖政治科學期刊所作的一項分析中，研究人員計算重要宗教文章的發表頻率。答案是？每四年一篇。（審查活動在九一一恐攻事件發生的幾年後開始進行，該學科窘迫地開始承認，是的，宗教或許是政治與國際關係的重要要素。）但即便警鐘被敲響後，事態並沒有太多改善。九一一事件十年後的另一次審查發現，七千二百四十五件發表作品中，只有九十七件主要與宗教有關，比例約為百分之一點三。

專業的人類研究竟與人們體驗世界的方式兩不相干。世界上百分之八十四的人口認同某個信仰群族。在皮尤研究中心（Pew Research Center）所作跨越三十四個國家的調查中，大約三分之二的人同意，「上帝在我的人生中扮演重要角色。」二〇二二年一項橫跨九十五個國家的研究發現，全球約有百分之四十的人口相信巫術，其定義是「某些人刻意透過超自然的方法來造成傷害的能力。」一在不清楚信仰如何形塑人類行為的情況下，想要了解政治無異於駕駛一輛沒有方向盤的汽車。但許多理性抉擇模型以及它的一些分支，例如博弈理論，多半依舊忽視此事。在現實世界中，情緒、直覺、衝動、信心和信仰神聖事物，對於重大決策極具影響力，但我們卻假裝這世界充滿堅信不疑的機率計算者。

即使決策模型能更妥善地捕捉我們腦中種種雜亂的動機，但有一個難以克服的問題，至今仍然從未被克服。我們如何能真正理解在理論上一頭紅母牛就可能引發世界大戰的世界，事情為什麼發生？為了維持系統中的秩序，規則必須被全體遵守。如果只有百分之九十九的行星遵循物理定律，那麼我們的宇宙計算很快就會變得沒有意義，我們的天文學圖表也會變得沒有價值。我們假裝自然法則也適用於人類，而理性抉擇理論的存在或許最能說明這種態度。然而一旦你承認這些規則不只偶爾不實，而且經常被打破——每天被幾十億人打破——那麼假裝我們是一個有秩序、可預測的社會就完全站不住腳。信仰創造出不可動搖、難以理解的偶發性。

那是因為人類會自我覺察和自我反思，不像氣體分子或軌道上的彗星。我們的思維也受到感官覺知、經驗，以及其他會思考、自我反思者的想法的影響，而這些想法全都受到文化、規範、制度和宗教的影響。如此的複雜程度不存在於一公升的氣體中。我們可以盡全力去模擬宗教團體和了解跨越時間的趨勢。我們可以利用最先進的演算法，分析數十億則社群媒體貼文，來判斷新的意識形態是否正在生根。但母牛美樂蒂的例子讓我們知道，這些嘗試總是會面臨局限，因為只要一小群非比尋常的信徒，就有可能替別人改變這個世界。而且不光是紅母牛而已。九一一事件讓往後十年的每一個地緣政治預測瞬間變得無效。說到要理解事情為何發生，這些人往往是主要事件。但他們也最少被研究，因為我們想要想像童話版現實的存在，我們的行動是受理性的驅使，而非故事或信仰。

◁

當概念被放進故事中，我們的信仰最容易受影響。從最早開始，一代又一代的人類累積了用以理解世界的智慧。但這個智慧如何能在代代之間迴響？神經科學家安東尼奧．達馬西奧（Antonio Damasio）提供了答案：「如何使所有這些智慧可了解、可傳播、具有說服力、可執行的問題——如何使之持續——被面對並找到解決之道。這個解決之道就是說故事。」

我們的大腦對於故事如此敏感，以致我們會將點連成一個故事，即使這些點並不相連，這稱作敘事偏誤（narrative bias）。當我們獲得一則不完整的訊息時，我們腦袋裡的模式處理網絡會負責填滿空隙。魯克米尼・巴亞・奈爾[42]用一個傳統的六字孟加拉故事證明其效果。

老虎。
獵人。
老虎。

我們的心智將這六個字變成故事情節。我們能想像場景、敘事弧、戲劇張力。我們從這六個字想像出來的確切意象因人而異，但基本情節明顯相似。極少人會假設獵人逃走，或者出現第二隻老虎，但每個都是同樣合理的詮釋。誰說這六個字有任何關聯呢？它們可能出自任何敘事，而我們本能地將它們縫合在一起，我們忍不住這麼做。我們的大腦將明確的意義注入有限的訊息中。此事如此自動，讓作家能加以利用。在某個（杜撰的）故事中，海明威（Ernest Hemingway）據說和幾個不相信的人打賭，表示他能將一個值得寫成小說的故事塞進六個英文單字裡。旁觀者同意打賭，要求海明威證明。海明威匆匆動筆。他們看完，然後付錢。

待售：嬰兒鞋，未穿過。（For sale: baby shoes, never worn.）

如文學學者芭芭拉．哈代（Barbara Hardy）所言，我們「在敘事中作夢、在敘事中幻想，憑藉敘事去記憶、期盼、希望、絕望、相信、懷疑、計畫、修改、批評、構思、閒聊、學習、仇恨和活著。」過去幾十年裡，我們天生想將每件事變成故事的欲望，已產生大量科學文獻，從文學研究到演化生物學和神經科學。這些研究顯示，將訊息以敘事形式呈現，會讓我們更容易記住。再一次借用強納森．歌德夏的話，我們是說故事的動物。「說故事的心智對不確定性、隨機性和巧合過敏。」他寫道，「它對意義上癮。」[43]

但以下是驚人的一點：敘事偏誤有因果關聯。故事驅使我們採取行動。有時故事可能造成生與死的差別。

42. 譯註：Rukmini Bhaya Nair，一九五二～。印度的語言學家、詩人、作家和評論家。
43. 作者註：有眼力的讀者可能會提出異議，「等一下！你也在對我們講故事。這本書有敘事！你利用我們的大腦對付我們。」對於這些指控，我認罪。我擁有一個人類大腦，你也是，所以這是我所知道如何有效傳達意義的唯一辦法。

二〇〇四年十二月二十六日，蘇門答臘西部外海的海底下發生地震。巨浪從水下震央以五百英里時速產生。沒有預警系統，沒有警報擴音。海嘯花了幾個小時穿越大洋後，無數人這才明白他們的命運，但為時已晚。估計有二十二萬八千人死亡。

有一群人沒有喪命：莫肯人（Moken）。莫肯人還不會走路，就先學會游泳。他們身為海洋遊牧民族，大半輩子都待在木船上，非常熟悉大自然。那個十二月的早上，在泰國外海的安達曼群島（Andaman Islands），莫肯人聽見了只有仔細聆聽的人才聽得見的警報：悄然無聲。通常充滿在空氣中的蟬鳴戛然而止。接著，海水開始後退。莫肯人知道接下來該怎麼做。

無數個世代以來，莫肯人代代相傳著一個故事，警告他們要當心laboon，也就是「吃人的海浪」。據說它產生自海洋裡的精靈，故事警告說當海嘯爆發時，蟬會沉默下來。在吃人的海浪抵達之前，莫肯人爬到較高的地方，他們的聚落被沖成碎片，但沒有任何一個莫肯人喪命。

這個倖存故事說明了故事形塑事件的力量。我們太常假裝故事能與因果律現實和事情的發生原因分開。值得注意的是，我們過度將故事貶低到「不科學」的那一面，而且通常假裝它不是推動改變的力量。我們假裝有某種由資料驅動的客觀現實存在，這個現實決定了世界的運作方式。經濟靠數字運作而非故事，學校這樣教我們，但那不是真的。人類捏造出經濟，並且透過故事在這個世界找到方向。然而，從博弈理論到決策理論，透過塑造模型的花招，說故事的動物被改變成理性的動物。這讓問題變得更嚴重，因為我們藉由執迷於敘事的心智，自動地過濾現實，而我們用於想像自身的模型，接著再進一步被濃縮成不存在的理性。這兩個過程都不留一點空間給意外、隨機、偶發或混沌的事物。

直到最近，說起我們可以藉由分析敘事和爆紅故事來研究、談論繁榮與蕭條週期的概念，仍免不了讓你被嘲笑著趕出經濟學家的辦公室。但現在很少人會再笑你，因為這個概念已經因為幾位知名專家而成為主流，包括贏得諾貝爾經濟學獎的羅伯特・席勒（Robert Shiller）。

「如果我們不了解那些大肆流傳的故事，」席勒寫道，「我們無法完全了解經濟和經濟行為的改變。」這似乎如常識般顯而易見，但故事經濟學（narrative economics）直到最近仍是經濟學領域中的一個邊緣地帶。請你試著利用CNBC或Bloomberg新聞，不要討論下降的本益比，而是爆紅的故事如何預示經濟衰退。這些故事經常預示經濟衰退，因為它們可以作為自我實現的預言。當一般人開始聽說經濟衰退時，他們可能會縮減開銷，像準備過冬的松鼠。原本即將進行投資的企業會收手，節省資本以度過經濟寒冬，不是因為他們已經感覺到寒意，而是因為他們聽說冬天要來了。未來可能事件的故事能造成該事件的發生。世界上並不存在這麼一個獨立、客觀、理性的，與說故事的動物不相干的市場經濟，因為市場是數十億個說故事動物的集合體。如果故事驅使著我們，那麼故事也驅使著我們所觸碰的一切，包括政治、經濟、我們的生活，以及你說得出來的任何事物。

問題在於測量故事創造了故事。當你探出一根溫度計，它不會使天氣變得更熱或更冷。但調查消費者對市場的信心然後報告數字，確實會影響消費者信心。對人類而言，測量和報告會改變你正在測量和報告的東西。

受到故事的影響的不只是經濟。席勒提到一八五二年出版的《黑奴籲天錄》（*Uncle Tom's Cabin*），它透過書中人物，邪惡的化身賽門・勒格里（Simon Legree），描繪奴隸制度的野蠻。《黑奴籲天錄》在反對奴隸制度的林肯共和黨崛起中，扮演了重要角色而且確實影響了若干事件，例如美國在不到十年之內突然走向內戰。我們的主觀看法推動了改變，使這個世界變得更具偶發性。

然而最驚人的或許是，說故事的科學是可能存在的。我們的敘事總是遵循某些模式，這表示我們的心智歷程（mental process）有可能已演化成最適於理解改變的特定樣板——實質具體化的童話版現實，被編碼嵌入我們的心智中。有史以來最偉大的作家之一馮內果證明，大多數的人類故事可以製成圖表，垂直軸與發生在主角身上的好事或壞事有關，而水平軸代表故事展開的時間。馮內果在注意到灰姑娘（Cinderella）故事與《新約聖經》的「形狀」之間的明顯相似時，想到了這個概念。在他稱作「洞中的人」（Man in the Hole）的另一個故事形狀中，某人陷入麻煩，最終在故事結束時順利脫困。《綠野仙蹤》（*The Wizard of Oz*）屬於這種故事，實際上是有史以來最好的情境喜劇。如果你運氣不好，你會發現自己處於馮內果所說的「每況愈下」的故事中，裡面的人物遭遇接連不斷的不幸。（但願你永遠不會發現自己身處於這種故事中，例如卡夫卡〔Franz Kafka〕的《變形記》〔*Die Verwandlung*〕）。

現實本無敘事弧，但我們依舊將它塞進那個形式中，因為我們的說故事心智扭曲了我們的世界觀。強納森．歌德夏在《故事洗腦術》中寫道，這些敘事慣例給予我們世界從來不是由意外或機運所推動的假印象。我們對於故事的結束方式懷有期盼，當它們不符合這些期盼時，就成了失敗的故事。某項研究甚至發現，較高的尼爾森電視收視率與產生敘事正義的節目有關——當中的虛構宇宙井然有序，好人贏得最終的勝利，呈現世界應該有的樣子，而非它的真實原貌。偶爾，我們開始了解邪惡勝出的故事。（《權力遊戲》〔*A Game of Thrones*〕和《絕命毒師》〔*Breaking Bad*〕是著名的例外。）但我們幾乎從不讚頌因隨機性或機運而產生的故事結局。如同歌德夏所言，我們知道「哈利．波特之所以打敗佛地魔……不會是因為佛地魔踩到香蕉皮滑倒而摔破頭。」

極端的敘事偏誤推動著陰謀論。歌德夏解釋，陰謀論者將一系列看來不相干、令人困惑的數據點放進一個連貫的故事中。這通常也是一個極好的故事——充滿掩飾和陰險企圖的陰謀，由卡通式的壞蛋精心策劃，希望你這個被蒙在鼓裡的笨蛋不會發現真相。查核事實和揭穿真相者身負著不可能的任務。他們的職責是告訴你——說故事的動物——故事並不存在。這是一場早就輸掉的戰役。演化決定了贏家。當我們被迫在好故事和沒有故事之間作選擇時，我們會選擇看場好戲，被隱藏的劇情給迷住。

我們每個人都遵循不同的敘事，並且時時刻刻將新訊息融入其中。這意味著八十億個人類依據八十億套不同的想法在作決定。當我們全都在互動時，許多奇異、不可預測的影響是不可避免的。

你肯定見識過不理性的想法的力量，無論是假日時打電話設法與你那瘋狂的叔叔聊天，或者應付你認為以自我毀滅的方式在行事的某人。你也是不理性的人。你容易屈服於故事的誘惑，我也是。我們就是這樣。那是一個奇妙的事實。我們可能活在反烏托邦世界，當中一致的想法創造出規律和模式，無疑會讓某些經濟學家衷心迷戀它們的數學之美。幸好，我們不必忍受那座人間地獄。我真心希望（近乎純正的）紅母牛美樂蒂後繼者的灰燼，永遠不會被用於引發重大的宗教衝突，我慶幸自己活在一個令人抓狂的美妙宇宙，其社會能改變，其歷史能被祖先告訴我們的故事重塑、被我們這些說故事的動物重塑，甚至被一頭深紅色的母牛重塑，但願此事不會發生。

第8章 地球的樂透彩

地質如何形塑我們的命運，以及地理如何改變我們的軌跡

現在，我們要從為什麼轉移到在哪裡。

當我們聽見空間—時間這個用語時，許多人隱約聯想到愛因斯坦，以及難以參透的物理學謎題。但現在利用空間—時間來思考我們的日常生活和社會的改變，比它最初出現時更管用。空間—時間好像是三維空間與第四維時間被壓縮在一起，用以描述一個深奧的概念：某事在何處與何時發生，跟發生了什麼事一樣重要。我們社會世界的許多層面可能會基於地點和時機而改變，不同於拋擲銅板，不管在什麼空間和時間都會有相同的表現方式。不過在我們轉而談時機問題之前，我們需要先處理一個令人震驚的真相：我們的生活和社會的軌跡時常受到地球構造板塊不易察覺的移動的影響。

想一想英國及其前殖民地美國之間交織的歷史。英國在八千年前與歐洲大陸

分隔開，當時發生在挪威的一場大規模土石流，引發了改變世界的海嘯，從海裡創造出一座島嶼，自最後一次冰河期結束後不停地上升。變成島嶼可說是英國歷史中最重大的事件，但你在大多數英國歷史書中找不到這件事。儘管如此，之後的每個事件都成了定局，至少部分是因為英國與歐洲之間的陸橋不復存在。最明顯的影響或許莫過於一個用強大海軍起家的帝國，因此得以發展起來。

海軍需要船隻，而造船需要木材。到了十八世紀末，英國皇家海軍擁有三百艘現役船艦，用掉一百二十萬棵樹木建造。皇家海軍對於木材的飢渴胃口，使森林被鏟平、參天巨木被砍伐，永遠改變了英國的地景。隨著對堅固木材的需求增加，供應日益減少，良木變得極為珍貴。「政治家密謀取得木材，戰艦爭奪木材。」

斤斧未施的美洲大陸，注定成為英國皇家海軍的可取之處。在康乃狄克州，總督誇耀「高聳入雲的」松樹。早期的美洲拓殖者採收松樹，將樹木變成房屋。[44]然而在大西洋對岸，英國國王想要替皇家海軍取得這些樹木。為了確保品質最好的松樹不被砍伐，政府官員巡查森林和農場，在大樹上留下國王的印記——劈砍三斧，刻入樹皮的「寬箭頭」形狀記號。不久之後便出現違反國王法律的非法貿易。

一七七二年冬天，皇家勘測員在新罕布夏州威亞（Weare）附近發現六座鋸木廠，他們對樹皮上有寬箭頭印記的原木進行加工。工廠老闆被逮捕，鎮民認為此事極其不正義。一七七二年四月十四日一大早，一群暴民突然闖進松樹酒館（Pine Tree Tavern），那裡是國王的執法人員住宿過夜的地方。暴民們用附近樹枝製成的鞭子鞭打他，算算他替皇家取得多少棵樹木就鞭打多少下。

後來我們得知，松樹暴動（Pine Tree Riot）是革命的間接導火線。國王擔心重罰會引發暴動，所以暴民們逃過了嚴厲的懲罰。輕描淡寫的責罰讓美洲殖民地的臣民變得大膽，他們對於皇家規定日益感到灰心。歷史學家認為松樹暴動是波士頓茶葉事件（Boston Tea Party）的主要催化劑，進而擴展成革命戰爭（Revolutionary War）和美國獨立。高大的樹木是美國建國關鍵性，但時常被遺忘的因素。在隨後很快發生的戰爭中，新美國海軍掛上用樹木表達反抗精神的旗幟：白色背景中一株高大的松樹。

地理有時被說成是命運。那是誇大的說法，抹煞了人類書寫自身歷史的作者

44. 作者註：直徑超過二十四英寸的樹木通常屬於皇家財產。在真正古老的新英格蘭房舍，有可疑的大量木地板剛好低於這個門檻，代表國王的樹木被切割成看似不超過法定限制。

身分。但地理確實提供了我們的書寫內容，因為我們的生活被實質環境塑造和改變。大多數時候，我們關注人類角色，只將注意力放在我們濺灑出來的墨水。而供寫書的紙頁——發生歷史的自然世界——似乎只像是背景，但自然世界推動著巨大的改變。我們太常想像自己孤立不群，不受地理和地質力量的影響。我們建造出試圖隔絕「自然力量」的房屋，安慰自己我們可以將疾病、動物和塵土與我們分隔開。我們在例如徒步旅行或露營時，談到走進大自然。然而我們本是地球的一部分，地球也是我們的一部分，而且我們時常是偶發產生的地景的受益者或受害者。

打從一開始，我們的身體就被實質的環境塑造。直到大約兩百萬年前，我們的靈長類祖先睡在樹上，蜷縮在牠們為求舒適而搭建的窩巢中。我們的指紋可能是我們這段歷史的遺留物。指紋降低對光滑物體的抓握力，因為皮膚的突起減少了接觸面積，但增加潮濕條件下的抓握力，尤其在碰上粗糙的表面時，「例如樹枝，因為這些突起能與樹皮的突起緊密扣合。」這為我們指尖上獨特的螺紋提供了一個可能的解釋——我們的樹棲時期留下的提醒物。《木器時代》（*The Wood Age*）作者羅蘭・恩諾斯（Roland Ennos）還說，我們早期的樹棲生活提供我們手指甲的起源故事。有了柔軟的指墊給予類人猿在樹枝間輕鬆移動的能力，「牠們不再需要爪子，這些爪子扁平化成為自動修剪的指甲，作為指墊的堅硬支撐物，就像輪圈作為輪胎的支撐物。」

我們是從人猿演變而來，但這些人猿種類取決於板塊構造。兩千萬年前，兩個巨大的板塊碰撞在一起，創造出青藏高原，吸取掉東非的水氣，使該地區變乾燥，按科學家路易斯・達奈爾（Lewis Dartnell）的話來說，將環境「從《泰山》（*Tarzan*）的背景變成《獅子王》（*The Lion King*）的背景。」人猿群體被氣候分隔，形成兩個分支：非洲人猿和亞洲人猿。非洲人猿最終變成我們。

地球也可能形塑我們先進智能的發展。我們的人猿祖先生活在東非大裂谷，那裡氣候多變、地貌各異。由於地殼構造的力量，東非大裂谷地形崎嶇。為了生存，我們的先祖需要適應和克服多樣化的環境。做為擁有靈敏智能的通才，他們的時機到來。必須變聰明的演化壓力，也可能因為意料之外的劇烈氣候變遷而變得更巨大。東非大裂谷的盆地有時會充滿水，形成「擴大湖」，對於氣候型態的微小變化極為敏感。這些湖水可能滿到邊緣，但一眨眼間又變得乾巴巴。如此極端的變化對該區的生物造成巨大的壓力。令人吃驚的是，近來關於東非大裂谷原始人類石化遺骸的研究顯示，氣候突然改變的時期，與化石紀錄中觀察到的大腦尺寸變大重疊在一起。研究也表明在氣候劇烈波動的三個不同時期，人類發明出更先進的工具。這些關聯使某些科學家作出推論：我們發展智能以應付突然、劇烈的環境變化，因為智能以及因智能而變得可能的社群合作有助於人類生存。在地質熱點的混亂氣候，或許是我們為何變聰明的原因。

後來，智人在東非出現——可能是另一次氣候變遷所引發——早期人類成扇形分散到歐亞大陸並找到新家園。但如同達奈爾指出的，如果你檢視主要古文明的地圖，並將它疊置在地球結構板塊上，會發現兩者之間存在明顯的關係。波斯和亞述初國適緊鄰著阿拉伯和歐亞板塊的分界線。古希臘人在板塊邊緣附近建立城邦。古代帝國似乎不是隨機產生，而是受到地表下隱藏的斷層線指引。

等到我們定居下來，我們的環境塑造出早期的文化。古希臘人為何發展出他們著名的多樣化城邦，而非統一的帝國？再一次，答案可能部分與地理有關。歷史上大約出現一千個早期的希臘城邦，大多位於被愛琴海、愛奧尼亞海和地中海分隔的島嶼。崎嶇多山的地形，加上島嶼之間的酒紅色海域，讓這些地方難以被攻克而統一。取而代之發展出無數個獨立的城邦。每個城邦都在實驗、測試組織社會的新方法。政治多樣性激發出哲學觀點的強烈分歧，往往也成為創新人類思維的催化劑。一個耐人尋味的問題由此產生：倘若雅典建立在容易攻克的大草原，西方世界會不會深受古希臘的影響？

說明社會變化的現代解釋鮮少包含地理或地質因素。舉例來說，經濟學和政治科學領域習以為常地產生完全忽視地理學的模型。在這些方程式中，我們彷彿活在一個整齊劃一的世界，扁平且沒有特色。我們老是想著我們如何形塑歷史，卻絕少停下來想一想地球如何塑造我們。

想要更準確地了解地質和地理所扮演的角色，我們需要知道一些概念。第一個概念可以想成是地球的樂透彩，意思是我們實質居住環境的隨機特性，這些特性多半不會改變（至少在我們用於測量歷史的時間尺度上）。舉例來說，英國是島嶼或者美國沒有內海，此事至關重要，但這些是在對我們有意義的時間尺度上固定不變的事實。儘管如此，隨機的地貌形塑人類的選擇。

然而，當人類在作決定時，一個關鍵的抉擇可能會產生相當長一段時間的固定軌跡，這就是路徑依賴（path dependency）的概念。過去的抉擇限制了未來的抉擇。借用波赫士的《小徑分叉的花園》的類比，走上一條小徑很可能關閉了未來走另一條小徑的可能性，同時開啟可探索的新路徑。但其中某些路徑不容易逆轉，你可能會卡在某個特定軌跡上。以往的人類與環境的互動方式，可能改變我們現在的社會，甚至規範我們如何過個人生活。

如果你生活在幾千年以來一直有人類文明的地方，情況會變得更清楚。目前我住在英格蘭的溫徹斯特（Winchester），在這裡不可能忽視自然地貌如何改變人類過去和現在的軌跡。我有時會在城市附近的山丘上遛狗。幾千年前，一小群鐵器時代定居者將這座山丘視為有用的天然屏障。他們在山頂建造一座堡壘，使這地方成為我們現在所稱的溫徹斯特。羅馬人決定在遺址設立商店，後來盎格魯—撒克遜人有樣學樣，諾曼人也跟進，一直到現在。這是一個迷人的想法——也是正確的想法——在我居住、與人社交甚至遛狗的地方，部分決定於幾千年前的鐵器時代，某個找尋可防守的山丘的拓殖者。這是地理上的路徑依賴。

路徑依賴會使變更途徑變得比較困難。舉例來說，大多數鐵路使用標準軌距。一旦你開始興建鐵路網，並擁有適合該軌距的火車時，軌道的任何改變都會變得過度昂貴，因為你必須更換整個鐵路網和所有火車。從這個例子可以清楚知道，路徑依賴可能來自系統之外，例如某些國家的軌距是由其他國家以往的選擇所決定，以確保他們的火車在穿越邊界後能繼續行駛。單一個人或一小群人在某個特定歷史時刻，選擇如何與實質環境互動，可能創造出被未來世代遵循的軌跡。以下是令人抓狂的一點：我們往往不可能知道何時某個決定會創造出路徑依賴。鐵器時代的大多數拓殖者對於現代人沒有可辨識的明顯影響。憑藉後見之明，我們偶爾能看出某個早已亡故的人類，以如今仍影響著我們的方式改變了歷史軌跡。最後，還有最有趣的地理和地質重設路線歷史。我稱之為人類空間—時間偶發事件（human space-time contingency）。地理或地質因素隨著時間對我們有或多或少的影響，但只有當它們意外地與人類文明互動時，才會推動改變。舉例來說，石油存在於現今沙烏地阿拉伯的地底大約已有一億六千萬年之久，但直到十九世紀內燃機發明之後，石油才對人類社會產生重要影響。沙烏地阿拉伯的石油在一九三八年被發現。當年阿拉伯半島甚至幾乎不使用汽車，因為駱駝包辦了大部分的運輸工作。沙烏地阿拉伯是當時地球上最貧窮的國家之一，如今卻躋身最富有國家之列。這個突然的改變不能光用地質或人的因素來解釋，而是特定空間與時間中兩者的互動，讓沙烏地阿拉伯王國得以靠黑金賺錢。

一旦你開始以這種方式思考，便會發現我們與實質環境的互動，明顯是隨機的主要催化劑，顛覆了我們假裝存在的秩序井然的現實。地理形塑人類歷史以及我們的個人生活，此一概念並非新鮮事，但用以解釋改變為何發生時，現在已不受青睞。此事令人費解：如果很顯然我們的環境塑造我們，為何這麼說卻如此有爭議？為什麼在解釋造成改變的社會原因時，實質環境因素多半被排除在外？答案來自一個不幸的偶然歷史時刻。以往，有影響力的思想家曾為了潛在的目的而誤用地理解釋，使得稍微接近的想法也變得不被接受，其影響持續到今天。

現在如果你說某個論點是依據「地理決定論」或「環境決定論」，這在歷史或社會科學中是極大的侮辱，馬上會被認定不是學術主張。這是可以理解的，因為地理塑造結果的概念，幾千年來被用於合理化種族主義。在古代中國，一個名叫管仲的宰相認為居住在蜿蜒、快速流動的河流旁的人，他們不可避免地「貪婪、粗魯和好戰。」在古希臘，醫學之父希波克拉底（Hippocrates）宣稱由於斯基泰人（Scythians）居住在荒蕪之地，因此他推論他們的男性必定也性無能。十四世紀的阿拉伯學者暨社會科學之父伊本．赫勒敦（Ibn Khaldun）表示，較深色的皮膚是比較炎熱的天氣造成，而且環境也決定了人們是遊牧或定居的民族。幾個世紀後，這些理論影響了法國歷史學家暨政治哲學家孟德斯鳩（Montesquieu），他回歸到以氣候為基礎的理論，這些理論將歐洲人置於種族等級的最高位階。地理種族主義轉而被奉為圭臬，成為白種壓迫者用於合理化殖民主義的種種知識破產的概念之一。因此我們有很好的理由深刻懷疑任何與之相關的，有如此可憎的種族主義過往，用於合理化偏執、暴力以及甚至奴役的思維方式。

儘管如此，我們的環境是關鍵因素，部分決定了人類歷史，即便以往的思想家扭曲地解釋地理，替種族主義作掩護。認為實質環境使某些人變得次等（種族主義且荒謬）的理論和主張，以及證明環境因素限制選擇，並創造出某些地理環境中的社會更可能遵循的歷史路徑的理論和主張，兩者之間有關鍵性的差異。人類行為與環境因素的交會，往往產生意料之外的結果。英國能造船是因為擁有木材，而英國想要造船是因為它是島國。倘若現代人類在不同的地質時期出現，英國可能是地處內陸的荒原。這麼一來就不會有英國皇家海軍，沒有大英帝國。地理因素會改變人們所作的選擇，進而改變歷史。

然而，在二十世紀中期至後期，由來已久的知識教條遭到遲來的清算。環境或地理決定論大多從社會理論中被剔除。光是想一想人類歷史的某些層面——包括極度不正義和不平等——不全然由選擇所決定，部分是受地質機會的影響，都算是學術上的罪惡。

一九九〇年代後期，地理學家暨鳥類學家賈德．戴蒙（Jared Diamond）讓地理決定論再度蔚為風潮。他的《槍炮、病菌與鋼鐵》是驚人的國際暢銷書，使老早被發配到知識邊緣地帶的概念重新流行。戴蒙表示現代的不平等並非源自天生的智能或文化力量，而是使某些社會較難繁榮發展的地理秉賦，而其他社會比較幸運，具備建立先進文明的理想條件。地球沒有公平地分配資源、掠食者或疾病，這些不公平的地質和地理差異，顯現於極度不平等的現代世界。

在《槍炮、病菌與鋼鐵》中，戴蒙表示人類歷史也因為大陸的形狀和取向而改變——這個概念稱作大陸軸心理論（continental axis theory）。氣候、棲息地、植被、土壤和野生動物，主要由緯度決定而非經度。往南或往北的緯度越高，氣候變化越劇烈，這表示你需要不同的生存策略。但如果你往東或往西移動，尤其是穿越遼闊的歐亞大陸，你可能行進了幾千英里，依舊處在大致相同的生物群系（有相似的氣候、植被、野生動物和土壤的大範圍地區）。因此，人類、想法、貿易、技術交流以及甚至帝國，比較容易東西向傳播，而不是南北向傳播。戴蒙表示，這賦予歐亞大陸優勢，而非洲，比方說，未享有這些優勢。（更糟的是，從歐洲到北非到撒哈拉以南非洲的南／北路徑，存在著相當巨大的沙漠。）果然，當歷史學家檢驗漫長歷史中大帝國的擴張時，他們發現它們傾向於遵循東／西模式。[45]這是說得通的，因為軍隊在自己的生物群系中往往最有效能。習慣溫暖氣候的軍隊在寒冷天氣中作戰往往表現不佳，而山地部隊在沙漠中通常難以施展手腳。透過這些機制，氣候、地形和地質的任意本質，形塑出現在的我們以及人類歷史的展開方式。爭議之處在於有多少是人類行動促成的結果——多少是因為地球樂透彩的緣故。

話雖如此，批評者指控《槍炮、病菌與鋼鐵》讓根植於昔日地理解釋的種族主義復活。戴蒙斷然否認與種族主義的牽連，但學術兀鷹仍盤旋不去。有些批評者指出書中某些部分的事實錯誤或有爭議的證據，認為它們值得被嚴厲批評。還有一些批評者更進一步，他們完全不理會戴蒙論點的基本前提，不公平地將戴蒙與過去那些可憎的思想家混為一談，只因為他提出了顯然真確的看法，說明我們是受到我們所在地的地理意外、我們的農作物、疾病和資源影響的生物。有人甚至在某學術期刊中寫了篇文章——我沒有捏造事實——稱呼「他媽的賈德·戴蒙」。

戴蒙至今面對了如此多批評，他在他的網站上貼了一則廣泛的回應：「每當我聽到『地理決定論』這幾個字，就知道我即將聽見對於地理考量的反射式忽視，這是一個不值得聆聽或閱讀的意見，也是知識怠惰的藉口。」

此間的風險是對於歷史不平等的極左派和極右派解釋之間的分裂。如同社會

45. 作者註：這些不是鐵打的「歷史定律」，而是通常站得住腳的模式。不過事情有例外，例如尼羅河帝國和安地斯山脈帝國，但放在這個理論中也說得通，因為你可以在尼羅河岸或安地斯山脈上下移動，而仍然處在大致相同的環境中。

科學家克林特．巴林格（Clint Ballinger）所指出的，某些自以為是的右派思想家在看待不平等時，往往帶著種族主義色彩，並將問題歸咎於窮人。這些思想家說，貧窮國家的文化在某方面不足，或者貧窮國家的人不夠努力，未能建立有效能的政府，或者他們的宗教沒有促成足夠的「清教徒工作倫理」。這就是「都是他們的錯」觀點。這種觀點天真無知、過度簡化而且沒有證據支持。

至於左派，某些思想家將社會之間的不平等，全然歸因於壓迫，例如殖民主義，抱持著「他們是受害者」的觀點。被殖民的人是受害者——殖民主義的傷痕繼續撕裂社會和妨礙繁榮。一大部分的解釋確實來自殖民主義和歷史暴行。有一些左派份子認為戴蒙的論點讓殖民主義脫困，彷彿留一點空間給地理解釋就洗白了殖民主義的污點。

然而此一反對意見有個關鍵問題：以受害者情結作為開始和結束的解釋，只是在逃避解釋。殖民主義確實非常可惡，而且嚴重助長不平等。但即使我們接受現代的不平等完全是壓迫非歐國家的歐洲強國所造成，那麼強大的歐洲國家為何一開始能迫害相對較低度發展的社會？我們依舊必須解釋歐洲為何能殖民非洲，而不是非洲殖民歐洲。殖民主義出現之前的不平等，必定有某種解釋。且讓我們從頭說起。

批評者把事情弄顛倒了。說明某些不平等會因為地理與環境因素而比較可能產生，此一核心概念並非贊同種族主義，而是反對種族主義。忽視這個明顯的事實，讓反種族主義者失去一項強力的證據武器，因為如果地理對於我們的軌跡毫無意義，那麼某些思想家更容易被極其有害的解釋給吸引，而幫助宣揚種族本質主義的迷思——某些民族天生比其他民族更優秀。殖民主義的大量弊端確實是解釋現代社會之間不平等的主要因素，但此外還有其他非人類因素。地理並非宿命，但它是重要的。[46]

這世界明顯存在著截然不同的地理特徵，直接影響了人類的繁榮。淡水不只是我們生存的必需品，也是灌溉所不可或缺。某些地方有淡水，但某些地方沒有。生長季受到緯度、土壤類型、礦物質、降雨型態、氣候，甚至日照角度的影響。某些地區幸運地擁有肥沃的土地，某些地區受貧瘠詛咒。某些地區面臨飢渴的掠食者和嚴重的疾病，有些地區沒有這些東西。地球創造出地理樂透彩。有些社會是贏家，有些社會是輸家。

46. 作者註：牛津歷史學家彼德．梵科潘（Peter Frankopan）最近的書《徹底被改變的地球》（*The Earth Transformed*），對於氣候如何形塑人類歷史提供了絕佳的說明，是環境因素與我們交會的眾多實例之一。

如果你想一想以下的思想實驗，情況就會變成明顯可見。請你想像一個沒有人類的地球。然後，憑藉某種魔法，有三群人類被置於地球陸地板塊上的某處，據此展開他們的新文明，但這些位置完全隨機安排。其中一群人出現在法國的羅亞爾河谷（Loire Valley），擁有大量淡水、肥沃的土壤和溫和宜人的氣候。另一群人在澳大利亞內地，第三群人不幸被放在南極，度過他們短暫的一生。地理、地質和氣候顯然部分決定了這幾群人的命運。地理影響人類軌跡以及不平等的概念，絲毫不會抵消遍及歷史的暴行，或人類的決定、氣候，以及其他比較傳統的歷史敘事層面的重要性。

地底岩漿與上方地殼移動所造成的隨機和災禍，形塑出人類世界以及我們這個物種長久以來的歷史軌跡。如果我們生活在一個整齊劃一的世界，每個地方都和另一個地方一模一樣，我們就不會有貿易活動和遷徙的理由。文化會趨同，抹煞掉人類經驗最豐富的饋贈之一。幸好，相互碰撞、裂開和錯滑的構造板塊創造出迷人的居住地。對此我們應該心懷感激，同時努力改正因濫用種族主義而產生的歷史不正義，結合地殼偶然移動所引發的荒謬不平等。

地球樂透彩和人類空間—時間偶發性，實際上看起來是什麼樣子？這個嘛，你可以在意想不到的地方發現因果關聯。川普輸掉二〇二〇年美國總統大選，部分原因可以追溯到古代地質。

白堊紀期間，迅猛龍在地球上漫遊，一個巨大的內海覆蓋現今稱作北美大平原（Great Plains）和深南部（Deep South）的土地。稱作浮游植物的無數微生物在這座淺海和海岸沿線生長繁衍。當它們死亡時，它們會沉入海底，歷經漫長的時間後，轉變成富含營養的白堊岩層。最終海水消退，從水下露出現今為密西西比、阿拉巴馬和喬治亞的陸地。然而，富含營養的白堊仍存在，後來變成肥沃的深色土壤。數百萬年後，那座古代內海的新月形海岸線，將創造出未來美國最肥沃的土地。

幾百年之後，工業革命在英國展開，紡織棉花的新工具被發明出來。最適合種植棉花的地方是美國南部一個稱作黑帶（Black Belt）的地區，正因其肥沃的深色土壤而得名——恐龍時代，那座內海海岸線創造出來的土壤。當歐洲人奴役非洲人，並將他們帶到北美時，他們被迫在棉花繁盛之地生活和做苦工。47美國內戰前夕，奴隸種植園的地點有如一片新月形的棉花生產地帶，幾乎完美對應了曾經的內海的新月形海岸線，在那裡，無數微小浮游植物的屍體創造出了肥沃的土壤。

然而，來自古代內海的肥沃深色土壤，尚未停止改變人類的軌跡。在二〇二〇年的美國總統大選中，川普的敗選部分取決於在喬治亞州些微落敗的票數差距。此外，掌控美國參議院以及拜登（Joe Biden）在二〇二〇年勝選後的全部政治議程，取決於民主黨在喬治亞州扣人心弦的勝利。這場勝利的票數差距，信不信由你，就是在那片新月形海岸線上累積出來的。如果你檢視全國層級的選舉結果，仍然能從投票模式而並非岩石或土壤中清楚看見那條海岸線。昔日祖先曾被奴役的許多非裔美國人後代，現在還住在舊時棉花種植園附近。在美國的大多數選舉當中，大約有十分之九的非裔美國人會支持民主黨候選人。川普的敗選和民主黨掌控美國參議院，部分是由古代海裡浮游植物在歷史上的偶然影響所造成的結果。

這一路上都是偶發事件。活著和已故的人類所作的決定，加上地球的樂透彩，塑造出我們現在的生活。我們會發現，那也意味著每一個個人——包括你自己在內——將真的改變這個世界。

47. 作者註：在人類暴行與自然世界之間另一次荒誕的互動中，被奴役的非洲人從容易罹患瘧疾的西非地區遭到綁架，用更高的價格販售，因為他們往往對於當時也肆虐美國南部的瘧疾有免疫力。那是另一次偶發的互動，發生在種族主義、基於氣候的寄生蟲病盛行、工業化棉布生產方式的出現，以及適合棉花的土壤的分布之間。

第9章 每一個人都是蝴蝶

每一個人──包括你在內──如何不停地改變我們的世界

勵志海報告訴我們，只要你下定決心，就能改變世界。我有好消息要讓你知道：你已經辦到了。恭喜你！此刻你正在改變世界，因為你的大腦藉由閱讀我為你寫的東西，正在微微地調整。如果你沒讀過這個句子，世界會不一樣。我的意思正如字面上那般。你的神經網絡現在已經被改變，而且將會──以最微不可察的方式──在你的餘生中輕微地調整你的行為。誰知道這會產生什麼影響。但在交織的系統中，沒有任何事情是無意義的。每件事情都重要。

你可能認為這聽起來有點微不足道或抽象，但想一想以下這件事：你可能決定，或已經決定將新的人類帶進這世界。用不著詳細說明，胎兒受孕的確切時刻是我們生活中最偶然的層面之一。在受孕發生的那天，只要改變任何細節──無論看似多麼無關緊要——最終你會得到一個不同的孩子。[48]突然間，你有女兒而不是兒子，或者情況反過來——或者是不同的兒子或女兒。兄弟姊妹往往以意想不到的方式出現差異，而誰出生這件事一旦發生任何改變，也會徹底改變你的人生，以及其他無數人的人生。但重要的不只是胎兒受孕的那一天，而是你生命中放大這個偶發性的每一刻。你人生整個鏈狀結構中的每一個細節，必須正好完全如其然地配合這個正好要出生的孩子。對你、對我以及對每個人來說，情況都是如此。

還有，勵志海報小看了你。「你是百萬中無二的！」它們用令人振奮的開心口吻對你說。試試換成億中無二吧，因為這是你的單細胞前身想要變成一半的你之前，必須拚命游泳超越的競爭者平均數量。

你是重要的。這不是勵志的建議，而是科學事實。倘若別人代替你出生——你在贏者全拿的生存競賽中所打敗的未出生幽靈——其他無數人的生活將截然不同，因此世界也會不同。每一個生命的漣漪以意想不到的方式，永遠不停地向外擴散。

這些都是令人敬畏的事實。然而在現代生活中，我們許多人感覺自己像是一部巨大、冰冷的機器中，可輕易被替換的小齒輪。隨著跨國企業的擴展，我們向客服中心求助而非街角的商店，許多現代系統使我們有可互換的感覺。工人機器般地遵從規程、清單和固定腳本，效率的引擎剝奪掉我們的個性。人類開始覺得自己只是會吃飯的機器人，這使我們失去人性。只要曲柄被轉動，是誰在轉動並不重要。

然而如果這個反烏托邦觀點是完全錯誤呢？

讓我們思考一下兩個截然不同的歷史運作概念。其中一個看待歷史變化的觀點中，存在著童話版的現實：改變是有秩序和有結構的。事件的趨同軌跡意味著個人來來去去，但趨勢主宰一切。然而趨勢從何而來？我們從未被清楚告知，只知道人類的匯集已產生一條路徑，通往一個不可避免的結果，而我們最好要做好準備。這個趨勢是宿命。歷史是由看不見的社會力量寫成，而主要人物無力改變故事情節。

在另一個極端，個人至高無上，因為某個個人的怪癖行為能使我們全部轉向，走上一條不同的路徑。這個觀點的延伸邏輯——根植於混沌理論——意味著

48. 作者註：哲學家德里克．帕菲特將這個驚人的事實發展成一個稱作非同一性問題（non-identity problem）的思想領域，探討在我們最小的行為改變之下，誰會出生的偶然性所蘊含的道德和倫理問題，其中的哲學意涵令人費解。

個人不只能改變歷史。更確切的說，我們每個人正在用每一個行動——甚至每個想法，不停地改變歷史。正在做某件事的人，跟他所做的事同等重要。如果這是真的，會產生一個讓人覺得有自主感的事實：不僅你所做的每件事重要，你也是重要的，而非做這件事的別人。或許我們每個人都在創造自己的蝴蝶效應，因為我們每個人都以稍微不同的方式在搧動我們的翅膀。

這兩個改變的概念在基本上不相同。所以說，我們只是在搭順風車，或者我們每個人都在決定目的地？

二〇一五年下半年，《紐約時報雜誌》（*New York Times Magazine*），用一個假設的問題對讀者作民調：如果你能回到過去，在希特勒還是嬰兒時殺死他，你會不會動手？如果你先擱置時光旅行邏輯的明顯問題，並接受該問題的前提，乍看之下這似乎是直截了當的道德兩難。對功利主義者來說，這應該是個簡單的計算：沒錯，你應該殺死一個嬰兒來拯救未來數百萬無辜性命。而那些採取清教徒式、康德主義觀點的人，對此有不同的看法。嬰兒希特勒可能會長成成人希特勒，但我們不能合理化殺死嬰兒這件事。百分之四十二的讀者說他們會殺死嬰兒希特勒，百分之三十說他們不會，還有百分之二十八表示不確定。

然而嬰兒希特勒問題不只是一個棘手的道德兩難，正確的答案更取決於我們對於歷史運作方式以及改變為何發生的看法。混沌理論證明小改變可能造成巨大影響，因此操縱過去會冒著造成劇烈改變的風險，使這個思想實驗變得更不確定。嬰兒希特勒思想實驗設想的概念，顯然是如果納粹希特勒沒有在德國掌權，第二次世界大戰就不會發生，而大屠殺就會被避免。所以它假設希特勒是這些事件唯一的，或至少是關鍵原因。許多歷史學家不贊同這個觀點，他們表示這些大災難幾乎是不可避免的。希特勒縱或影響了某些結果，但並非事件的整體軌跡。納粹、戰爭和大屠殺起因於更大的因素，不是僅憑一人所造成。

即便你願意相信殺死希特勒會重塑歷史，而嬰兒希特勒假設也（可理解地）設想沒有希特勒的世界會好上許多。但我們難以想像，有人說沒有希特勒的世界可能變得更糟糕。英國作家暨演員史蒂芬・弗萊（Stephen Fry）寫了一部小說，描述某研究生穿越時光回到過去，並且使希特勒的父親無法生育，結果納粹主義依舊出現，但掌權的領導者比希特勒更理性、比較不衝動，因此讓德國獲得核子武器，打贏戰爭並殺死了更多猶太人。這樣的事會發生嗎？我們難以斷言，但可以確定的是，改變一個複雜的過去將創造出不可預測的未來。就此而言，嬰兒希特勒問題不只取決於道德，也取決於我們對歷史因果關係的觀點——還有將某個個人從過去抹除，是否會改變和將如何改變人類的故事。這是我們永遠無法知道的事。

有些歷史學家，例如英國知名學者愛德華・霍列特・卡爾（E. H. Carr）表示，思索這種違反事實的歷史只是愚蠢地在浪費時間，對現實世界毫無影響的幻想遊戲。另一位英國歷史家愛德華・帕爾默・湯普森（E. P. Thompson）稱反事實歷史為Geschichtenscheissenschlopff，可翻譯成「無關歷史的屁話」。歷史學家抱持如此觀點，令人感到好奇，因為就算我們不能改變過去，思考其他路徑也不失為設法理解任何特定事件為何發生的有用工具。推測可能會發生的事，有助於洞察真相。將事情弄明白是重要的，因為如我們所見，我們相信的故事形塑我們的行為——而歷史全都關乎故事。「歷史不是發生過的事，而是我們一致同意發生過的事。」大衛・伯恩（David Byrne）說。

若干世紀以來，我們大致同意關鍵的個人決定了歷史。亡故已久的早期歷史學家撰寫皇帝和國王們熠熠生輝的傳記。在中國，「天命」賦予統治者合法性，因為他們被認為是在人間傳遞上天的意志，從而推動歷史向前，這樣的概念在中世紀歐洲稱作君權神授。十九世紀蘇格蘭哲學家湯瑪斯・卡萊爾（Thomas Carlyle）將這種心態轉變成名為偉人論（Great Man Theory）的歷史哲學。卡萊爾認為國家領導者和工業鉅子是上帝派來按其意志改變世界的人。「世界的歷史，」卡萊爾宣稱，「不過是偉人的傳記。」然而矛盾的是，在卡萊爾版本的歷史中，誰是偉人並不重要。因為偉人只是在執行神預先決定好的計畫，換成其他任何人也不會影響結果。倘若沒有拿破崙，自然會有別人頂替上去完成主所吩咐的事。對基督教偉人論者而言，重要的不是人，而是神的預言。

久而久之，偉人論變成更廣泛的事物，一種指望藉由強人來理解改變為何發生的歷史觀。如果你想要了解反恐戰爭，就去研究布希和歐巴馬，而非潛在的趨勢或社會動態。這種新的偉人歷史解讀相信以特定凡人而非神的意志為基礎的反事實偶發事件。領導者塑造結果——而且他們的個性、怪癖和甚至心情能左右事件的發展。賈伯斯（Steve Jobs）不只手持科技的指揮棒，他還創造出一根全新的指揮棒。倘若別人頂替了賈伯斯，或者賈伯斯的父親沒有從敘利亞移民到美國，我們的世界將會不同。[49]在這個歷史觀下，個人是不可互換的。關鍵時刻的關鍵人物是重要的。

後來，在十九世紀後期和二十世紀初期，歷史學家、哲學家和經濟學家大力

49. 作者註：幸好歷史學家如今已經承認，偉人（Great Man）這個用語忽略了有影響力的女性所扮演的角色，所以現在有些歷史學家稱之為巨頭（Big Beasts）歷史觀（稱不上最討喜的替代名稱）。

抵制偉人論觀點。托爾斯泰（Lev Tolstoy）在《戰爭與和平》（*War and Peace*）中描繪拿破崙只是他的時代中的普通人。帝國征戰即將發生，因此如果面對相同的歷史和政治背景，任何一位法國領導者都會入侵俄國。歷史塑造領導者，但領導者沒有塑造歷史。同樣的，黑格爾和後來的馬克思，認為歷史可預測地朝最終目標前進。對馬克思而言，每一個事件都是最終目標的一部分，歷經不停的追求和一連串階段，終點是由無產階級主宰的世界。有些人或許能加速這個進程，但無論他們多有權勢，沒有人能夠阻止這個不可避免的結果。在經濟意識形態的另一端，經濟學家亞當．斯密談到指導人類行為的隱形之手。儘管亞當．斯密和馬克思幾乎對每件事都意見相左，但他們有一個共同的看法，認為歷史的最終目標已經被決定了，不管個別的人如何來來去去。

一九二〇和一九三〇年代，法國出現年鑑（Annales）歷史學派，成立該學派的學者尋求分析社會整體的長期趨勢，而非特定的個人或關鍵事件，藉以了解社會變化。年鑑派曾極具影響力，創始者之一馬克．布洛克（Marc Bloch）是猶太歷史學家，後來在第二次大戰期間成為法國反抗運動（French Resistance）成員。一九四四年年中，他被蓋世太保逮捕、拷打和處決。他的歷史哲學指向長期的社會動態，而非追溯事件回到嬰兒希特勒，來解釋他自己的死亡。年鑑學派改變了他們所謂的「編造歷史」。後來許多歷史學家採納了有時稱作「人民史」（history from below）的史觀，來檢視一般民眾生活中的長期變化如何造成社會的改變。現代歷史學家往往鄙視那些抱持偉人／巨頭心態的人，彷彿他們為了更迷人的好萊塢傳記版本而忽視「真實的」歷史。政治學家和經濟學家也傾向於將個人視為可互換，不在意與特定人物有關的解釋。博弈理論、經濟學方程式和理性抉擇模型，通常不倚賴對不同個性的理解，而是依賴塑造任何人都會面對的激勵因素，將個人差異完全縮減成想像中的「一般」或「標準」人類。

比利時數學物理學家達維德・呂埃勒（David Ruelle）提出一個有用的思想實驗，來展現這種思維的局限。請你想像在棋盤中央放置一隻跳蚤。機率論通常能有效預測跳蚤將跳進任何一個特定棋格的次數。到目前為止，一切都順利。

現在，想一想加入額外的六十三隻跳蚤到六十四格的棋盤上，每隻跳蚤附上一個名字標籤：裡面有跳蚤瑞克、艾莉、喬、安、凱斯賓、安東尼等等。想要準確預測瑞克或艾莉在特定時間會在哪裡，很可能是辦不到的事。六十四隻跳蚤加上六十四個棋格，有太多可能的組合。然而，以長期行為作為基礎的社會科學模型，尤其擅長預測跳蚤在棋盤上的通常分布方式——牠們之間的間隔、移動速率、平均跳躍高度等等。這些類型的問題——例如預測交通流，在路上的是哪個特定駕駛人並不太重要——極適合作為我們的研究工具。

現在，如果僅有的一隻跳蚤——我們姑且叫牠奈吉爾——是同類相食者？突然間，以平均數或平衡為基礎，藉以預測或了解棋盤動態的嘗試都不管用了，因為個體不再是可互換的。其他跳蚤會逃離奈吉爾。接下來，想像一下如果每隻跳蚤都有點怪癖。跳蚤芭芭拉的最後位置如果距離奈吉爾兩格之內，牠會完全跳離棋盤。另外兩隻，保羅和詹姆士無論如何都拒絕移動。跳蚤凱爾西偏愛待在棋盤的角落，所以如果來到角落的格子，牠會留在原處。讓事情變得更複雜的是，這些行為會隨著時間而改變，因為跳蚤學習、適應和發展出以其經驗為依據的新偏好。突然間，跳蚤所在位置的初始條件變得十分重要。每次你重做這個實驗，都會發生全然不同的事。

然而，研究人類遠比研究跳蚤複雜得多，我們太常假裝特定的人不太重要。舉例來說，許多研究美國政治的政治科學家長久以來指責那些研究美國總統個人特質，而非研究美國總統職責的人。林肯總統的傳記應該留給有線電視主持人來寫，而不是嚴肅的學者。社會科學轉變成數學化的學科，意味著那些試圖了解個人的人往往被視為不成熟或不夠嚴謹。宮廷陰謀和個性側寫被視為無關科學的屁話，就像湯普森對於反事實的看法。西方世界的知識生產有系統地使通則的優先順序——即便它們是誤導或錯誤的——高於對個人特質和怪癖的理解。就讓只會空談的心理學家和業餘歷史家來處理這些瑣碎的問題吧。社會變化的活塞是在制度內移動，而非個人身上。

我研究過權力以及掌權超過十年的人，而我總覺得這種歷史觀是怪異的。總統職責固然重要，但總統本人也重要。倘若甘迺迪或赫魯雪夫是不同的領導者，或者只要他們其中一人在關鍵時刻有情緒上的波動，古巴飛彈危機可能以不同的方式展開。那些研究美國總統職責的人——更成熟的「制度主義者」——鮮少抱持這樣的觀點。後來，川普取得權力。想要忽視美國政治史被一個人徹底改變的事實，變成不可能的事。倘若是傑布．布希（Jeb Bush）或希拉蕊贏得二〇一六年的美國總統大選，有任何人相信現在的美國還會一樣嗎？就連接近權力的人也可能非常重要。去問歷史家為何北方打贏美國內戰，你會得到許多個答案。所有的答案都有一個清楚的邏輯。北方擁有更好的供應線和製造業。北方有更強大的海軍，使封鎖成為可能。北方有更多人口。這些都是真的。但戰爭可能因為一些小改變而產生不同的結果，尤其在早期階段，那時南方邦聯軍（Confederate Army）打了幾次決定性的勝仗，擊敗過度怯懦、管理不當的北方聯邦軍（Union Army）。到了一八六二年秋天，又一次對北方聯邦的重擊可能啟動了連鎖反應。

英國正考慮承認南方聯盟。美國有可能永久分裂成兩半。此事為何沒有發生，部分的解釋不在於因為某位聰明的將軍，也不是牢靠的補給線，而是三根被丟棄的雪茄，以及由對的人發現這些雪茄。

一八六二年九月十三日星期六，大約早上九點，北軍第二十七印第安納團的巴頓．米契爾（Barton W. Mitchell）下士暫停行軍。為了躲避秋日的太陽，他搶先來到籬笆旁的樹蔭下。當他攤開四肢準備休息時，樹根旁的草堆裡有個東西引起他的注意。那是包裹著三根雪茄的一張紙，紙上標題寫著，「（機密）北維吉尼亞陸軍總部。一八六二年九月九日。特別命令191。」巴頓意外發現南方邦聯軍的行軍命令。南軍即將發動突擊。巴頓撞見從某個信差書包裡掉出來的無價情報。但情報是否屬實？

文件上署名「R．H．克林頓」（R. H. Clinton），「奉李將軍（Gen R. E. Lee）之命。」這似乎足夠可信，但誤信假文件可能招致大禍。這封信被上呈北軍師長阿爾費斯．威廉斯（Alpheus S. Williams）將軍。在他的營帳外，該文件先交給他的副官塞繆爾．皮特曼（Samuel Pittman）上校，皮特曼展開紙頁閱讀後，明白它的重要性，接著在看見頁底署名時頓了一頓。他馬上明白這些軍命是真的。

北軍以這項秘密情報為武器，出兵接戰南軍部隊。四天後迎來美國歷史上最血腥的一日——安提頓戰役（Battle of Antietam）。北軍傷亡慘重，但他們已經為此襲擊做好準備。安提頓一役迫使南軍撤退，翻轉了戰爭的動能。歷史學家表示安提頓戰役的結果也讓林肯總統有信心在五天後發表解放奴隸宣言（Emancipation Proclamation），下令恢復聯邦境內被奴役者的自由。如此具有關鍵性的事件可以部分追溯到被丟棄的三根雪茄。

但塞繆爾．皮特曼如何知道這些軍令是真的？它們有R．H．克林頓的簽名。在開戰前，皮特曼曾是底特律的銀行出納員，而克林頓是美國陸軍中負責支薪的人。克林頓必須簽支票付款，所以皮特曼見過無數次的克林頓簽名。當他看見那張簽上名字、用來包裹雪茄的紙，他馬上知道那是真的。此事雖說怪異，但現代歷史的展開，很有可能確實圍繞著三根被丟棄的雪茄、一個正好在對的樹蔭下休息的士兵，以及碰巧來到北軍之中唯一能辨其真偽的人手上的敵方軍令。我們往往將這類事件排除於歷史之外，而找尋更明確、更理智的「理由」來解釋事情為何發生。然而，在我們這個隨機、意外的世界，有時如同米契爾下士發現的那樣，需要找尋的正確地方是野草堆裡。

我們堅信什麼比誰更重要——推而廣之，信息比信使更重要。但在大部分的歷史中，這顯然往往不是真的。

在希臘神話中，特洛伊的卡珊德拉（Cassandra of Troy）引起阿波羅的注意。阿波羅賜予她一項天賦：準確預見未來的能力。但卡珊德拉後來鄙視阿波羅。阿波羅無法收回已經賜給卡珊德拉的預見能力，於是退而求其次，詛咒她不被相信以示懲罰。無論卡珊德拉的預言多麼準確，都沒有人相信她。卡珊德拉警告人們即將到來的死亡，或提醒國王留意引發大災難的戰爭，但總是白費唇舌，她的睿智不被當回事。

卡珊德拉神話顯示人們早就了解，如果有某個確定的真理，我們對它的詮釋往往主觀地受制於提倡這個真理的人。人類是採取智識捷徑的物種，有時透過發送信號（signaling），有時透過基模（schema）的概念。發送信號涉及刻意利用被社會接受的線索來傳達訊息，例如專家鮮少穿著夏威夷衫和拖鞋出現在電視上，此事有其充分的理由。人類善於留意這些線索、善於詢問我們所遇見的人，探明他們的教育程度、職業，或居住地區等問題，快速地估量他們，以便決定我們對於他們所說的話能有幾分信任度。大多數人初次遇見某個陌生人的第一個問題是「你是做什麼的？」他的回答會立刻改變我們對這人的詮釋，然後產生偏誤。帶著錯誤信號的正確信息被忽略，會對結構化、系統化的觀點改變形成另一個挑戰。

基模是一種心理工具，方便我們將大量信息濃縮成易於維持的類型。神經科學和心理學研究不斷發現，這些心理標籤提供了過濾器，讓我們藉以處理關於這世界以及我們在這世界中所遇見的人的新真相。你或許不知道某人是誰，但如果這人被貼上民主黨或共和黨、保守黨或工黨支持者的標籤，這人就與你大腦中保存這些類型的概念產生連結。我們再度陷入語言的偶發性陷阱，因為如果這人被介紹為「企業家」而非「網紅」[50]，可能會徹底改變你對他的評價。不過，這些用語的意義——以及我們賦予這些意義的可信度——會隨著時間改變。一九九〇年代的人對於被稱作「influencer」的人會有什麼看法？誰知道呢？但肯定和現今世界的意涵不相同。我們的心智地圖和基模不是固定的，而是不停在改變。那

50. 譯註：influencer，意指有影響力的人。

意味著我們用於描述人們，或者將他們在我們心裡作分類的用語，能影響我們從中獲得的信息是否被信任或被拋棄，從而產生更難以預測的結果。

我們的大腦被設計成讓我們能快速，甚至潛意識地對人們進行分類，以及評估我們是否應該聽信他們。但我們往往搞錯了。許多穿著體面、貌似正經，擁有顯赫學歷和大量迷人自信的人，不停地摧毀經濟，將我們拖進戰爭中，造成全世界的巨大苦難。因此，重要的不只是誰說了什麼，還有我們如何看待說這話的人。這是偶發事件之中的偶發事件。我們將信使和信息一樣重要稱作卡珊德拉問題，這是另一種可能以非理性、任意的方式改變歷史的認知偏誤。

如果我們傾向於有這些偏誤，那麼歷史上的其他人也是如此。舉例來說，一八六五年四月，查爾斯．科爾切斯特（Charles Colchester）在林肯於福特劇院（Ford's Theatre）遭刺殺的幾天前，曾警告林肯他有性命之危。「紅臉、藍眼，留著大鬍子的英國人」科爾切斯特受到林肯夫人瑪麗．陶德（Mary Todd）的信任，但林肯忽視科爾切斯特的警告。為什麼？因為科爾切斯特在白宮已經變成一個千里眼和預言家，而非政治顧問，曾宣稱他能夠讓瑪麗．陶德重新接觸她已故的兒子，死於一八六二年的威利（Willie）。林肯從不相信科爾切斯特的通靈術，但他盡責地參加降神會來安慰他的妻子。然而當科爾切斯特警告林肯他有性命之危時，林肯並不理會這個警告，認為那只不過是另一個編造的預言，一個騙子的胡說八道，大可輕鬆忽視。

倘若林肯相信科爾切斯特，他會逃過一劫。不是因為科爾切斯特真的是千里眼——他顯然是個騙子，而是因為他得到內部情報。科爾切斯特的一位親密夥伴也參加了降神會，並相信通靈術：約翰．威爾克斯．布斯（John Wilkes Booth）。科爾切斯特對林肯發出的警告或許不僅僅是猜測，而是知道接下來會發生什麼事的卡珊德拉式警告。林肯忽視科爾切斯特的勸告，依舊前往福特劇院，結果被布斯殺害。

現在，你可能抗議說任何人都能指出歷史上罕見的奇事，但某些知識領域不受這些個人差異的影響。畢竟，管用的好點子會被提出來，不管用的壞點子則銷聲匿跡。人類往往不分時間和空間想出類似的點子，這種現象稱作多重發現（multiple discovery）。舉例來說，十字弓分別在中國、希臘、非洲、加拿大和波羅的海地區被發明出來。氧氣至少三次分別被三個人發現，在大約相同的時間。還有兩個人在同一天註冊了電話的專利。

天才的重要性或許比不上構成天才之舉的想法。倘若愛因斯坦被忽略了，他的想法被當作某個天馬行空的專利局職員的幻想，也許我們的世界並不會那麼不同。自然會有別人發現愛因斯坦發現的東西，這事說不上好或壞，因為重要的是那些方程式，而不是寫出方程式的人。但這是真的嗎？這是一個重要問題，因為即便是科學概念，至少部分取決於想出這些概念的個人，因此我們很難不贊同每件事大概都是偶發的，容易受到個人所創造的隨機影響。

二十世紀科學哲學的兩大巨擘卡爾．波普爾（Karl Popper）和湯瑪斯．孔恩（Thomas Kuhn）曾爭論科學的運作方式。波普爾強調證明壞主意的不實，如何以更客觀的進程推動改變；孔恩則強調個人的主觀角色。對波普爾而言，科學家設法破解壞主意以暴露真相，放棄有缺陷的造假理論。他們持續設法證明每一個被提出來的假說的不實，當他們這麼做時，這個概念會被丟進科學史的垃圾堆。適當完成的科學發現藉由不停的測試而獲得進展，不受個性或政治的影響。科學概念在科學競技場歷經角鬥士般的戰鬥，唯有毫髮無傷存活下來的概念能活著再次接受檢驗。

對照之下，在一九六二年寫下《科學革命的結構》（*The Structure of Scientific Revolutions*）的湯瑪斯．孔恩認為，科學家一如我們所有的人，會有偏見和偏誤。個別科學家已建立一套信仰，他們相信某些理論，並在職涯中致力於證明這些觀點的正確。然而當科學理論出錯時，最終會暴露出裂隙，無論想保護其心愛假設的研究者如何竭盡全力。當裂隙變得足夠大，整座科學華廈便會坍塌，數十年被接受的真理毀於措手不及的一擊。孔恩稱這些時刻為科學的革命，先前的強勢典範被全新的典範取代，這個過程不斷地重複。（如果你曾說過「典範轉移」，你是在運用孔恩創造的術語。）

對孔恩而言，科學家本身是重要的，而且非常重要。個別的研究者能左右科學先提問哪些問題、哪些假說被認真看待，還有誰能獲得資助。這不代表科學真理是主觀的，而是從事科學工作是人為的努力，因此容易受到伴隨著任何人類行為而來的偶發性和任意性影響。

一九〇六年，德國氣象學家阿佛列・韋格納（Alfred Wegener）創下氣球連續飛行的最長時間紀錄，在高空飄浮五十二個小時。六年後他提議說大陸塊像氣球一樣漂浮著，在漫長的時間中分開來。[51]當韋格納於一九一二年提出他的理論，反對的意見來得又快又猛。這個氣象學家兼氣球飛行冠軍是何人也，竟敢告

51. 作者註：韋格納不是第一個提出這個知識異端邪說的人。一五〇〇年代後期，一位名叫亞伯拉罕・奧特柳斯（Abraham Ortelius）的地圖繪製者，就曾說各大陸一度合在一起，後來分散到現在的位置。還有其他幾個人也提出了類似的想法，每次都被視為荒謬，即使南美洲和西非的形狀如此明顯地完美貼合，就像兩片相連的拼圖。

訴地質學家地殼在移動？

當韋格納的理論在與德國處於戰爭邊緣的英國發表時，甚至幾乎沒有科學家注意到這個理論，直到一九二〇年代初期。一九四三年，美國古生物學家喬治·蓋洛德·辛普森（George Gaylord Simpson）寫了一篇文章，強烈駁斥地球陸地移動的概念。當時美國正與德國交戰，所以美國科學家贊同辛普森的看法。儘管有極具說服力的證據，但一直要到一九六七年，板塊構造和大陸漂移學說才被接受，引發地球科學的革命。將近五十年的時間，人們基於提出某個想法的誰人的國籍和專業背景而誤解這世界。一個主要以氣球飛行壯舉而知名的德國氣象學家，不是當下合適的信使。我肯定不是第一個提出個人可能徹底改變科學史的這個概念的人。然而不贊同該論點的標準反駁總是指向同一個人：達爾文。提出演化論的人，特別是達爾文，此事重要嗎？倘若達爾文沒有想出演化論，會不會有別人想出相同的理論，就像萊布尼茲與牛頓在大約相同的時間發明了微積分？

這個反對意見是恰當的，因為別人的確在與達爾文大約相同的時間，提出一個演化的理論，他是名叫阿爾弗雷德·羅素·華萊士（Alfred Russel Wallace）的英國博物學家。這兩人的故事時常被用來支持一個反孔恩、冷靜的趨同科學觀。大發現在被發現時已然「即將發生」，屬於科學趨勢的一部分。無論達爾文或華萊士成為演化理論的先鋒，都不會對進展的軌跡產生特別的影響。為了找出概念的歷史如何運作，讓我們更仔細地檢視。

◁

十九世紀最重要的書差點不會被寫出來。

英國皇家海軍小獵犬號（HMS Beagle）的首航由歷史留名的普林格・斯托克斯（Pringle Stokes）擔任船長。一八二八年，小獵犬號停泊在南美洲南端外海，斯托克斯深陷絕望。沉悶的天氣使人感覺無比悲慘，他在日記中寫道，「讓人們的靈魂死在身體裡」。斯托克斯將自己鎖在艙房，朝自己開槍，幾天後死亡。倘若他活著，達爾文就不會登上小獵犬號。

小獵犬號的船長職位很快便由英國皇家海軍的貴族軍官羅伯特・斐茲洛伊（Robert FitzRoy）遞補上來。當斐茲洛伊準備展開小獵犬號的第二次航程時，他意識到擔任指揮任務的孤獨寂寞，因為像他這樣的貴族與地位低下的船員們交談會有失身分。斐茲洛伊於是開始非正式地為往後幾年的海上生活尋覓船上同伴，以避免遭遇和普林格・斯托克斯相同的命運。斐茲洛伊的第一人選是某位牧師，但他拒絕這個邀請，因為他不想疏忽他的宗教職守。第二人選是一位教授，他也拒絕了，因為不想惹老婆生氣。但這位教授推薦了他昔日的學生，他可能是合適的競爭者：查爾斯・達爾文。

斐茲洛伊相信面相學，認為具體特質反映出一個人的潛在性情。當斐茲洛伊船長見到達爾文時，達爾文的鼻子樣貌令他擔憂。斐茲洛伊「相信他能藉由五官輪廓判斷一個人的個性。」達爾文後來寫道，「他懷疑有我這種鼻子的人，是否有足夠的精力和決心度過此次航程。但我想他事後很滿意我的鼻子說了謊話。」在十九世紀其中一個比較明顯的偶發事件中，達爾文差點因為他的鼻子形狀，而錯過這趟將永遠改變科學的命定航程。[52]

一八三六年，達爾文從小獵犬號的第二次航程歸來，他的腦中充滿可能徹底改變生物學的全新洞見。達爾文將他的想法的草稿寄給友人和科學家同行，

但他因種種原因，延後發表他的核心洞見，理由從個人疾病到發表一套與盛行宗教教條如此牴觸的想法，可能招致社會的強烈反對。他將早期的草稿放在抽屜中，過著平常生活，不急著出書發表。

後來在一八五八年，達爾文收到一個將永遠改變他的人生和科學的包裹。那是英國博物學家華萊士的來信。當達爾文讀到華萊士寫的東西，他震驚地發現

與他的天擇概念十分相似的想法。「這是我所見過最驚人的巧合。」達爾文後來回憶。達爾文擔心華萊士會搶走他幾十年前就想出來的概念的功勞，於是迅速寫出《物種起源》的手稿並寄給出版商約翰．默里（John Murray）審閱。完成審閱工作的人是牧師惠特威爾．艾爾文（Whitwell Elwin）。在艾爾文寫給默里的信中，他試圖勸默里不要出版這份手稿，說達爾文不如寫一本有關鴿子的書會更好，艾爾文表示他確認達爾文對於鴿子的想法「極為古怪、精妙和有價值。」這本書也會比較好賣，艾爾文堅稱，他說「每個人都會對鴿子感興趣。」幸好達爾文不理會這個建議。《物種起源》在幾個月後出版，從此不曾絕版。[53]

這個故事時常被趨同科學的擁護者用於論證「即將發生」理論，其概念是一旦對的智識氛圍就在附近，隨著科學的進展而產生重大發現是不可避免的事。倘若達爾文的鼻子形狀讓斐茲洛伊船長感到再多一點的憂慮，科學將會徹底被改變，這固然是個好故事，許多人表示，但如果沒有達爾文，演化理論將由華萊士

52. 作者註：相當如實地證實了約翰．巴格內爾．伯里（J. B. Bury）使之更出名的「克麗奧佩托拉的鼻子」歷史觀，該歷史觀認為克麗奧佩托拉鼻子的迷人形狀，引發了永遠改變歷史的連鎖反應。

53. 作者註：約翰．默里是《物種起源》的出版公司。在發行達爾文的手稿一百六十年後，他們終於在二〇一九年出版一本有關鴿子的書。它尚未像《物種起源》一樣成功。

提出來。華萊士會詳細地寫出相同的理論、獲得功勞，還有華萊士而非達爾文將成為家喻戶曉的名字。與個別科學家相連的隨機並沒有改變科學史，它們只不過決定了哪一個科學家獲得功勞、名聲和榮耀。

這是真的嗎？

華萊士是外行人，這意味著已有成就的科學家們會懷疑，出自他這樣背景的人所產生的如此顛覆所有科學知識、影響廣泛的理論，例如天擇演化論。但影響演化理論被接受的程度，不光是華萊士的外行人身分。當時年輕的華萊士曾就教於某位顱相學家，並著迷於解讀顱骨如何能透露關於一個人的本質的深刻真相。華萊士終其一生都十分相信顱相學。他曾發表文章記述他所參加的降神會，並堅稱靈媒憑空變出花朵，三十七莖看起來「全都沾著露珠，新鮮、冰涼潮濕，彷彿剛從夜晚的空氣中被採摘。」華萊士也十分相信催眠。在某個出版作品中，他寫道「心靈感應、自動書寫、在出神狀態下說話、未卜先知和幽靈」全都是真實現象，和重力一樣可證實。在重要的科學出版品中，華萊士成為被嘲笑的對象。

如今，達爾文的核心概念幾乎普遍被科學家接受。但在當時，達爾文的理論，保守的說，頗有爭議。即便是今天，儘管有堆積如山的證據支持演化論，但僅有百分之五十四的美國人同意，「人類，如我們現在所知，發展自早期的動物物種。」如果這種懷疑的態度現在仍難以改變，演化論在十九世紀會有什麼待遇，如果它的主要支持者同樣堅信幽靈是真的，還有熟練的靈媒能從夜晚的空氣中變出花朵？

演化論終將得到認同，因為它是正確的，而正確的概念的確傾向於在科學探索中勝出。但它可能不會快速普遍被接受，致使一個主要的科學分支遲來了幾十年。意想不到的漣漪效應也可能會發生，因為每件事物都是交織的。達爾文的通才表親法蘭西斯．高爾頓（Francis Galton），他扭曲了達爾文的概念，建立草創的優生學領域，後來激發了大規模絕育運動以及給予納粹靈感的可惡意識形態。高爾頓會不會建立優生學，倘若這個顯然不尋常的理論背後站著某個著迷於降神會的陌生人，而非他的表親？會不會有別人替代高爾頓發展出優生學？

我們不知道。但在我們這個交織的世界，由別人所提出的相同概念，可能會產生截然不同的結果。然而由誰發現了什麼，就像達爾文的例子，有時取決於隨機的事物，例如鼻子的形狀。我們的世界沒有任何一個角落，無論這世界看似多麼理性，能逃過偶然性的掌控。你所做的事確實重要，但做這件事的人是你而非別人，也同樣重要。

為了給這個傳奇故事一個合適的結尾，我們暫時回到斐茲洛伊身上，這位船長想要排解沮喪和寂寞，於是冒險找了一個鼻子長得不得體的博物學家。斐茲洛伊後來發展出氣象學領域，創設英國現代天氣服務系統氣象局（Meteorological Office）的前身，建立了給予氣象學家羅倫茲靈感的基礎工作，一個世紀後，羅倫茲發現混沌理論。斐茲洛伊在他的作品中創造出forecast（預報）這個單字，成為天氣預測的主要用語。可惜斐茲洛伊的故事沒有快樂的結局。儘管他努力排解沮喪和避免重蹈其前任者普林格・斯托克斯的命運，但他還是陷入絕望。他的委靡不振部分因為天氣預報不準確而遭人嘲笑，部分因為他促成達爾文的異端邪說而感到內疚。斐茲洛伊於一八六五年四月三十日自殺——在林肯忽視一位消息特別靈通的千里眼的警告而被槍殺後兩週。

接下來，我們要轉而探討隨機的另一個來源：何時的力量。

第10章 關於鐘錶與日曆

瞬間的時機如何造成改變世界的影響

約瑟夫．洛特（Joseph Lott）活了下來，因為他選對了穿綠襯衫的日子。而救洛特一命的伊蓮．格林伯格（Elaine Greenberg）卻死了，因為她提早一個星期去度假。如果說需要是發明之母，那麼時機便是偶發事件之母。蒼蠅不停地在馬路四周嗡嗡作響，牠們通常是無害的。但偶爾會有一隻蒼蠅飛進機車騎士的眼裡，造成撞擊事故。兩個不相干的軌跡，因為時間不可動搖的神秘性，以看似任意、隨機的方式交會在一起。兩個不相干的路徑於特定時間、在特定地點匯合的「庫諾偶發性」，可能以毫秒之差造成死亡。我們只能任由時間擺布。

二〇〇一年秋天，伊蓮．格林伯格前往麻薩諸塞州的坦格伍德（Tanglewood）度假。她在那裡看見一條她知道她的同事會喜歡的領帶——以莫內的《拉瓦庫特的落日》（*Sunset at Lavacourt*）為設計特色。大家都知道她的同事約瑟夫．洛特喜歡佩戴繪畫主題的領帶，而且伊蓮還知道印象派繪畫是他的最愛。她買下那條領帶，心想這對洛特會是友好的表現，他下週就要飛到紐約市參加工作會議。

會議之前的星期一，洛特登上飛機，由於傍晚的暴風雨，原本只需幾個小時的航程，最終花了十四個小時。過了午夜許久後，洛特抵達下曼哈頓，長時間的旅程讓他看起來有點筋疲力竭。他已經計畫好和伊蓮一起共進晚餐，這樣就能在開會之前一起仔細檢查他們的報告。他們不得不更改計畫，並約好一大早去吃早餐。在洛特疲憊地倒在旅館床上之前，他擺好隔天要穿的衣服。這時他發現他打算穿去開會的硬挺白色襯衫已經變得縐巴巴。

隔天早上，洛特醒過來，看了一眼縐掉的白襯衫，慶幸自己還帶了備用的淡綠色襯衫，正好能派上用場。早上七點二十分，他來到旅館的早餐廳，伊蓮要在這裡幫他檢查他的報告。吃完早餐後，大約是八點十五分，伊蓮將禮物遞給洛特，那條莫內領帶，描繪日落時分的橘紅色天空下，閃耀著藍光的塞納河。洛特很感動。他感謝伊蓮，並表示他是認真的，他說，「伊蓮，今天我要戴上這條領帶求好運。」她回嘴，「別配那件襯衫，你不會當真吧。」洛特笑了笑，但同意她的說法。就連他也知道那條領帶和淡綠色極不相配。他決定回旅館房間換襯衫——即使這樣得多花幾分鐘時間。「待會兒見。」洛特說。伊蓮揮手道別，然後起身前往位於世界貿易中心一號塔大樓第一百零六層的會場。洛特回到旅館房間，開始熨平那件縐掉的白襯衫。他花了大約十五分鐘，時間長到當第一架飛機在早上八點四十六分撞上一號塔大樓時，他仍然還在做準備。

洛特活了下來，而伊蓮沒逃過死劫。現在洛特一律佩戴藝術領帶，向他那已故的朋友和那一小塊布料致敬，這個貼心的禮物在完美的時機出現，拯救了他的性命。

我們都讀過使我們感嘆某人鴻運滔天或遭遇可怕不幸的故事。這些故事似乎如此難以置信，因而顯得特別突出。但以下是秘密：它們不是讓改變從而發生的異常事件。時機的偶發性不停地在決定和偏轉我們的生活，儘管某些轉變比其他轉變有更重大的直接後果。洛特的幸運和伊蓮的不幸，其直接原因可能是一場暴風雨、延遲的航班以及在對的時刻送出的禮物——每一個都是因時機所產生。但我們生活在由環環相扣的原因所形成的無盡鎖子甲中，這些原因深入到過去，每個環節都是由變化無常的時間鍛造出來的。

當洛特從海軍陸戰隊退伍後，因為工作的關係，他更常旅行世界各地，某次曾路過一間美術館。他有的是時間可以打發，所以他冒險一探究竟。倘若那天洛特在趕時間，他可能就不會踏進那間美術館，可能就不會發現他對印象派繪畫的喜愛，可能絕不會佩戴藝術領帶，而伊蓮．格林伯格也絕不會買下那條《拉瓦庫特的落日》領帶。當你思考必須發生什麼事，那頓早餐才會如其所然地展開，便會發現當中存在著近乎無限數量的偶發事件。如果微不足道的片刻被加快或延遲數秒鐘，即使發生在遙遠的過去，這頓早餐就不會如其所然地發生。直到那個片刻之前，每一件事都得完全如同它原本的樣子，洛特才會在九月十一日的準確時間，以準確的方式收到那條領帶。像洛特這樣從死裡逃生，令人難以置信的故事揭開了簾幕，讓我們看見我們的生活軌跡原來難以置信的脆弱，看見時機的偶然性不停地形塑我們。我們一直沒有意識到它們的存在，直到像洛特一樣，在某個重大時刻，我們停下來思考原本可能發生的事，它們才變得不可能被忽視。我們能不能選擇不同的路徑？

在第一章，我曾簡短提及阿根廷作家波赫士的短篇故事《小徑分岔的花園》。那是闡述我們的時間經驗的隱喻。我們生活中的每個片刻都是近乎無限的可能路徑的分岔。我們在每個片刻所做的事都影響我們現在所在的路徑，以及我們接下來將要面對的分岔。《小徑分叉的花園》是我們連續的生命旅程的隱喻，而不是用「路上的分岔」來喻指生活中的重大決定。它持續不停地無限分支。此刻，當你在讀這個句子而不是做別的事時，你的路徑正在分岔。當你放下這本書，你的路徑再度分岔。但以下是令人驚訝的一點：你目前看似可選擇的某些路徑即將被切斷，不是被你的行動切斷，而是被穿越他們自己的花園、你從未遇見的其他人切斷。當你在自己的路徑上前行時，你也在改變別人的路徑，無止無休。

不光是人類用時機在改變你的路徑。到了九月十一日，迫使洛特的班機延遲的暴風雨已經散去，留下晴空萬里。被劫持的飛機沒有任何一架因為雲層遮掩而延遲起飛，或找不到它們的攻擊目標，那天的曼哈頓和華盛頓都沒有小倉的幸運。小徑分岔的花園不停地被每一件事和每一個地方影響。

小徑分岔的花園也是一個有用的隱喻，能幫助解釋自然世界中的改變。當有機體發生突變時，以往不可能的某些路徑變得可能，而其他路徑被關閉。然而再一次，時機是重要的。最近幾十年來，我們已經清楚了解「突變順序」極為重要，甚至在癌症為何發生以及如何發展中扮演重要角色。重要的不只是隨機突變的內容，還有它們何時發生，以及它們發生的相對順序。我們選擇的每條路徑，時時刻刻都使某些世界變成可能，某些世界變成不可能。

時間是生命的隱形變數。我們無法想像一個沒有時間的世界，因為除了現在，我們無法體驗其他任何時刻。然而當你更仔細端詳時間的本質，看似受人類控制、被嵌入鐘錶、時間表和日曆的世界便開始瓦解，成為偶發性的懸崖上另一個看似穩定，但搖搖欲墜的堡壘。事實證明時間是奇異到難以置信的事物。

「讓我們從一個簡單的事實開始說起，」理論物理學家卡洛．羅威利（Carlo Rovelli）寫道，「山區的時間過得比海平面時間快。」這不是在說明我們在美好的自然環境中，如何覺察自我的詩意陳述，而是一個經證實的客觀事實。物質的重力，例如地球的重力會扭曲時間，使比較靠近該物質的時間過得比較慢，說明了稱作時間膨脹（time dilation）的現象。科學家利用精準的原子鐘，現在已經能用實驗證實這個最早由愛因斯坦提出的效應。就連極微小的變化都是重要的。

二〇二〇年，極精準的時鐘被置於不同的高度，每個時鐘只比另一個高出一英尺。令人吃驚的是，位置較高的時鐘，時間快了一丁點。嚴格來說，你的頭比你的腳更老，但差異微乎其微。在人類一輩子的時間中，如果有兩個人同時出生，但一個住在聖母峰山頂，另一個住在海平面，經過一百年後，山上的那個雙胞胎只會更老上幾千分之一秒。就我們生活的實用目的來看，那是一件新奇的事，不是推動改變的因素。然而即使時間膨脹所造成的差異非常小、微不可見，而且與我們的日常生活不相干，但其意涵卻十分深刻。所謂客觀的時間並不存在。時間相對地存在，是交織而非可分開的現實的另一個例子。時間本身依舊成謎。

我們的時間經驗也可能被人為決定給扭曲和改變。我們的生活不只依據宇宙法則所制定的模式和節奏展開，也依據我們自己所制定的模式和節奏。我們的先祖選擇將時間分割成散塊，我們現在仍用它們來組織我們的生活——過去的另一個偶發隨機。所以不只每一個時機都是重要的，還有，我們分割時間這件事本身是任意的。當你思考你的生活如何與時間互動時，你會驚覺你的日常排程被早已亡故的人們所決定。

我們盯著日曆凝望未來，看看接下來會發生什麼事。但在比較基本的層面上，我們的日曆是數千年前一小群人的關鍵決定所造成的結果，形塑出我們的生活節奏和現代社會的模式。按月亮命名的月，最初與月亮週期有關。在羅馬時代最初期，人們遵循十個月制的曆法，一年的天數總和是三百零四天，剩下的日子合併成長度不一的冬季時期。[54]後來的曆法改革增加了兩個月，一月和二月，但

54. 作者註：如果你想打賭贏別人，不妨挑戰他能不能找到一五八二年十月五日至十四日之間，發生在世界上任何地方的任何歷史事件。當時，舊的曆法系統與太陽和月亮不同步，因此教宗葛利果十三世（Pope Gregory XIII）引進更精確的曆法。但為了讓新曆法生效，必須刪除十天，所以這十天根本不存在歷史中。

保留最初的數字系統。那就是為什麼九月、十月、十一月和十二月的語意是數字七、八、九和十，即便它們現在——增加一月和二月——是第九、第十、第十一和第十二個月份。就連我們的命名系統都是過去所作決定的活幽靈。還有我們許多家庭預算的增減，是隨著最初由月相所決定的支薪間隔。

接下來，想想一週的七天。不像大多數羅曼語，一週七天的英語名稱不是拉丁文，而是源自古代斯堪地那維亞／盎格魯—撒克遜神祇。古代斯堪地那維亞戰爭之神提爾（Tiw），留存下來成為星期二（Tuesday），接著是監管英靈殿瓦爾哈拉（Valhalla）的神渥登[55]的日子。然後是雷神索爾（Thor）的日子，還有女神弗麗嘉（Frige）的日子，用以紀念這位嫁給渥登的愛之女神。我們不停地說到祂們的名字，卻沒有停下來想一想這些名字的起源，它們是來自被遺忘的歷史的陌生快照。但一開始我們為何按星期來設定我們的生活節奏？誰規定我們生活中的一切應該遵從七天的循環？

不像其他許多度量時間的方式，星期與自然界的週期無關。時間被分割成以七天為單位的最早紀錄，來自大約西元前二三〇〇年的一道詔令，由阿卡德國王薩爾貢一世（King Sargon I of Akkad）所下達，他認為數字七是神聖的。以七天為一星期後來出現在《希伯來聖經》中。然而，《希伯來聖經》從未表示用星期作為計時方法，而它本身的日期參考系統也完全忽略了星期，而是利用月份之內的數字系統來記錄日期。

西元前第一世紀，行星星期——也是七天的週期——首度在羅馬出現。它與休息或工作無關，而是相信某些行星在特定時間主宰人類命運的一種信仰，是占星學的早期形式。為何這種行星曆有七天？因為以往的五大行星是肉眼可見（土星、火星、水星、木星和金星），加上太陽和月亮。羅曼語系的星期名稱中依然保存著這些可見的天體，以法語為例，意指火星的 mardi 是星期二、意指水星的 mercredi 是星期三、意指木星的 jeudi 是星期四、意指金星的 vendredi 是星期五。法語的月亮是 la lune，所以星期一是 lundi。倘若羅馬人有望遠鏡，能看見其他天體（例如天王星和海王星），或許人們現在會用九天而非七天來細分我們的生活。（早期的威爾斯文本提到九天一星期。）或者如果羅馬人忠於五大行星，而沒有加入太陽和月亮，或許我們會有以五天為單位的星期。總是有其他的選項，例如古代中國人和埃及人用十天為一星期來架構他們的生活。若是這樣，我們的生活會多麼的不同。這一切全都源自於很久很久之前，活在一小段歷史時期裡的

55. 譯註：Woden，相當於奧丁。

一小群人，偶然將歷史、技術和天文學混合在一起的結果。我們用歷史的意外所產生的節奏來同步化我們的生活。被任意分割的時間，潛伏在現代人類歷史中每個重大事件的背景裡，以及我們自己的生活中。但我們多半忽略它。

我們的生理時鐘與這些任意分割的時間的互動方式，也形塑了我們。研究人員發現每日心情的一貫模式，大多數人在早上表達樂觀的感覺或正面的想法，接著是下午的情緒消沉，到了傍晚重新振奮起來。這種模式也反映在音樂偏好上，整體而言，我們在晚上聽比較放鬆的音樂，在工作時間中聽比較有活力的音樂。如你所預期，大多數人在週末時也比較快樂。（這是有道理的，考慮到許多人喜歡在星期六和星期日睡懶覺。）上述情形似乎有些顯而易見，但在涉及大量人口時，可能產生重大影響。有鑑於善變的人類深受心情的影響，嚴重的後果可能因時機而蕩漾。

當上市公司宣布他們的季度盈餘時，舉例來說，他們依法應當呈現以數字為基礎的經濟概況。心情應該是無意義的，因為企業報告的是缺乏生氣的數字。然而研究人員陳靜（Jing Chen）和伊莉莎白・迪莫斯（Elizabeth Demers）卻發現，在早上宣布數據的電話，系統性地比下午宣布數據的電話更樂觀和積極向上。這些差異如此明顯，所以股票會基於與真實數字相對應的電話語調，暫時地被錯誤定價。沒有所謂的中性的時機。

◁

我們了解世界的方式，在很大程度上，是由告訴我們世界如何運作的研究者所形塑。然而，社會科學大多忽略特定時機。這對你來說可能是新聞。但多數的經濟學家、政治科學家和社會學家使用無法有效對準確時機建模的量化工具。鮮少有資料集能說明事件的精準順序。社會研究者例如經濟學家和政治科學家所使用的量化方法論，在用以建模時，極難適用於例如成敗在轉瞬間的政變，或者其結果有時取決於隨機事件之精確順序的概念。他們轉而使用粗糙的測量方法，例如交互作用——兩個變數同時存在，但通常無關特定的時機。變數往往被合併在一起，像是食材不分順序下鍋也不要緊的食譜。然而大多數食譜不是這樣操作的，如果你在烤完蛋糕後才加入麵粉，會造成不幸的後果，就像如果你不注意時機和順序層面，你會在社會研究中得到錯誤的答案。再者，當我們在研究自己時，我們忘記了我們和蛋糕極不相同。食譜在不同的時間和地點都管用，但我們經常依賴有嚴重瑕疵的假設，以為人類社會也是如此：同樣的因素一旦混合在一起，會在A時間產生和時間B相同的結果。此事錯得離譜。這種有瑕疵的假設名叫 ceteris paribus，意思是「其他一切相等」，由於十分普遍，所以往往默示而沒有明文記載。在一個不斷改變的世界裡，其他一切從來不相等，而且這鮮少是可靠的假設，除非某個特定的因果關係固定不變和穩定，例如拋擲銅板。在混亂的現實世界中，在某個地方有效的模式，不必然在另一個地方有效，正如我們所見的地球樂透彩。結果不僅隨著空間而不同，也隨著時間而不同。畢竟，送給約瑟夫．洛特一條莫內領帶，不必然總是造成生死攸關的片刻。許多社會科學家雖樂於承認這些有瑕疵的假設，但仍選擇利用「快照」時間觀點，作為粗糙但有時管用的簡化版現實。

請你思考一下這個看起來直截了當的問題：「疫情是否降低生產力？」要回答這個問題仰賴一個暗含的假設，那便是在不同的時間和空間下，疫情通常是相同的，而且從某次疫情中學到的教訓，可以應用到另一次疫情。新冠疫情期間，穿著睡衣在家使用Zoom的上班族，完成了驚人的大量工作。你能基於新冠疫情的經驗，而推論疫情通常如何影響生產力嗎？

如果你考慮到倘若一個新型的冠狀病毒是在一九九〇年而非二〇二〇年散

播，這個答案就變清楚了。在大多數家庭沒有個人電腦、視訊會議或網際網路的情況下，在家工作是不可能的事。倘若相同的病毒出現在一九五〇年的武漢，它得花費好一會兒時間才能從中國散播到世界其他地方。光因為時機問題，完全相同的病毒所造成的結果會大大不同。我們太常用神奇的六個字來摒除這些事實：其他一切相等。這個假設可能導致災難性的誤算。

即使我們梳理出看起來穩定的模式和規律，但完全相同的原因，在某天總是有可能造成政府倒台或經濟崩潰，但在另一天卻沒有影響或造成不同的影響。九月十一日那天，聯合航空（United Airlines）93號班機上的乘客阻止了被劫持的飛機前往預定的目標，但九月十日或十二日飛機上的不同乘客極有可能會採取不同的行動——而白宮或美國首都可能就被摧毀。偶發事件中的偶發事件，全都堆疊在鐘錶和日曆不穩定的古怪之處上。

然而，時間不是任所欲為的。就像系統可能長期保持穩定，接著就忽然瓦解或徹底改變，有些改變是暫時的，有些改變保持優勢並持續下去，例如一星期有七天。這增加了時機的不確定影響力，因為保持優勢本身是任意的。舉例來說，你此刻正在閱讀的單字有特定的拼寫方式，那是偶然的歷史發展結合新技術所造成的保持優勢事件的結果。

「英語拼字很荒謬。」語言學家暨神經科學家艾瑞卡・奧克倫特（Arika Orent）表示，她研究語言如何隨著時間改變。「Sew（縫補）和new（新的）並不押韻，kernel（核仁）和colonel（上校）卻押韻。」為何如此？英語在語言發生改變的特定時刻，受到歷史上的偶發事件影響。英國的盎格魯—撒克遜人說古英語，而維京人的入侵注入了古諾斯語。十一世紀時，諾曼人有效地抹除書面英語，並用法語加以取代。但當書面英語於十三世紀恢復時，這個語言不停地變動，拼寫方式取決於個別僧侶和抄寫員的偏好。「得自法語peuple的people，可能拼寫成peple、pepill、poeple或poepul。」奧克倫特說。

後來，印刷術發明，標準化勢在必行，為了追求效率，單字必須被簡化。Hadde於是變成had、thankefull變成thankful。當拼字變得可辨識的同時，也變得更難做實驗。然而由於英語正在快速發展，倘若印刷術早到或晚到幾十年，這本書或者你曾讀過的其他一切東西，會有不同的拼寫法。因此，保持優勢意味著某些時機比其他時機更重要。某些隨機還持續在發揮影響力。

經濟學家威廉・布萊恩・亞瑟（W. Brian Arthur）是複雜系統理論的創建者

之一，他用技術證明這個效應，並創造了報酬遞增（increasing returns）這個新用語。一九七〇年代，用ＶＨＳ或Betamax播放影片的爭鬥僵持不下，那時還不清楚哪一項技術會勝出。但等到ＶＨＳ開始贏得更大的市場占有率時，更多的人購買ＶＨＳ播放機，結果使ＶＨＳ技術保持優勢好幾年，因為更換的成本會很昂貴。Betamax很快便漸漸消失了。這種任意的保持優勢效應主要取決於時機。樂器是報酬遞增和保持優勢的另一個例子，發出聲音的方式幾乎有無限種，但大多數人學習演奏的樂器，是所有可能的樂器中的任意一小部分。你聽說過一些比較不常見的樂器嗎，例如兩弦琴（gue）、利吐斯號（lituus）、薩姆布卡琴（sambuca）或peri yazh豎琴？由於部分基於時機的偶然原因，某些樂器占了上風，而其他樂器銷聲匿跡。一旦被歸類為「吉他」的某一組特徵保持住優勢時，設計實驗便突然結束。標準化稱霸。

同樣的道理適用於現代犬種，都是時機造成的偶發意外。狗在史前人類的歷史迷霧中被馴化，但現代犬的品種如我們所知，開始於維多利亞時期英國的一小段時間內。直到一八〇〇年代後期為止，犬種之間的差異有限，全都按其功能來分類。當時，英國上流社會的一小群人——他們有錢又閒得無聊——決定發展狗展。與這些展覽活動有關的人稱作愛狗人士，他們藉由培育新品種和進行分類而得到聲望。他們建立理想化的品種特徵，推動了專門化和標準化。一八四〇年時有兩種㹴犬。如今，多虧了那場維多利亞時期的實驗，我們有二十七種㹴犬。傑克羅素㹴是按照維多利亞時期人士傑克・羅素（Jack Russell）的名字命名，他創造傑克羅素㹴來幫忙狩獵狐狸。[56]如果你和我一樣，養了邊境牧羊犬當作最好的朋友，牠的標準化特徵是在一場名為邊境牧羊犬耳朵大審的蘇格蘭法庭判案後保持優勢，這場審判決定了邊境牧羊犬的耳朵是否應該被修剪、弄尖或垂耳。若新的犬種是在一九三〇年代的美國，或一七七〇年代的法國被培育和標準化，我們現在所看到的狗將完全不同。我們的犬科同伴是時機和保持優勢所造成的另一個幸福的意外。

我們簡化因果關係的直覺再次失效，因為相同的原因在不同的時間會產生不同的結果。準確的順序是重要的，從導致癌症的突變順序到我們作選擇的順序，這使事情變得益加複雜。在我們小徑分岔的花園裡，重要的不只是我們所選的小徑，還有我們在何時作選擇。

我們太常想像我們能乾脆忽略「噪音」、隨機、我們的信仰所產生的偶發不確性、事情在何處發生、誰涉及在內或者事情何時發生。但我們不能。就連我們最厲害的專家也經常把事情搞錯。這在在推導出一個令人不安的事實：我們不了解自己。所以問題是：我們能了解自己嗎？

56. 作者註：如果你有一隻傑克羅素㹴，你會高興或難過地知道，該品種的每一隻㹴犬都直接源自於牛津附近艾斯菲爾德（Elsfield）的某位送奶工飼養的一隻㹴犬。傑克·羅素買下這隻狗，從而培育出傑克羅素㹴。牠的名字是？川普。

第 11 章
皇帝的新方程式
為何了解火箭科學比了解人類社會更容易

想像你是一位國王或皇后，你坐鎮宮殿中，邀請預言家來皇宮與你分享智慧。有兩位發布神喻者前來，他們都宣稱自己掌握關於未來的專門知識。第一位表示他能準確預測六個月內會發生的趨勢。第二位接著跪在你跟前，以無比的自信說他確定能預測西元三〇〇〇年四月二十六日星期六會發生的一件事。你應該更相信誰呢？

我們傾向於選擇較短的時間規模。在九百七十五年之中，有許多事情可能會改變。但這取決要預測的事物，還有每個發布神喻者設法馴服的不確定性的來源。如果我透露說第一個預測是美國的經濟成長，將在六個月內超過百分之三，而第二個預測是西元三〇〇〇年四月二十六日星期六將發生日全蝕，事情就很清楚了。我願意在日全蝕上打賭，而非經濟成長率。

我們經常講「這不是火箭科學」這句話，但我想要說服你的是——沒錯，我承認乍聽之下這顯得很蠢——說「這不是社會科學」來指稱一個極困難的問題，其實更有道理。天才們正在努力這兩種問題，但火箭科學家會承認，相較於在由八十億個交織的人類所構成的複雜系統中，作出正確的長期預測，預測大致上穩定的行星和衛星的行為，根本簡單得要命。[57]

儘管如此，我們對於人類運作方式有瑕疵的了解，已經形塑出我們大部分的世界。我們依據經濟預測來分配預算和設定稅率，但這些預測在過了很短的時間後便鮮少準確。我們依據主觀的風險評估來決定開戰或不開戰，事後證明這些預測錯得離譜。公司有時僅憑推斷的趨勢預測便投資數十億美元。

到目前為止，我們已經見識過這世界以不同於我們想像的方式在運作。但假的現實意象卻揮之不去，因為它在有瑕疵的社會研究中被反映給我們。經濟學、政治科學和社會學中的大多數現代神喻，使我們的童話版現實變得根深柢固——這些迷思抹除掉生活中的重要隨機，視之為僅是「噪音」而已。我們對自身的了解大多始於不正確的假設，認定因果關係規律的線性模式，在不同的時間和空間中也保持穩定。我們尋求的了解是「X是否造成Y？」這種尋求有系統地貶低機運和複雜性所扮演的角色。但如果運用在大多數研究中的童話版現實會造成誤導，我們如何能捕捉住偶發的意外，並且認真視之為改變的推動力，並以此方式來呈現現實？

「所有的模型都是錯的，但其中一些是有用的。」統計學家喬治・巴克斯（George Box）說。我們太常忘記這個教訓，將地圖和領土混為一談，錯誤地以為我們過於簡化的代表物，能準確地描繪這個世界。你讀過多少次「新的預測表示」或「近來的研究發現」之類的話，並馬上信以為真，而沒有去檢視其潛在的假設或方法論？社會研究是我們在一個不確定的世界中找到方向的最佳工具。社會研究往往極為有用，但如果我們想要避免代價高昂、有時造成災難的錯誤，我們需要更準確地認清我們能理解和不能理解的關於自身的事，因為我們生活在一個受隨機、任意和意外事件影響的複雜世界。該是我們坦承我們對於確定性知之甚少的時候了。我們需要探究一下社會研究的世界，看看箇中內幕。

我們可以將這個問題分成兩個部分，我稱之為社會研究的容易問題和社會研究的困難問題。容易問題源自有瑕疵的方法，可以——也應該——被消除。這是

57. 作者註：土星的衛星之一海利伯昂（Hyperion）有混亂的自轉方式，我們無法預測它未來會如何轉動。嚴格來說，行星也有混亂的軌道，但只在漫長的時間尺度下才重要（可能超過幾百萬年）。

可處理的問題。對照之下，困難問題可能是無法解決的，因為它並非源自人為錯誤或不良的方法論，而是因為與人類行為密不可分的某些類型的不確定性，是絕對的且無法解決的。

我們來看看容易和困難的問題。

十年前，知名社會心理學家達里爾．貝姆（Daryl Bem）決定檢驗預知能力，或說超感知覺（extrasensory perception）是否為真。他曾於麻省理工學院研讀物理學，在密西根大學獲得博士學位，並在哈佛、史丹佛和康乃爾大學任教。貝姆利用標準的研究方法論，進行一系列實驗。在某次設定中，實驗參與者被安排觀看螢幕上的兩個簾幕，他們必須猜測哪個簾幕後面藏了色情圖像。令人驚訝的是，參與者猜對的比例高於隨機預測。更令人驚訝的是，如果簾幕後的圖像不是色情圖像，他們的預測能力便會消失。這些結果利用統計顯著性測量得到證實。

貝姆沒有提出具說服力的解釋，來說明這種明顯超自然的能力（也沒有任何可信的理論能解釋，參與者預測色情圖像的能力奇蹟般地高於預測非色情圖像）。然而當貝姆進行了大量計算後，他證實了他的懷疑：有些人能夠，如他的文章標題所示，「感覺到未來」。貝姆的二〇一一年研究通過標準的同行評審過程，發表在該領域的頂尖期刊《人格與社會心理學期刊》（*Journal of Personality and Social Psychology*），並造成轟動，深受媒體青睞。貝姆榮耀加身，出現在備受矚目的電視節目中。

但並非每個人都相信。研究人員斯圖亞特·瑞奇（Stuart Ritchie）、理查·懷思曼（Richard Wiseman）和克里斯多福·法蘭奇（Christopher French）設法獨立複製這些結果。當他們進行相同的實驗時，在他們的研究中，沒有人能「感覺到未來」。具有說服力的證據顯示，貝姆的發現不像他所說的那樣真實。然而，當這個三人組設法發表對貝姆的質疑時，他們找不到太多感興趣的人。別人說他們在老調重彈。為何要重複已經被研究過的東西？他們最終將他們的報告送去接受同行評審，在這個過程中由同行的學者進行匿名的研究評估。第一位評審者熱情地讚揚他們的作品。第二位評審者拒絕了這份報告，扼殺它被發表的機會。第二位評審者的名字？達里爾·貝姆。

最終這項研究——質疑貝姆的「發現」——被發表。它促成了社會研究以及尤其在社會心理學中姍姍來遲的清算，稱作「複製危機」。當研究者試圖複製先前的研究和實驗時——包括已經廣為接受，被視為一般常識的發現——他們得到不同的結果。在二〇一五年的一項研究中，研究人員嘗試複製知名心理學期刊中的一百個具有影響力的實驗的結果，當中只有三十六個通過測試。大膽的主張被證實為誤。我們以為我們知道的許多事證明是錯的。這場方法論地震動搖了我們對已被接受的真相的信心，也提出一個令人不安的問題：我們還弄錯了什麼？

為了證明我們藉以了解自我的系統已經變得破損不堪，有些研究者設法讓明顯不實的主張被發表。在某個例子中，研究者成功地產生在統計數據上看似令人信服的結果，證明聆聽Beatles的歌曲《當我六十四歲時》（*When I'm Sixty-Four*）會讓人變得更年輕。不是感覺更年輕，而是變得更年輕。另一個研究顯示在二〇〇八年的美國總統大選，女性如果在投票期間排卵，她們更可能投票給歐巴馬。這些「發現」遵循公認的方法論，還通過了可發表的標準統計門檻。這是怎麼回事？

不幸的是，社會研究者因為使用不當的研究方法，甚至刻意玩弄系統，有時會感到內疚。這像是晦澀的業內知識，只有極少數人才懂的憂慮，例如受雇做為社會科學家的我。但我們都非常想要了解社會研究是如何產生，不掩飾其缺點，因為社會研究往往是我們的社會——以及領導者——用以作決策的資料。當眾揭露社會研究的家醜，有助於改正我們不正確的童話版現實，以為X永遠會造成Y，還有隨機並不重要的想像世界。然而了解這些缺陷也會給予我們用以評估新「發現」的知識工具，帶著一絲健康的懷疑態度。

現在我恐怕得暫時不厭其煩，詳細說明一些問題。請你有點耐心，我們必須明白我們為何時常把事情給弄錯。政治科學、經濟學、社會學、心理學等等學科中的大多數研究，會產生出稱作P值的量化測量。在此我會避開許多數學細節，但這是社會研究者用作捷徑的方法，以決定某個發現是否為「真」——或者它是否可能是什麼也沒發現的研究，產生「零結果」。當P值足夠低時，研究者傾向於將之解釋為發現可能為真的證據，或者正式地稱作統計顯著性。研究界大致上同意可發表的門檻是P值零點零五。實際上，這往往代表P值零點零五一，僅略高於門檻的研究不會發表，而P值零點零四九，僅略低於門檻的研究可能會發表。因此，如果出現那個討厭的數字零點零五一，研究者可以搶救一下發表的機會，如果他們能有創意地竄改，使P值降至零點零五或零點零四九。[58]畢

58. 作者註：某些社會學家和統計學家，例如珍妮佛・塔克特（Jennifer Tackett）和安德魯・傑爾曼（Andrew Gelman），呼籲完全放棄嚴格的統計顯著性P值門檻。我同意他們的看法。傑爾曼還提出精明的主張，認為「虛無假設」（null hypothesis）介入無效的參考點是可笑的，因為任何介入都會產生某種效果。

竟，數據可以用許多種無可厚非的方式砍切一番。研究者可能合理地挑選那個產生較低P值的選項。曾榮獲諾貝爾經濟學獎的羅納德．寇斯（Ronald Coase）因此說過：「如果你拷打數據的時間夠久，它們會招認。」

這個門檻系統將一個可怕的獎勵嵌入研究生產中，因為發表研究與晉升、未來的研究撥款和職涯進展息息相關。當研究者稍稍修改他們的數據分析，以產生足夠低的P值，好讓論文能被發表，這稱作P值駭客行為（P-hacking），對於現代的研究是一大禍害，造成我們誤解我們的世界。但這種情形有多麼普遍？

研究人員分析那些發表於頂尖期刊的論文，發現其中大量論文的P值堪堪低於發表門檻，強烈證明這個系統扭曲了發表的研究。複製危機部分由貝姆遭受懷疑的超感知覺研究所引發，掀開了P值駭客行為的蓋子。不幸的是，該系統並沒有盡太多力來阻止此事。複製危機發生許多年之後，經濟學家檢視二十五個頂尖經濟期刊中的數據，他們發現運用某些類型的研究方法所得的結果，有多達四分之一顯示出誤導的數據解讀和P值駭客行為的潛在證據。那是占很大比例的研究，影響著我們如何看待世界——以及我們在這世界中的地位。這些假研究往往追蹤直接的因果關係，不正確地強化我們可以排除社會的隨機的概念，因為現實——在遭受P值駭客行為扭曲時——確實顯得更井然有序。X直接造成Y，我們有P值可資證明！

糟糕的研究有時也因為檔案抽屜問題（file drawer problem）而出現。什麼是檔案抽屜問題，你不妨這樣想：如果我要求你拋擲銅板十次，大約有百分之五的機會，你最終會拋出八個正面。如果你連續二十遍拋擲銅板十次，在這二十遍之中，你應該很可能會有一遍至少拋出八個正面。現在想像一下你決定不停重複拋擲銅板十次的過程，一遍又一遍直到你拋出八個正面為止。等到你終於辦到時，你衝去告訴某個（容易感動的）朋友你的驚人發現：「我拋了十次銅板，得到八次正面！多麼稀罕和有趣的結果！」為了讓這位朋友更佩服，你沒有提到你試了多少遍，是一再失敗直到成功為止。

現在，想像同樣的邏輯，但換成想要建立超感知覺或預知能力合理性的研究者。十九位研究者進行實驗，結果什麼也沒發現。沒有發現就沒辦法發表。他們悄悄收起他們的研究，放進檔案抽屜裡，此後再也見不到。後來，在純粹偶然的機會下，第二十位研究者「發現」令人驚奇的東西，通過了該領域傳統上一貫使用的統計基準。他興匆匆地發表，因為它通過統計試驗、通過同行評審並且出版，結果一舉成名。十九個失敗的實驗沒人看見，因為它們從未出現在檔案抽屜之外。唯一「成功的」實驗被看見，讓人相信結果是真的。這就是抽屜問題。

如果你知道二十個研究中的十九個沒有發現任何結果，你會質疑這個「發現」，但因為這十九個研究未被發表，躺在檔案抽屜裡蒙塵，所以你不知道它們的存在。抽屜問題不只產生極其有害的發表偏誤（publication bias），扭曲了我們對現實世界的理解，也創造出極大的獎勵，促使研究者專注於新奇有趣、能產生「正面」結果的研究，而捨棄報酬較低但同等重要的研究，後者讓人們知道某個原因與某個結果之間並無關聯，或者使研究者對於揭發壞研究的任務興趣缺缺。某些提出大膽主張的研究者，雖然事後被揭穿，但依舊相當出名。但我們卻甚少聽說過這些揭穿者的名字。

不幸的是，壞研究和好研究同樣具有影響力。二〇二〇年的某項研究發現，無法被複製的研究（因此可能是假研究）被引用的次數，跟可複製、已被獨立證實的研究一樣多。這些研究瑕疵往往非常明顯。有一個研究要求專家們閱讀論文報告，然後賭賭看哪些研究會順利通過複製測試。結果他們壓倒性賭對了。專家一眼就能看出好得令人難以置信的東西。美國機密的國防研究單位國防高等研究計畫署（DARPA），甚至投注資源給所謂的社會研究「屁話偵探」（bullshit detector），並取得一些成功。然而儘管壞研究容易被識破，但仍有大量的壞研究相繼產生。而且同行評審——讓學者審閱彼此的作品，以決定哪些作品值發表的機制——本身就是一個出了毛病的系統。在某個研究中，研究者刻意在研究論文中置入嚴重的瑕疵，想要看看同行評審者能發現多少個瑕疵？四分之一。

這些問題堆疊在與童話版現實有更直接關聯的其他問題上。舉例來說，大量的研究繼續想像我們生活在一個線性世界，當中原因與其結果的規模成正比——彷彿一切都是用直線繪製出來的世界。如我們一而再、再而三所見，那顯然是理解我們世界的錯誤方式。然而許多廣為使用的量化模型仍想像此一世界的存在。為什麼？因為量化的社會科學主要出現在一九八〇和一九九〇年代，當時的算力十分昂貴且較為粗略。但因為具備任意的保持優勢，這種看待世界的方式留存下來——並繼續支配大多數社會研究——即使我們現在有能力更精密地建模。

複雜性科學以及利用更成熟的複雜適應系統來了解我們世界的人，可惜只占現代研究產出的極小部分。我們只是在假裝世界是這個樣子，但我們知道它其實是另一個樣子，結果使我們在經營社會時犯下原本可以避免的嚴重錯誤。

現在，某些粗心的讀者可能將這些批評當作為了去除糟粕，連同寶貴的東西也一起拋棄，因而錯誤地推論社會研究空洞無意義、無可救藥地漏洞百出。但其實不然。由於研究我們自身的領域的重大進展，我們比以往更加了解我們的世界。社會科學研究生被警告，要當心P值駭客行為的危險，而且有一些期刊正明智地努力解決抽屜問題，所以透明度已經大幅增加。只因為經濟學家或政治科學家有時犯錯，不代表我們應該放棄經濟學和政治科學。相反的，我們應該更努力去解決社會研究的容易問題。這是可以解決的問題。

然而可能無法解決的，恐怕是社會研究的困難問題。

◁

這是一切都令人感到相當困惑的地方，而且當中那些看似隨機的「噪音」，顯然遠比我們假裝的還重要。幾年前，德國和英國社會學家決定嘗試新東西。他們共同研究，試圖回答一個長期存在、對學者和一般大眾都造成意見分歧的問題：當一個國家中有較多外來移民時，選民是否會變得比較不支持社會安全網？移民的湧入是否不利於社會開支預算，例如失業救濟金，而引來視之為非法「施捨」的選民的強烈反彈？這個問題顯然重要，但到目前為止證據仍是正反皆有。有些研究說是，有些研究說不是。這些研究者想知道，如果交給一群研究者完全相同的數據資料並問他們相同的問題，最後會發生什麼事？他們會不會得到相同的答案？

這項研究有七十二個研究團隊參與。他們之間不作溝通，因此不能比較研究記要，也不會陷入團體迷思。他們採用各自的方法來解開隱藏在數字中的模式。研究結束時，這七十二個團隊產生出一千二百五十三個數學模型，來評估移民對於支持社會福利計畫的影響。這些模型沒有任何兩個相同。每個研究團隊都採取略微不同的觀點。

他們的發現令人意想不到：非常混雜的結果。稍稍多於一半的研究者發現，移民的多寡與大眾對於社會安全網的支持之間沒有明顯關聯。但其餘的團隊意見分歧——幾乎分成兩半——有些團隊發現移民削弱大眾對社會安全網的支持，而其他團隊則發現完全相反的結果。大約四分之一的模型說是，四分之一說不是，還有二分之一說「從中看不出什麼關聯」。

研究者設法想弄清楚發生了什麼事，他們仔細檢視每個團隊選擇的方法論。但方法論選擇只能說明大約百分之五的結果差異。剩下的百分之九十五是無可解釋的暗物質，沒有人能作出解釋。研究者得到一個符合本書精神的結論：「即使看似微小的（方法論的）決定，都可能將結果推往不同方向，唯有覺察到這些細微之處，才能產生富有成效的理論討論或憑經驗驗證其合理性。」極小的決定造成重大的差異。這造成無可避免、不可能指望它自行消失或被解決的挑戰。部分的困難問題是我們身處其中的，如同那篇報告的標題所示，一個「不確定的宇宙」。

大多數時候，這七十六個研究團隊未被指派回答特定的問題。幾乎總是由一個研究者，或一個小團隊去處理關於我們這個世界的問題。想像一下如果這個問題僅由單一研究者或研究團隊提出和回答，會發生什麼事。一個具有權威性的研究可能因此被發表，顯示移民降低大眾對社會開支的支持，或者增加大眾對社會開支的支持。（這個實驗顯示每個發現大約有相同的機率。）該單一研究可能產生新聞報導，並改變大眾對移民的看法。然而這個研究說移民有助於或有礙於大眾對社會開支的支持，會是各占一半的機會。

現在，想像一下這個開放的研究，每個團隊可能挑選他們偏好的任何數據，而不是使用相同的數據來回答問題。一切皆有可能。但這正是研究通常的進行方式。這是困難問題的另一部分：即使我們使用完全相同的數據來處理完全相同的問題，也無法對正在發生的事達成一致的意見。

不幸的是，困難問題並未止步於此。如果我們設法了解的世界，如同赫拉克利特提醒我們的，不停地在改變？以獨裁研究為例，在一九九〇年代和二〇〇〇年代，政治科學家發展出一個稱作「威權持久性」（authoritarian durability）的概念，用以描述獨裁統治。這個概念簡單直接。某些類型的獨裁會特續很長一段時間，無論發生什麼事。這個理論之所以站得住腳，是因為獲得數據支持，甚至有宮殿裡的典型代表人物，特別是在中東——例如利比亞的格達費（Muammar Gaddafi）、突尼西亞的班·阿里（Ben Ali）和埃及的胡斯尼·穆巴拉克（Hosni Mubarak）等可怕的暴君。許多人寫書探討他們富有韌性的政體為何如此不可動搖，憑此造就寫作生涯。這個概念變成公認的看法。獨裁者縱或無情，可是天哪，他們維持了穩定。

後來在二〇一〇年下半年，突尼西亞的一個菜販點火自焚。這個理論似乎很快便銷聲匿跡。代表人物被推翻，他們的宮殿被作為革命先鋒的憤怒暴民洗劫。幾個月內，班·阿里流亡逃命，穆巴拉克遭逮捕，而格達費被殺。獨裁的韌性明顯錯得離譜。該理論的主要支持者眼看著他們的明星隕落，他們對世界事務的診斷看來大錯特錯。但此事讓每個人都大吃一驚，不光是象牙塔裡的學者。當時我正在攻讀博士學位，不久之後我前往突尼西亞進行實地研究，我記得我坐在某教授的辦公室，看著一張她掛在牆上用以證明這個論點的海報。那是一幅二〇一〇年中東「政治風險地圖」，由專門受雇調查風險和不確定性的人負責製作。那些安全、穩定的國家呈現綠色。當我抬頭望向二〇一一年初的地圖，我注意到地圖上的每塊綠色區域，目前火紅一片，陷入革命或戰爭之中。

以下是無法回答的關鍵問題：是最初的理論錯了，或者是這個世界改變了？似乎格達費和穆巴拉克一直是脆弱的，只是我們誤解和高估了他們。但還有另一個解釋：或許阿拉伯之春（Arab Spring）改變了中東獨裁統治的運作方式。一度的韌性變得脆弱。我們接受真實世界的這些改變，就像水吸收掉鐵鎚敲擊的餘波後，通常會回復到先前的狀態，但如果水結成冰，鐵鎚敲擊所造成的損害就會刻入冰中，變得可見且持續。水已經改變了，所以水的屬性理論也必須跟著改變。或許中東獨裁統治的理論是對的，至少從冷戰到大約二〇一〇年為止，但此後的世界變成徹底不同的地方。[59]誰知道呢？這是無法說得準的事。理論不附帶有效期限。然而當我們斷定社會理論弄錯了什麼事情時，許多人會假設該理論一直是錯的。這麼想是不對的，因為社會理論和化學理論不同，如果穴居人懂得將小蘇打和醋混和在一起，他們會像我們一樣得到相同的嘶嘶冒泡聲。如此不受時間、空間和文化影響的持久穩定性，不存在於社會動態中。相反的，某種因果關係模式可能暫時存在於某個背景中，直到社會世界發生改變，而該模式不復存在。在人類社會中，某些類型的因果關係會變形。然而，我們卻想像有某種關於我們自己的不變真理，而且我們即將要發現該真理，同時未能承認我們社會系統的真相不停地在改變，使我們無從理解。

當你考慮到我們居住在唯一可能的世界，每件事甚至更令人困惑。如果你認真看待《小徑分岔的花園》的隱喻——你應該這麼做——那麼我們的世界，若非發生某個小改變，顯然會是我們可能遵循的無數潛在小徑的分支。但我們只有一個地球可以觀察，這使我們無法知道什麼是可能的，還有什麼是不可能的，尤其是罕見的重要事件。

二〇〇一年九月十日，舉例來說，隔天計畫中可能成功殺死許多人的攻擊，存在著某種不可知的可能性。這些恐怖份子或許有百分之五的機會完成攻擊。或者，他們或許有百分之九十五的機會，幾乎是板上釘釘的事。然而一旦九一一事件發生，我們便無法重演歷史和設法弄明白出現哪一個機會，因為我們只有唯一的一個數據點：它發生了。

低機率的事件有時會發生，高機率的事件也是，但如果某個事件只發生一次，我們很難知道該事件是否不可避免，或者是離奇的事件。你可不停地拋銅板

59. 作者註：機器學習的新研究領域中，類似的問題往往稱作模型漂移（model drift），但在大多數社會研究中尚未被適當處理。

以了解其特性，但你無法不停地重演歷史。我們根本無法知道，我們的世界是否是所有可能世界的代表性樣本，或者它是否是極其異常的樣本，一個十億分之一機率的古怪現實。我們只有一個地球可以觀察，所以有些事件我們可能永遠不會知道。

讓我們回到納特．西爾弗在二〇一六年美國總統大選中所作的預測，他預測希拉蕊．柯林頓有百分之七十一點四的機會勝選。他的網站所使用的模型是民調的集合體，結合「基本原則」數據，後者包含西爾弗所相信的，以過去模式為基礎的選舉發展趨勢。西爾弗是全球頂尖的專家，擅長評估民調是否準確掌握民眾的態度，然後以該數據為基礎，結合一套嚴格的假設，拼湊成一個模型。但西爾弗並不比我們更善於預測所謂的認知不確定性（epistemic uncertainty），以及預測具高度偶發性的未來事件。（例如某外國政府是否會駭進某政治資料庫伺服器，或者某位性犯罪的政治人物的不相干電腦檔案，是否會促使美國聯邦調查局局長詹姆士．柯米〔James Comey〕，在大選前幾天重啟聯邦調查案。）然而，西爾弗的所有分析披著硬科學的外衣，因為它在統計上精密到令人難以置信，利用數以千計的模擬來證明他的觀點。可是選舉只有一次，沒有好幾千次。選舉在本質上是不確定的。我們不知道我們所經歷的結果——川普勝選——是否是一般的結果、一個極端的異常情況或者介於兩者之間，因為我們無法重演歷史。只要反覆拋擲銅板並觀察結果，你就能發現拋銅板出現正面的潛在機率大約是百分之五十。然而如果你只拋一次銅板並出現反面，你能不能判斷銅板是公正或偏誤的？顯然不能，但對於高度特定的背景中的一次性事件，我們太常想要作出這種判斷並且失敗。

當希拉蕊敗選時，西爾弗用他的模型替自己辯護：百分之七十一點四，不是百分之百！希拉蕊在模型中有將近百分之三十的敗選機率，所以模型沒錯——那只不過是有差不多三分之一的機會可能發生的事！如果你說我們錯了，那你根本就不懂數學！這引出以下這個明顯的問題：納特．西爾弗的模型在那場選舉中是否是「錯誤的」？當這個模型用於預測低可能性的某件事，而它真的發生了，那只代表這世界是怪異的，而非模型不正確。這是不可證偽的事。當我們無法證明事情是虛假時，我們便會陷入一成不變的狀態，並且對於我們世界的誤解越來越嚴重。

現在，仍有一個揮之不去的問題要解決：如果舊的童話版世界觀——有秩序的個人主義、線性的關係和重大的結果有重大的原因——那麼為何它一直存在？如果它如此地錯誤，想必會被更好更正確的東西給取代，是這樣吧？

如果你想了解科學應有的運作方式，可以想一想籃球和划船之間的差別。有一位厲害的球星——一場比賽能得五十分的球員——的籃球隊能贏得比賽，即使隊上有一位板凳球員。借用克里斯·安德森（Chris Anderson）和大衛·薩利（David Sally）的用語，這使籃球成為強連結問題（strong-link problem）。你承受得起一個弱連結，只要你最強的連結真的夠強。就算Spotify上有無數首爛歌，但只要有你最喜歡的一些歌，你仍然會開心。弱連結——你絕不聽的爛歌——不影響它作為音樂平台的效能。要改善強連結問題，你可以忽視糟糕的部分，而專注使最好的部分變得更好。

划船正好完全相反。速度是同步化、平衡和時機所造成的結果。在有八位划槳手和一位艇長的團隊中，只要有一位划槳手稍微低於標準，這艘船便會開始左右搖晃，船槳打水造成阻力。團隊會輸掉比賽，他們頂多只能和隊上最差的隊員一樣好。這使划船成為一個弱連結問題（weak-link problem）。弱連結問題無所不在。按心理學家亞當．馬斯楚安尼（Adam Mastroianni）的話來說，「食物安全，舉例來說，是一個弱連結問題。你不想吃任何會害死你的食物……汽車引擎是弱連結問題：如果傳動系統損壞，無論你的火星塞有多好都無濟於事。」要解決弱連結問題，你不能專注在最好的部分，而必須消除最弱的連結。

馬斯楚安尼指出，科學是一個強連結問題。能改變社會的是最好的科學發現，就算有一堆造假的爛玩意塞滿低水準的學術期刊，也無傷大雅。許多人曾提出如何分裂原子的愚蠢想法，這並不要緊，因為我們只需要一個有效的點子就夠了。除了是強連結問題，科學也是一個最適者生存的領域。科學真正地考驗理論。只要在某個點上行不通，我們可能就會下結論說該理論是偽造的。雖然有許多笨蛋仍相信地球是平的，但這並不影響我們從事太空探索的能力，因為那是強連結，不是弱連結問題，這點很重要。科學因此是進步的引擎，因為它結合強連結與演化壓力，後者通常使強連結隨著時間變得更強。弱的點子最終會滅亡，降解成科學史的灰燼堆。而強的點子存活下來，推動人類進步。

原則上，相同的動態應該適用於社會理論，但實際上並非如此。不幸的是，那反倒給予壞點子持久力。在物理學中，就連最小的錯誤也往往使某個想法遭拒，並且被更好的想法取代。但在社會理論中，情況遠非如此。請回想一下國際貨幣基金組織沒有能力正確預測經濟衰退，但相同的經濟模型卻繼續占有重要地位。即便是有明顯不良紀錄的理論——例如給社會中最富有的人減稅，能大幅促進經濟成長的概念——擁有難以解釋的能力，可以存留好幾十年。要證明社會理論造假是件困難的事，但只要讓它保持正確一小段時間，通常就足以使人相信該理論。這讓人更難分辨社會理論的優劣，無用的垃圾理論因此沒被收走。

即使當某個理論看起來失靈時，也無法推論說它是造假的。或許那個國家正好是個例外。或許經濟衰退是因為別的原因。社會的複雜性和意識形態使社會研究免於遭受發生在自然科學界的汰弱留強。不正確的社會理論的頑強存活力也讓情況變得更糟，因為每個人都感覺自己是了解社會的專家，然而換成量子力學或奈米技術就不是這麼回事了。本該是強連結問題的事物最終被扭曲，而弱連結卻擁有極大的影響力，甚至成為強勢的典範。具有影響力的社會理論鮮少像科學理論那樣，會被明確證明為不實，比方說太陽繞著地球運轉的錯誤信念。因此，每當我們讀到我們的社會應該如何運作時，一個扭曲的現實觀便被反映出來。這面哈哈鏡施展神奇的把戲：它使隨機、意外和任意的小改變看似隱形起來。

我們的現代聖賢之所以低估偶發的小小變化，在推動改變時的重要性，還有一個原因。過去幾十年來，社會研究歷經了量化革命。我們理解世界的方式已經變得數學化，這多虧了同時發生的電腦運算能力革命，讓我們更容易和更便宜地分析大量資料集，從中歸納出模式。為了了解自己，我們求助於迴歸分析。

量化本身不是壞事。[60]許多反量化的知識份子反射式地懷疑與數學有關的一切事物。我不是其中一個。數學統管一切，我們的世界是眾多數學關係的其中一個，從天體軌道到我們體內細胞的RNA轉錄錯誤。萬事萬物的核心都是數學。你——以及你大腦裡幫助你理解這個句子的神經元網絡——都是取決於不斷移動、不斷更新的數學砝碼。但統管系統的方程式有時過於複雜，複雜到令人無法想像，想要用精準的數學來呈現其潛在動態無異於痴人說夢。此事在理論上可

60. 作者註：然而，如果你相信「唯一重要的事物是容易測量的事物」，這可能會產生問題。現在這被稱作麥納馬拉謬誤（McNamara fallacy），按越戰期間美國國防部長羅伯特．麥納馬拉（Robert McNamara）的名字命名。他堅持盡可能測量一切事物，儘管紙上的數據顯示美國即將贏得戰爭，但它其實正踉蹌地邁向慘敗。

能，但實際上卻完全不可行。

問說「需要多長的方程式才能準確描述正在發生的事？」是思考複雜性的方式之一。演化生物學家大衛·克拉考爾（David Krakauer）解釋，「愛因斯坦能寫出優美的方程式，例如$E = mc^2$用不到一行字，就捕捉住能量與質量之間的等價關係，以及狹義相對論的所有美麗意涵。但你要如何寫出老鼠的方程式？」

克拉考爾的重點不在於能描述老鼠的方程式不存在，而是這個方程式會長到無法想像。它太複雜了，人類社會也是。但這並沒有阻止我們設法——然後失敗了——用簡單且簡短的方程式來代表複雜系統。這正是我們時常犯錯的部分原因。我們時常用精簡的線性方程式，描述複雜到令人抓狂、可能完全取決於最微小細節的非線性系統。這是不可能的事。

二〇〇五年，喜劇演員史蒂芬·柯爾貝（Stephen Colbert）創造了一個在美國政界廣為使用的用語：感實性（truthiness）。如果某個主張聽起來感覺像是真的，那麼它就是真的，不管事實如何。幾年後，經濟學家保羅·羅莫（Paul Romer）套用柯爾貝的造字法，描述他在經濟學研究中看到的一個重大缺陷：數學性（mathiness）。羅莫表示現代經濟學利用數學去遮掩而非闡明事情，將有缺陷的假設和站不住腳的結果，藏在不可穿透的符號與看似嚴謹的數字之牆後面。

現代人為了了解自身所做的努力，最終太常化成荒謬的方程式，亦即羅莫所警告的數學性。我想這就是我近來看著社會科期刊中，越來越精密的量化研究，而時常搖頭的部分原因。想像一下你的國家爆發內戰。你納悶著，想知道「我的朋友彼得會不會抓起一把槍，決定加入反叛運動？」倘若有簡單的方法能弄清楚某人是否會拿起武器，這難道不好嗎？不用再找了，我們想要的東西近在眼前。近來有一個學術研究提供了判斷某人是否會加入叛軍民兵組織的公式：

$$
\begin{aligned}
&E\left[\frac{\mathbf{1}_{\{\theta<\theta_2^m\}}}{1-a+a\Pr\left(x_j<x_2^m\right)}\middle| x_i=x_2^m,\theta\geq\theta_1^m\right] \\
&=\int_{\theta_1^m}^{\theta_2^m}\frac{1}{1-a+a\Pr\left(x_j<x_2^m|\theta\right)}\frac{\mathrm{pdf}\left(\theta|x_2^m\right)}{\Pr\left(\theta>\theta_1^m|x_2^m\right)}d\theta \\
&=\int_{\theta_1^m}^{\theta_2^m}\frac{1}{1-a+aF\left(\frac{x_2^m-\theta}{\sigma}\right)}\frac{f\left(\frac{x_2^m-\theta}{\sigma}\right)g(\theta)}{\int_{\theta_1^m}^{\infty}f\left(\frac{x_2^m-\theta}{\sigma}\right)g(\theta)d\theta}d\theta\ \text{(let}\ g(\theta)\ \text{be the prior pdf of}\ \theta\text{)} \\
&=\frac{\int_{\theta_1^m}^{\theta_2^m}\frac{f\left(\frac{x_2^m-\theta}{\sigma}\right)}{1-a+aF\left(\frac{x_2^m-\theta}{\sigma}\right)}d\theta}{\int_{\theta_1^m}^{\infty}f\left(\frac{x_2^m-\theta}{\sigma}\right)d\theta}\ (g(\theta)=1\ \text{for uniform}).
\end{aligned}
$$

很高興事情弄清楚了。

這些不是皇帝的新衣，而是皇帝的新方程式。它們顯然是荒謬的，但卻沒有人敢說出來。在這類方程式中，生命的隨機被視為可排除和忽視的誤差項。這不僅是漏洞百出、傲慢自大的邏輯，還導致一個基本上趨同的世界觀，當中細節裡的「噪音」無關緊要，因為重要的是「信號」——可辨識、可測量和可計算的明顯變數中的重大變化。更糟糕的是，當研究者注意到一些不尋常的數據點時，有些研究者會清除討厭的異常值，使數據變得「乾淨」。其邏輯非常簡單：如果你想要展示一個清楚的模式，你不能讓方程式受到只發生一次的異常事件影響。想要在不規律的世界中尋求規律的結果，必須清除不合適的東西。偵測信號，去除噪音。

但這是愚蠢的行為。由於自我組織臨界狀態和社會骨牌效應的本質，這些異常往往是最重要的資料。就好比宣稱鐵達尼號的首航成功，因為百分之九十九點八的航程中沒有發生任何小問題，或者林肯在福特劇院看完那齣戲的大部分。儘管如此，數據中的異常值有時被刪除是想要產生更整齊乾淨的方程式，反映出我們一開始所追尋的，我們以為井然有序的趨同世界。

這是一個複合的問題，因為研究的量化意味著當代社會研究者鮮少直面他們設法想要了解的人類動態。[61]如果你研究真實的人和他們的行事原因，複雜性的交織本質就會朝你迎頭撲來，但在經過消毒的精簡數據中不會。想像你去參加由從未觀察過大象的大象行為專家所舉辦的會談。這會是一場笑話。然而對於那些研究人類的研究者而言，這種事不關己的疏離已成為常態，而非例外。

「等一下。」你可能有異議。「數據是王道。觀察一頭大象好倒是好，但你真正需要了解的是象群。」有時這是真的。然而問題是：大多數情況下，我們也不了解人群。如果我們能利用辛苦搜集到的洞見來解決問題和打造更好的世界，了解我們自身是最有用的。那正是社會研究的目的——讓我們的世界變得更好。為了達成這個崇高的目標，我們需要能夠預測接下來發生的事，如果我們要降低稅率或侵攻某個國家，或設法改造而非懲罰罪犯。然而，令人吃驚

61. 作者註：政治科學家凱薩琳・克拉默（Katherine Cramer）是極少數預期川普會在二〇一六年崛起的人之一。她沒有著手分析民調數據，而是開車在威斯康辛州到處轉悠，與各地的選民聊天。她捕捉到鄉村選民的憤怒，這是「硬」數據捕捉不到的東西。

的是，社會科學基本上甚至不嘗試進行這類預測。牛津大學的馬克・維爾哈根（Mark Verhagen）檢視不同學科的頂尖學術期刊，發現《美國經濟評論》（*American Economic Review*）十年之間的兩千四百一十四篇文章中，只有十二篇進行預測。在《美國政治科學評論》（*American Political Science Review*）中，該數字是七百四十三篇中有四篇。而在《美國社會學期刊》（*American Journal of Sociology*），數量是零，三百九十四篇中沒有一篇嘗試作預測。

相反的，社會研究者追尋我所稱的因果律聖杯（Holy Grail of Causality）。這是一個值得敬佩的目標，因為我們全都知道這個關聯不是因果關係，當你將兩者混為一談，災難就不遠了。但就像神話中的聖杯，因果律聖杯證明難以捉摸。我們無比渴望有清楚的證據，證明一個X造成一個Y，只要我們繼續追尋我們童話版現實中的因果律聖杯，我們就會說服自己我們可能會發現它。但是在一個由臨界點、回饋迴路、報酬遞增、保持優勢、湧現和自我組織臨界狀態所定義的世界，這個追尋會相當漫長而且多半徒勞無功。我們必須設法弄清楚哪些原因是最重要的，即使它們不是某個結果的唯一原因。但那不純然是因果關係的問題，還有有用性。一旦我們開始追尋有用性而非因果律聖杯，我們便能更好地完成科學最擅長的事：藉由預測結果，讓相互較量的理論歷經嚴格的考驗，看看哪些理論會留存下來。為了預測而預測並無用處，但如果這麼做能讓我們稍稍改善結果和避免災難，就能改變我們的生活和社會。

我們有多麼擅長預測社會結果？答案在於脆弱家庭挑戰（Fragile Families Challenge）計畫。大約有五千個家庭被研究，每個家庭中都有一個父親或母親未婚的孩子。其目的是為了設法弄清楚我們的生命軌跡的可預測程度。收集到的資料是同一批孩子生命中的種種快照：在一歲、三歲、五歲、九歲、十五歲和二十歲時。這些資料異常詳細，不只包括量化的測量，還有與他們的多次訪談。但以下是設計巧妙之處：在收集到已進入十五歲的孩童資料後，這些資料沒被透露。取而代之，研究人員舉辦一個比賽，並將孩童們一歲、三歲、五歲和九歲的資料交予參與競賽的科學家團隊。這個挑戰在於看看誰最能準確預測，現年十五歲的孩童們的人生結果。由於該計畫的研究人員已經知道在真實世界的結果，所以他們能看出這些團隊的預測與現實的相對差距。這些團隊運用機器學習盡力作出預測，那是有史以來所發明最強大的資料分析工具。

結果讓研究人員無比震驚。他們已經假定某些團隊會錯得可笑，但認為至少會有幾個團隊成功預測。沒想到這些團隊全軍覆沒。在幾乎每一個衡量標準上，就連最優秀團隊的表現，和只是依據簡單的平均數、運用隨機猜測的模型半斤八兩。此事提供了兩個教訓：第一，如果我們想要更了解我們自己，我們需要作出（差勁的）預測，這麼一來我們可以從這些失敗中學習，發展出一代代作出更準確預測的新工具。由於其驚人的結果，脆弱家庭挑戰將成為社會研究創新的催化劑。我們會更善於作預測，而且新工具將克服源自簡單問題的許多挑戰。

但第二個教訓是：我們的生活和社會的未來確實難以預測。對照之下，火箭科學是容易的。那就是困難問題將持續存在的原因，使人類永遠無法完全了解自己。在我們複雜的世界裡，有某種無法消滅的不確定性。無論我們多麼努力，生命的隨機將持續使我們困惑不解。

第12章 可能有別的方式嗎？

我們的人生劇本是否一開始就寫好了，或者我們有選擇未來的自由？

我們終於必須面對棘手的問題，到目前為止我一直小心地將它隱藏起來。我說過偶發的小隨機形塑我們的生活——還有如果我們使世界發生一些小改變，一切將徹底不同。但我忽略了一個關鍵問題：我們可能造成小改變嗎？或者我們的生活和我們的世界處在我們無力改變的固定軌跡上？更直截了當地說，我們是否擁有自由意志，或者我們的人生劇本早已寫好了？

對大多數人而言，這些是怪異甚至荒謬的問題。事情當然可能會不同！你現在就可以停止閱讀這本書，或者起身跳一支因為這本書而獲得靈感的捷格舞，或者自發地放火燒掉你的房子。每個舉動都會以某種未知的方式改變你的軌跡。但如果你做出上述任何一件事，是什麼造成的？我們時常談到思維，卻沒有想一想我們準確的意思是什麼。我們如何能描述我們所擁有的這個神秘資產？它是否以某種方式獨立於因果關係網之外，而這個因果關係網推動著我們世界中其他每個層面的改變？現在該是更仔細探討的時候了。

回到那個讓我們一起踏上這趟旅程的問題：「如果你能倒轉你的人生到一開始的時候，然後按下播放鍵，一切是否還會完全相同？」這個問題取決於我們世界中可能的變動來源。在我們稱之為家的花園裡，是什麼造成我們的小徑分岔？我認為大多數人主要有六種方式來回答「一切是否還會完全相同？」這個問題：

1. 不會，一切都會不同，因為人們的選擇有其獨特的癖性。許多時候我想過用不同的方式做某件事。如果我的人生能重來，我可能會作出不同的決定。（讓我們姑且稱之為「我可能有不同做法」答案。）

2. 不會，一切都會不同，因為上帝（或諸神）有時會介入而改變事情。（「神的介入」答案。）

3. 不會，世界至少會有些不同，因為量子力學證明某些事情——至少在原子和次原子粒子的極微小層次上——確實很隨機。（這個答案在非科學家之間並不常見，但我們不妨稱之為「量子隨機」答案。）

4. 會的，一切都會完全相同，因為超自然存在（上帝或諸神）指揮一切——而且宇宙是依據神所制定的固定劇本而展開。（「上帝決定一切」答案。）

5. 會的，一切基本上會完全相同，因為重來的人生中即使有小改變，這些小事情會被沖刷掉，所以並不太重要。（「每件事的發生都有原因」答案。）

6. 會的，一切都會一模一樣，因為這世界遵循自然的物理定律，所發生的每一件事都是先前發生的事情造成的，它們處在連續不斷的因果關係鏈中。（「決定論宇宙」答案。）

本書已經詳細駁斥了趨同的童話版「每件事的發生都有原因」答案，所以我不會進一步重述這個論點。我也不會爭論「神的介入」和「上帝決定一切」答案。這兩個答案我全都不相信，然而如果超自然的存在真的存在，我們不會憑藉合乎邏輯的證據而發現祂們。（也有可能相信某種形式的超自然存在，並選擇其他答案。）但對於那些相信的人來說，這是信仰問題——而信仰就其定義，不可能被理性、科學的論點擊敗。

在根植於理性和直接證據的機率領域中，我們剩下三個選項：「我可能有不同做法」、「量子隨機」以及「決定論宇宙」答案。換個方式說，我們倒帶重播的人生中的任何改變，來自不受束縛的自由意志或量子奇異性。或者這捲帶子不可能被改變，無論它重播多少次。哪一個觀點是正確的？

我們需要回答的第一個問題是，我們的世界是決定論的或非決定論的？沒有第三個選項，必定是其中一個或另一個。那些說從頭重播人生會產生完全相同結果的人是決定論者。[62]說重播結果可能不同的人是非決定論者。

如果這世界是決定論的，那麼每一件事實際上已經寫好劇本。決定論的概念是，改變只不過是初始條件的函數（事物在某個時間快照下的樣子）。已經發生的每一件事都直接且完全由先前的事所造成，形成無止盡的因果關係連鎖反應，依據物理學而展開。

我們在生活中的許多層面接受決定論。舉例來說，如果你從正確的角度、用正確的力道敲擊一顆撞球去撞另一顆球，那麼物理定律會完全決定這兩顆球最終的位置。如果你完美地敲擊第一顆，那麼你有把握第二顆球最終會入袋。這當中沒有魔法，軌跡不是隨機的，這兩顆球無法選擇它們會到達的位置。球目前的位置取決於一剎那之前它所在的位置，加上作用於這顆球的任何物理力。這一切只關乎物理學。每一個時間快照下的宇宙狀態都取決於前因（antecedent cause），用白話文說，先前發生的事。過去決定現在，而現在將決定未來。每件事環環相扣，向後無限延伸。

但如果世界完全是決定論的——意思是現在發生的每件事，完全是先前發生的事所造成——那麼它的終點在哪裡？此刻發生的事由前一刻發生的事決定。今天由昨天決定。一六四二年五月七日發生的事，由一六四二年五月六日發生的事決定，而同年五月六日發生的事，由五月五日發生的事決定，以此類推。

最終，一個決定論宇宙令人震驚的合理結論是，一路回到宇宙的最開始，發生的每件事完全取決於初始條件和物理定律。一百三十七億年前宇宙大爆炸之後的瞬間，粒子當下的狀態決定了下一個瞬間的宇宙狀態，而這個瞬間的宇宙狀態決定了下一個瞬間會發生的事，以此類推，無窮無盡直到現在這個片刻。如果原因和結果完全在一個連續不斷的事件鏈中被決定，那意味著如果你在今天早上八

62. 作者註：這假設沒有任何事會不同——重播帶子的起點（或初始條件）完全一模一樣。

點七分刷牙，或者你的狗在看見院子裡的松鼠後吠叫，那麼這完全且不可改變地取決於一百三十七億年前，宇宙大爆炸時宇宙的初始條件。一切都是從那時候開始轉運，我們的存在像是有史以來所打過最複雜的一場撞球，有無數萬億個原子無止盡地相互碰撞。如果這是真的，那麼我們生活中的所有事物都受到決定論的物理力統管。不可能是其他情況——因為物理學不容許神奇的原因和結果。這屬實怪異，但相當有可能是真的。

「等一下！」你可能提出異議。「你剛剛才花了整整十一章的篇幅，告訴我一堆偶發的小改變，還有倘若它們變得不同，一切都會不同。這如何能與已經被寫好劇本、沒有任何事情能變得不同的宇宙並存？」

讓我們回到《雙面情人》這部電影，片中我們看見葛妮絲・派特洛所飾演的人物在一個場景中錯過她要搭的地鐵，到了下一個片段才及時擠進車廂裡。電影想像她的人生會因為那次看似無意義的小改變而多麼不同。決定論說考慮到在努力嘗試的當下，世界的確切狀態，唯有一個結果是可能的——葛妮絲所飾人物總是趕上地鐵或錯過地鐵——但這並不會抹滅我們思考如果真的有其他世界，可能會發生什麼事的價值。對決定論者而言，檢視不可能的事仍是有價值的。當我們在做著其他物種無法如此有效進行的事，亦即探索「如果這樣會怎麼樣？」的深刻問題，我們會更了解我們的世界。

請你這樣想：決定論意味著殺死恐龍的那顆小行星，往後不會再次撞擊地球，它會待在由重力和其他宇宙定律所決定的固定軌跡上。但如果它再次撞擊地球，我們的世界會難以辨識地不同。現在，想像一下人類是那顆小行星比較複雜的活人版，如此一來我們的想法、行動和行為都源自物理過程。如果這是真的，那麼我們是否能改變劇本，但想像微小的變動如何能改變情節，總歸是有用的，即使在從未被寫出來的場景中。

在決定論系統中，小細節依舊能發揮重大的影響力。舉例來說，撞球檯上的一粒沙，只要位置正確，就能改變球的軌跡。甚至只要移動這顆沙粒一毫米，可能就意味著球會反彈，差點進不了球袋。剩下的比賽可能因為一個幾乎看不見的斑點而徹底改變。物理定律仍支配著所發生的事（球的表現仍然無關超自然的神秘事物），但一個小小的改變——一顆沙粒中的隨機——能改變接下來發生的一切。在想到搭乘時光機器以及對過去造成微小改變的風險時，我們直覺地理解此事，但一說到現在，我們卻不知怎的，似乎對於相同的決定論邏輯無動於衷。

決定論不代表我們能預測未來。混沌理論顯示，決定論系統中看似不重要的初始條件的些微改變，久而久之可能產生截然不同的結果。因此我們的人生可以既是決定論的，同時完全不可預測。問題不在於我們是否能預測往後會發生的事（我們不能），而在於每一件事是否由前一件事所造成。雨雲的形成沒什麼神秘之處——一切都關乎物理學，由先前發生的事所造成——但由於該系統如此複雜，我們只能可靠地預測幾天內的天氣。大約兩週之後就前景未明，即使運用世界上最好的超級電腦。結合混沌理論的決定論說我們無法改變劇本，但如果我們可以，那麼即便只是情節或人物的一個微小改變——甚至一隻拍著翅膀飛掠過舞台的蝴蝶——也能改變這齣戲接下來剩餘部分的一切。

「等一下！」你可能再度氣鼓鼓地提出異議。（你需要一個擁抱嗎？）「我照例不贊同這個某種『固定軌跡』的概念。我已經從過去的錯誤中學到教訓！我決定要減肥，現在我每週上三次健身房！」這是人們首度接觸決定論時常見的錯誤，將由因果關係決定的事物與固定不變的事物混為一談。決定論宣稱原因與結果環環相扣的模式是固定且不可避免的，但這並不表示你的天性或行為是固定不變的。如果你是吸菸者，在看過一部顯示肺癌境況的紀錄片後，你可能決定要戒菸。這完美地符合決定論的思維，它解釋了過去複雜的因果關係鏈，不可避免地導致你看見這部紀錄片的時刻。你為什麼看這部紀錄片？因為你的朋友推薦你看。他為什麼將這部影片推薦給你？因為他有一個朋友死於肺癌。那個朋友為什麼死於肺癌？每一個解釋源源不絕，不停地往回推，形成因與果連續不斷的無限後退，最終不可避免地以你看見這部影片為結束。同樣的，你的大腦——由神經元、化學物質、荷爾蒙等等所構成——將對這部影片作出反應，從而決定戒菸或不戒菸，也是不可避免的事。如果你接收到新的輸入（那部紀錄片），你大腦的實質狀態決定了接下來會發生的事。當你真的接收到那個新的輸入時，輸出已經被決定好，你大腦中的實質反應產生了這個心理決定的經驗。

我們的爭辯無關乎自我改善或自我毀滅是否是可能的（當然可能），而是自我改善或自我毀滅的起源來自何處。決定論者認為實質世界中的複雜互動，支配了你決定採取行動的方式。不可能有脫離軀體而存在的思維，它們離不開構成你的實質物質。相反的，我們所作的決定來自於你大腦和身體中的實質物質，這些物質是由先前的事物所塑造——你的基因、你的經歷、你與環境的互動、編碼在你大腦神經網絡中的喜悅和創傷，甚至由你腸道中的細菌，以及你今天吃的早餐所塑造。它們結合在某個因果關係鏈中，產生完全決定好的結果，如化學反應般固定不變。在決定論中，沒有任何一件事的發生是無前因的。

相形之下，非決定論認為劇本是可改變的。如果你倒轉你的人生回到起點，然後按下播放鍵，開始時雖是完全相同的初始條件，但事情可能以不同的方式展開。多重可能的未來可能出自完全相同的起點。我們並非陷在固定的軌跡上。但這留下一個謎題：如果每一件事都是先前的事所造成，是什麼造成軌跡偏離？

各個歷史時期的人類用不同的方式回答這個問題。前蘇格拉底初期的哲學家例如赫拉克利特，早在二千六百年前就提出決定論宇宙。在東方哲學中，某些概念例如佛教的緣起概念，或印度哲學的阿時縛迦派（Ājīvika），將類似的決定論迴響，融入他們的宇宙運作方式概念中。

然而，無論決定論何時被提出來，古代世界裡都有人激烈反對。「如果你接受我們生活在一個決定論宇宙，」他們警告，「那麼你必須放棄自由意志的概念！」最終，有人用方便省事的原子「偏離」概念來繞開這個路障。大約二千三百年前，古希臘哲學家伊比鳩魯（Epicurus）提出原子偶爾會隨機偏離其預期路線，設法搶救決定論世界觀中的自由意志。雖然沒有科學機制被提出來解釋這種偏離，但它提供了一個方便的辦法，用以緩和決定論宇宙對哲學造成的衝擊。如果某些事物是隨機的，那麼這世界是令人寬慰地不確定，或許能留給自由意志些許扭動的空間。

但看似神奇的偏離說並未說服每一個人。西元前第一世紀，羅馬詩人盧克萊修（Lucretius）在他的論文《物性論》（*De Rarum Natura*）中強調這個持續已久的問題。

如果所有的動作都相互關聯，
並且從舊的產生新的……
世間人類的自由意志何在，
要從何處向命運爭取？

接下來的兩千年裡，自然科學、哲學和神學領域的偉大思想家，繼續處理這個揮之不去的問題，提出關於決定論、上帝的角色，以及在神的劇本中，人類人物有多大程度的自由來改變故事線等種種不同觀點。有人發展出關於神學決定論的概念，表示決定論是真的，但劇本全然由上帝編寫和導演。舉例來說，喀爾文主義者闡述一個宿命論理論。按喀爾文（John Calvin）本人的話來說，「所有的事件全都受制於上帝暗中謀劃的管控……每件事的發生都是『上帝』知情且樂見的授命。」也有人繼續堅稱自由意志是真實存在和有意義的。上帝縱或創造了宇宙，但罪惡是人們的自由選擇，不是神的律法或物理定律寫好的。

到了一六八七年，牛頓的《自然哲學的數學原理》（*Principia*）出版，引發了一場科學革命，永遠改變我們對世界運作方式的看法。牛頓物理學或者說牛頓力學是決定論的，它明確解釋宇宙中許多物體大多數時候的表現方式。牛頓物理學接連幾個世紀主宰關於改變的科學思維，促成了例如拉普拉斯的惡魔和相信鐘錶宇宙的思想實驗。但牛頓的定律沒有解釋一切。牛頓物理學的三大挑戰在上個世紀被發現。他的定律不太適用於極小（這需要量子物理學）、極快（這需要狹義相對論）和極大（這需要廣義相對論）的事物。

其中量子力學最值得我們關注。在這裡我不會講述技術細節，（如果你感興趣，可以研讀雙縫實驗、薛丁格的方程式、海森堡的測不準原理、量子疊加或波函數坍縮。）但科學研究顯示極小的粒子表現出怪異的行為。儘管這些令人困惑的行為已經藉由嚴謹的實驗被徹底記錄、再三核查，但對於實驗結果所代表的意義，仍有激烈的異議。有些科學家已經放棄解釋量子效應的任何重大意義或哲學真相——該陣營被稱作「閉嘴吧，好好計算」的思想家。然而量子力學的主流詮釋稱作哥本哈根詮釋，現在依舊遭受質疑，因為就像所有的量子力學詮釋，這裡面充滿一些未解決的問題。

對我們而言以下是關鍵：哥本哈根詮釋代表在物質的最微小層次，我們世界的某些層面是完全隨機的，不受決定論支配，而是機率。該詮釋暗示次原子層次的某種改變不像已知宇宙中其他任何事物。它們是真正的無前因——意思是真的由隨機性做主。某種程度上，量子力學有點像是伊比鳩魯於兩千年前提出的偏離，在嚴謹科學意義上的復活。該詮釋產生出推論世界為非決定論的科學典範，不是因為我們能改變事物，而是因為事物因自身本質而隨機地改變。我們可以稱這個陣營為量子非決定論者。對他們而言，這世界不是已經被寫好劇本，或者有固定的軌跡。然而，這個改變不是來自我們，而是因為次原子的奇異性，構成物質的最小積木令人困惑的行為。重播人生的錄影帶之所以會產生不同結果，全因為次原子粒子絕不會重複兩次完全相同的行為。如果這是真的，我們的世界至少在最小的層次上，是受制於真正的隨機性。

量子效應的某些詮釋依舊是決定論的（例如玻姆力學、多世界詮釋或超決定論〔superdeterminism〕）。爭議仍未得到解決。沒有人真正知道發生了什麼事！然而，科學界大致同意以下兩個主張有一個是正確的：

1. **決定論是真的**。
2. **這世界是非決定論的，但全只因為量子奇異性**。

你可能注意到某個主張從這些選項中消失：我們自己可以是改變我們自身劇本的獨立作者。這個科學共識中的自由意志在哪裡？

◁

自由意志的體驗普遍存在。人類無法擺脫某些感覺，無論我們多麼努力嘗試。然而當你稍稍仔細地檢視這些感覺，你會開始覺得不那麼確定。當我思考「我」在哪裡時——在形而上而非地理的意義上——很顯然我在我身體裡的某處，對我而言這個邏輯是清楚的。但如果我的整個身體是「我」，那麼去理個頭髮或剪指甲會改變我這個人的某些基本事物，那似乎是看待我們自己的一種奇怪方式。相反的，生存於這個世界的存在感使我覺得，真正的「我」潛藏在我雙眼之後的某處，彷彿從我的四肢到我的肝臟，都只是布萊恩總部的僕從，而真正的「我」，做為脫離軀體的執行長，坐鎮在靠近我頭顱前部的大腦裡的某處。

這種感覺如此普遍，而且對我們來說來得如此自然，以致有一個廣為相信、關於人類生命起源的十七世紀科學理論表示，每個精子細胞中含有一個完全成型的迷你人類，現在稱作荷姆克魯斯（homunculus），據信會長成一個人。該理論——先成論（preformationism）——持續存在了兩個世紀，直到被證明為誤。它反映出我們渴望想像每個人的體內有一個永恆的執行者，一個決定性的靈魂、不可簡化的精髓，他掌控一切、自由地思考、自由地選擇。

由於大多數人不會在喝啤酒時爭辯決定論和自由意志的問題（如果你會，我向你致敬——咱們一起去喝一杯），所以極少有人曾仔細思索，如何調和自由意志的感覺與現代科學發現的事實。顯然，我們的腦袋裡沒有荷姆克魯斯在拉動操縱桿，但我們忍不住要想像大腦在執行相同的功能，同樣微形化的執行長，只不過碰巧有點緺巴巴的，穿著粉紅和灰色的衣服。然而，將我們縮小版的心智意象換成八百六十億個神經元，不知怎的感覺好像是一種貶抑。更糟的是，這引發一個我們無法滿意地回答，因而讓人不舒服的問題：「我」是否只是一個有形的存在，是無生氣的化學物質和物質團塊的聚合體？

這種質問方式使我們不可避免地面對、一度讓笛卡兒不敢對視的相同難題。我們的心智或靈魂實際上位於何處？笛卡兒的答案是那些神秘實體是非實質的——我們的大腦由有形物質構成，但我們的心智不是，這個概念稱作心物二元論（dualism）。心智過程能脫離有形的身體而存在，還有我們的身體無法思考。

然而當我們開始利用科學解開世界的秘密時，便清楚發現笛卡兒提出來的概念違反每一個有關宇宙運作方式的已知定律。每件事物都有實質的基礎，那意味著你的思維、記憶、衝動、突然的念頭還有你的意志，全都存在於你這個由物質所構成的可觸知實體內，它們的特性是無數個複雜神經網絡湧現的互動所產生。

一旦我們接受了我們心智的實質基礎——如果我們要忠於科學理性的基本原則，我們就必須如此——那麼我們會面臨一個立即且令人擔心的難題，像一個帶來不便的不速之客。如果沒有荷姆克魯斯在指揮事情，還有如果我們的想法、欲望和意志都實質地存在於我們體內，那麼我們是否只是我們無力改變的源源不絕的化學交互作用的副產物？我們喜歡認為我們是掌控者，以某種方式神奇地獨立於構成我們大腦和身體的物質之外。但我們有一個問題：自由意志，至少在人類心智作為獨立的能動者，脫離大腦的實質組成而運作的意義上，很快就會遭遇一些難對付的物理定律。

如果特洛伊的海倫（Helen of Troy）是能發動一千艘船的臉，那麼關於自由意志的爭辯能發動一千個定義。哲學家們將這個概念扭曲到面目全非，曲解了「自由」的意思和擁有「意志」的意思。專業地爭辯這些概念的人，沒有人能對這兩個用語的意思達成一致意見。但對大多數人來說，自由意志這個概念相對簡單，意思是你自己能選擇想要做什麼事。至關重要的是，你有一種凌駕一切的感覺，覺得你在任何特定時刻都能做不同的事——覺得你的選擇不是事先為你寫好的劇本。你縱或不是在你腦袋裡拉動操縱桿的荷姆克魯斯，但你感覺同樣不受束縛。你自由地繼續閱讀，或用力闔上書，或者把書丟出最靠近的窗外，砸中窗下沒有戒備的旁觀者。這個常見的自由意志概念，亦即在任何特定時刻，我們能自由地選擇，完全獨立於發生在我們大腦中的決定論物理反應之外，這代表我們有能力「做別的事」。這個令人安慰的概念稱作自由意志主義的自由意志（libertarian free will）。[63]

我們擁有自由意志的感覺是身為人類的核心經驗。這推導出一個常見的論點：我們感覺彷彿我們有自由意志，因此我們必定有。這是個糟糕的邏輯。感知並不代表現實。對我們而言，地球「感覺」不像是一個巨大的圓球，在太空中快速環繞著一顆讓我們活在其溫暖中的燃燒的氣態火球，但現實就是如此。我們已

63. 作者註：這與自由主義的政治觀點無關，而是源自於另一種自由的概念，亦即我們可以隨心所欲，做不同於我們在任何特定時刻選擇要做的事。

經見識過適應勝於真相理論，我們的大腦一再地進化成會欺騙我們。我們的心智所造就的魔術師是幻覺大師。我們感覺的事物並非存在的事物。但物理定律不在乎你的感覺。

如果你是相信科學的理性思考者，那麼發生的每件事必定有原因或沒有原因，只會有這兩個選項。如果某件事是有原因的，那麼它是先前事物的必然產物——事情不可能是未曾發生的某件事所造成的。如果你朝窗戶丟擲磚頭，而窗戶破碎了，那麼它不可能是被玻璃碎片弄破。同樣的，按此觀點，我們的思維是我們的神經元和身體其餘部分的安排和功能所造成的，是一系列複雜因素造成的結果：DNA轉錄、突變、化學物質、我們的教養所形成的神經編碼、過去的經歷以及大腦網絡中的記憶等等。我們無法獨立控制其中任何一項。（如果你試著用意念阻止細胞分裂，我祝你好運。）

因此，如果我們想從物理學的嘴裡拯救自由意志主義的自由意志，我們必須提出科學的異端邪說：人類的大腦物質具備獨一無二的神奇特性，在已知宇宙的其他任何地方都無法被複製。正因如此，所以某些哲學家輕蔑地指稱自由意志主義的自由意志為「機器中的鬼魂」——意思是我們大腦中的想法是超脫塵世的超自然物質，完全獨立且不同於宇宙中其他每一種物質，並讓我們得以作出決定。

我們能以某種方式產生的想法——有能力重塑有形物質的非實質概念——是否是從乙太中變出來的？我們大可以隨心所欲地皺起眉頭，但我們仍不清楚可能的運作方式。

如果自由意志主義的自由意志真的存在，它將違反我們已知的一切宇宙運作方式，因為它將要求我們成為，按哲學家丹尼爾・丹尼特的話說，「幽靈般的操偶師」，能從身體之外控制我們的大腦。物理學家薩賓・霍森費爾德（Sabine Hossenfelder）稱自由意志主義的自由意志對於任何「知曉物理學」的人來說是「邏輯不連貫的胡說八道」。大多數神經科學家，他們是最仔細研究大腦的人，也對於這個自由意志的概念深表懷疑，即使不是完全不屑一顧。說穿了它必須是一種對形而上魔法的信仰。

如果要接受我們的想法、感覺、欲望、偏好和意志是有形物質的副產物，那麼我們必須質問當我們說「自由意志」時，那是什麼意思。或許那只是代表我們的行為是從內部引發的。想一想你是否喜歡這本書。我希望你喜歡，而你也確實希望你會喜歡，否則你不會開始讀它。但因為你已經讀了，所以你已經對它作出反應。你的反應介於那些開始搭訕隨機路過者，告訴他們這本書有多棒的人，以及那些盤算著什麼時候是在令人滿意的大型篝火堆上，燒掉這本書的最好時機的人之間。現在，問題如下：你能不能選擇作出不同的反應？如果你討厭這本書，你能選擇喜歡它嗎？（在你貼出評論之前請先試著喜歡它。）你可以告訴自己你喜歡，或者讓你心裡糾結，設法說服自己你應該要喜歡，但最終你的反應取決於前因，它們被編碼進入你的大腦和身體的實質狀態中，被物理定律所形塑。然而你仍然可能擁有自由意志嗎，即使你的直覺反應並不完全地「取決於你」？

「絕對有！」相容論者（compatibilist）說（這個名稱是指自由意志和決定論是相容的概念）。這些思想家欣然承認，你的想法、偏好和欲望可能是先前的「背景原因」造成的。沒有人用槍指著你的頭，強迫你訂購起司披薩而非義大利辣香腸披薩，但你的選擇將取決於你的味蕾、距離你上次吃起司披薩或義大利辣香腸披薩的時間有多久、你大腦中的神經元在你以前吃每一種披薩時的反應方式、你最近是否去過養豬場並感到不舒服（或舒服）、你小時候是否有人給過你起司或義大利辣香腸披薩、你生來是否對某種東西過敏等等。上述每一種經驗都會被轉化成你的大腦實質構造，影響你未來的決定。如果你選擇義大利辣香腸披薩，那麼由此可合理斷定選擇永遠是當下的結果——考慮到你的實質狀態，那是不可避免的。在那個片刻、你當下的身體狀態和神經元的安排方式下，你絕無可能改選起司披薩。當我們談到渴望時，我們沒想到其中涉及選擇。但義大利辣香腸披薩和起司披薩之間的選擇是什麼，如果它只不過是一種有著同等的實質基礎、比較不那麼強烈的渴望？

如果我們從飢餓轉移到口渴，這個概念變得更加清楚。你可以選擇喝水，但一開始你能選擇想要喝水嗎？你會坐下來，想了想然後說：「我選擇感覺口渴？」是你的身體在替你作決定。當你接下來決定要喝水時，你是在對你的身體和體內的複雜互動作出反應。但口渴的道理也適用於其他每件事。從關於身體需求的想法，到關於欲望、需求或偏好的想法，當中沒有什麼神秘的轉變。然而，人們持續在討論他們的想法，彷彿他們腦袋裡有一個脫離實體、巫師般的荷姆克魯斯——真正的「他們」——在掌控事情。

在我八歲時，我的父母親要我坐下來看片長四小時的史詩電影《蓋茨堡之役》（*Gettysburg*），這個虛構的故事描述一八六三年的美國內戰，由馬丁・辛（Martin Sheen）和傑夫・丹尼爾（Jeff Daniels）主演。他們讓我看這部電影的原因是，我們家即將展開一場從明尼蘇達州到東岸的公路旅行，其中一站是蓋茨堡戰場。當年的我是個小書呆子（我相信你會感到非常驚訝），這部電影讓我著迷，而接下來的參觀戰場更使我呆若木雞。那時我的腦中發生了某件造成這個反應的事，我至今仍無法解釋。

回家後，我很快把我的任天堂遊戲機丟到一旁，開始大量閱讀有關美國內戰的許多書——那一整櫃書現在還放在我兒時的房間裡——對於小學二年級生來說實屬怪異行為。但好幾千頁的內容並不能滿足我的求知若渴。我想要知道關於這場戰爭的道德正義、關於安提頓戰役和夏羅戰役（Battle of Shiloh）、石牆傑克森（Stonewall Jackson）和約瑟夫・胡克（Joseph Hooker）的一切。[64]我央請父母親訂閱兩份而非一份美國內戰雜誌——《美國內戰》（*America's Civil War*）和《內戰時報》（*Civil War Times*）。我甚至懇求他們讓我成為一個內戰重演者，讓我在週末時裝扮成北方聯邦軍的一名童兵。（幸好，我的父母親沒有讓我自尋社死，他們送給我那兩份雜誌當作生日禮物，但明智地不讓我參加重演活動。）

我當時為何如此執迷？我也不知道。我家族中無人對此感興趣。我並不是某天醒過來就積極選擇成為一個八歲大的美國內戰迷，攔住郵差看看他有沒有帶來最新一期的《內戰時報》。我只是有一個我無法解釋的執念。透過複雜混合的基因、經歷、教養、父母親的決定、天生的書呆子氣、社會的影響和思想，以及我大腦中數十億個相互連結的神經元所產生的化學反應，我入了迷。當時我可自由地遵循我新發現的熱情——而我也確實這麼做。那麼這是自由意志嗎？

有些人說是，但屬於稍微打點折扣的那種。我們可以自由地想要我們想要的東西，他們說，但我們不能隨心所欲地欲求。我們之所以自由是因為我們能追求我們的偏好，即使我們不能獨立地選擇我們的偏好。對相容論者而言，我的美國內戰癖是某種形式的自由意志，因為我決定追求我認為有趣的事物，不受脅迫（除了我的父母親勸我收斂一點，以免別的孩子認為我是十足的怪咖）。

相容論者有時指出，人類的認知層面在生物之中確實顯得獨特。哲學家哈里・富蘭克福（Harry Frankfurt）曾表示我們擁有某種形式的自由意志，因為我們擁有，按他的話說，「二階欲望」（second order desires）。毒品成癮者可以追求他們想要的東西（一階欲望——毒品），但他們可能希望自己不渴望毒品（二階欲望——不再上癮）。你在上床睡覺前看見巧克力棒時雖然流了口水，但你可能希望你不要有這個反應。當我們將人類與其他大多數生物作比較時，我們比較不清楚牠們是否擁有二階欲望。我的邊境牧羊犬蘇洛（Zorro）執迷於牠的飛盤。牠是否曾經希望牠不要那麼執迷於飛盤？（蘇洛，我謙虛的說，牠雖是狗

64. 作者註：約瑟夫・胡克是我的母系親戚。hooker 這個單字在胡克之前就已經被用於指稱娼妓，所以人們常宣稱這個用語源自於約瑟夫・胡克的說法並不屬實，但卻生了根。當時集中在華盛頓特區的胡克部隊，經常光顧改稱為胡克師（Hooker's Division）的紅燈區。這是語言保持優勢的另一個例子。我外祖母曾說胡克是家族中的「敗類」。

界的天才，但我懷疑牠是否做過一階欲望之外的任何事。）富蘭克福的觀察雖然有趣且具有說服力，但它沒有解決根本問題。二階欲望來自何處？當我們處於社會和文化環境中時，它來自我們與其他人、事物和生物互動的大腦。這意味著我們的思維仍服從物理定律，遵循一連串不間斷的原因與結果，就像其他每件事。我們回到了原點。

如果你認為相容論者的思路是一種逃避——重新定義自由意志，成為不是真正自由意志的弱化版，那麼你是強硬派決定論者。強硬派決定論者拒絕相容論的理由是，相容論者只是設法藉由文字遊戲來搶救自由意志，他們故意扭曲語言，希望我們糾纏在哲學死結中，直到忘記自由意志真正的意思。神經科學家山姆·哈里斯（Sam Harris）認為相容論者的邏輯像是在說，「傀儡是自由的，只要他愛著他的線。」或者，如同他令人難忘的描述，相容論者彷彿指著西西里島，卻宣告他們發現了亞特蘭提斯。重新定義自由意志的概念，並沒有拯救它，哈里斯堅稱。那只是痴心妄想。

我不相信自由意志，不過我承認這些問題令人費解、感到困惑而且神秘。我們不了解意識，所以有可能某個新發現將改變我們回答這個問題的方式。關於發現這檔事，永遠別把話說得太滿。但如果自由主義的自由意志的確是我們所擁有的東西，那麼我們所知道關於科學的每一件事差不多必定是錯的。相容論的自由意志概念與其說與科學互相矛盾，不如說它們重新定自由的意義。

面對這個困惑，有人設法用量子力學作為支撐自由意志的一小部分鷹架。這個論點是荒謬的。沒錯，我們世界的某些層面可能是不可簡化的隨機性。但如果你的選擇僅因隨機性就偏離了前因——先前發生的事——的劇本，這樣你有比較自由一點嗎？不。你的行為被大自然的隨機數字產生器所規定，這不是自由。無論我們如何弱化它，自由意志不會萌生自量子骰子。

儘管如此，我們體內似乎確實存在著某種難以言喻的東西。身為人類，我們不覺得自己像經過精心打扮的一堆細胞。我們會愛會恨，我們講道理。我們因為文學作品而落淚，被英勇的行為激勵，被美麗的事物感動。我們是不停奮鬥的生物。我們有些人願意為了追求某個信念或拯救所愛之人，而毫不猶豫地犧牲自己。因此，我們忍不住想反抗那些毫無生氣的科學主張。「見鬼的這些邏輯遊戲！我知道自由意志是什麼——我有自由意志。別想告訴我，我是什麼他媽的人肉電腦！」這些都是可以理解的情緒，科學家如果不承認我們多麼不了解自己神秘的存在，那麼他們可就太愚蠢了。我所能做的是呈現我所看到的一片片拼圖，以及它們如何能拼合起來。

所以，你儘管挑選吧。用你自己的方法來解決這個謎題。但在讀完這個段落後，以你的大腦和身體目前的狀態，恐怕你所選擇的解決方案是不可避免的。這個選擇感覺像是自由的選擇，但很可能受到在你之前發生的每件事物的影響，它們無限地往回延伸到時間的迷霧中。

一個缺乏自由意志的世界會有一些可能令人感到不安的影響。某些道德意涵，舉例來說，被用作反對這個概念本身的反論證。「如果我們沒有自由意志，我們的道德架構就沒意義了！」你可能提出異議。我不贊同，但即便這個說法是正確的，這個論點是糟糕的論點。我希望癌症不存在，但這個願望並不能否定癌症的存在。儘管如此，拒絕自由意志的道德意涵值得我們思考。為了幫助解開這些意涵，我們來想想某個殺人兇手的故事。

查爾斯．惠特曼（Charles Whitman）小時候當過童子軍，為人彬彬有禮，還送過報紙，而且智商極高。他在一九六〇年代就讀大學，在德州大學奧斯汀分校研讀機械工程。到了二十歲時，他已經和心上人結婚，這對幸福的夫妻有光明的大好前途。

後來在一九六六年七月三十一日下午六點四十五分，惠特曼坐下來打了一張讓人毛骨悚然的便條。「我不太明白是什麼逼我打這封信……這些日子以來，我真的不太了解我自己……然而，最近（我記不得是從什麼時候開始）我已經變成許多不尋常和不理性的想法的受害者。」他寫到劇烈的頭痛和一個奇怪的要求——在他死後對他的屍體進行驗屍，看看他的行為是否受到他腦中異常情況影響。

幾個小時後，惠特曼開車到母親家並殺死她。他接著開車回家，殺死心愛的妻子，連刺了她五刀。他留下字條表明對殺死兩人的絕望和悔恨。隔天早上，他前往德州大學校園，爬上鐘樓樓頂朝眾人開槍。在被執法官員擊斃之前，他殺死了十四人。惠特曼死後，法醫進行驗屍。他們在他腦中發現腫瘤，似乎壓迫到他的杏仁核，主管情緒和決策的腦區。

這是否改變了你對惠特曼的看法？

對許多人來說，答案是是的。這讓我們不那麼確定他的惡意意圖——是他自己選擇要殺人。突然間，當腫瘤進到畫面中，我們認為他懷有惡意的直覺動搖了，我們開始覺得他比較不像怪物，更像是不得已的癌細胞受害者。大多數人會認為他負有較少的道德責任，因為他無法完全控制他自己的行為和選擇。

但如果自由意志是一種幻覺，無非是神經魔術師的戲法，那麼我們還能認為某人對他自己的行為負有道德責任嗎？如果我們的思想來自我們的神經元，而我們無法用我們稱之為心智的神奇物質，主動地控制我們的神經元，那麼我們的思維方式以及我們的想法所產生的行為，跟受到腫瘤影響的想法和行為並沒有那麼不同。一個是受惡性組織影響的行為，另一個是受健康組織影響的行為，兩者在道德上有差別嗎？我們無法控制大腦中的健康組織，就像我們無法控制癌細胞一樣。如果我們能接受我對美國內戰感興趣，是我無法選擇的事，而且我的想法和迷戀只是按照物理定律進行的神經和生物過程中不可避免的結果，那麼為何具有道德分量的選擇會有所不同？

我們沒有選擇我們的基因、我們的父母、兒時經歷或大腦的實質成分，但這些因素很顯然決定了我們將來的行為。因為人們的行為去責怪他們——或者因為人們的成就去讚揚他們，這麼做說得通嗎？如果說不通，這會令人感到極為不安，因為它似乎讓「邪惡的」人脫身。這是一個令人難以忍受的概念，並且引發出一個更加麻煩的問題：我們如何能合理化對罪犯的懲罰，如果他們並沒有自由意志？[65]

刑事處罰的正當理由分成三大類：有人認為懲罰是為了給予報應，以眼還眼，為了懲罰而懲罰；有人視之為威懾的工具，關押罪犯以防止未來的犯罪；第三類視懲罰為改造的手段，將罪犯變回有生產力的社會成員。如果負有道德責任的自由意志並不存在，那麼為了懲罰而懲罰是沒有意義的。但其他兩個理由依舊適用。即使殺人犯沒有自由意志，他們仍然需要被關押，以減少對社會的危害。懲罰罪犯仍然會嚇阻未來的犯罪，而改造罪犯仍具本質上的價值。因此罪犯依舊需要面對懲罰，但背後的邏輯比較不強調視之為自由地作出可怕選擇的怪物而加以譴責。

在一個透過非自身過錯而創造出贏家和輸家的不公平社會，我們已經有了這種實用主義的先例。儘管智力是難以定義的東西，但大多數人願意接受某些人天生的智力高於其他人，無論教育程度高低。但聰明人沒選擇當聰明人，而比較不聰明的人也沒選擇要比較不聰明。我們大多接受這是先天和後天因素的複雜結合，但沒有人可以合理地宣稱，擁有高智商和得到美好家庭給予支持的孩子，以某種方式獨立地「贏得」他們的智力，從而能充分發展其潛力。儘管如此，社會

65. 作者註：某些相容論者表示，例如丹尼爾・丹尼特，他們所定義的自由意志也暗含道德責任。其他人不贊同。就像其他許多哲學議題，此事尚未得到解決。

已經作出一個務實的判斷，如果在哈佛或牛津大學領導癌症研究的人，足夠幸運地生來聰明而且得到後天的栽培，我們大家都會過著更好的生活。基於道德而稱讚愛因斯坦是天才是沒有意義的。但這意味著基於道德而譴責一個杏仁核受損的精神病患，也同樣沒有意義，如果他真的別無選擇。

我們應該因為創造知識英雄的萬神殿具有實用價值，而稱讚愛因斯坦。這件事啟發我們，增強我們天生的奮鬥衝動。同樣的，我們可以也應該繼續譴責那些行為惡劣的人，因為這仍然有作用，即使嚴格來說，這不是他們的「過錯」，但我們經常以過度簡化的方式思考罪責。如同哈里斯所言，「視人類為自然現象不需要損害我們的刑事司法體系。如果我們可以因為地震和颶風的罪行而監禁它們，我們也會替它們建造監獄……顯然，我們能明智地應對危險人物所造成的威脅，而無須在人類行為最初起源的問題上對自己說謊。」

我認為他是對的，但如果認為不同觀點就毫無價值，那就太愚蠢了。隨著神經科學研究的飛速進展，這些觀點將成為我們這個時代中很重要哲學辯論議題。

奇怪的是，這些辯論鮮少在主流的社會研究中激烈展開。你可能以為自由意志、決定論和非決定論，會是想要了解人類社會中事情何以發生的核心概念。但在心理學領域或哲學的合適子領域之外，它們基本上是知識的荒原。它們鮮少被討論。我在研究所裡學到大約一個小時的決定論，然後它就永遠從我的職業生涯中消失。決定論明顯缺席的原因是偶然的，不為過地取決於使決定論變成骯髒用語的某個歷史時刻，讓社會學家、經濟學家和政治科學家紛紛迴避。

帶著邪惡社會議程的有害決定論類型，出現在十九世紀後期和二十世紀初期。如同我們先前在「地球的樂透彩」那章中的討論，環境或地理決定論被誤用於合理化一系列可憎的意識形態，包括種族主義和殖民主義。此外，優生學利用生物決定論，亦即我們全然是基因的產物的錯誤概念，將旨在「證明」白人至上的廢舊偽科學合理化。可以理解的是，任何形式的論證，只要涉及些許決定論邏輯，就會在社會科學中引發強烈的反對。這種抵制雖然正確地針對那些借用決定論觀點的邪惡意識形態，卻使社會科學絲毫不相信我們的世界遵循著任何的決定論進程，即使情況明顯如此。

因此，所有想理解我們的社會世界為何發生改變的領域，都不是因為合理的理由而拒絕決定論論點，而是因為道德原因。二十世紀批評決定論的人認為，決定論「具備危險的道德和政治影響力」，可能提供「規避責任與指責的藉口」。這導致大多數社會科學在一套邏輯不連貫的信念下運作，包括一個極具影響力，稱作結構化的理論，該理論明確主張人類擁有自由意志，「在某種意義上，個人在一連串特定行為的任何階段，都可以有不同的行為表現。」[66]

這是哲學家和物理學家所告誡的「魔法」。然而，自由決定的個人選擇被過度強調為現代社會發生改變的主要驅動力，導致決定論一詞變成侮辱性用語。稱某個理論為「決定論的」是對社會科學最嚴厲的抨擊之一，其目的是用短短幾個字，讓某些概念被懷疑為荒謬而且在道德上令人反感。「機器中的鬼魂」於是繼續擾亂著我們了解自己和我們的世界的方式。

但我們不應該畏避那些挑戰我們如何思考自身生活和行為方式的概念。我們應該積極辯論這些概念，而不是因為它們令人不安，乾脆就不予理會。打開燈去檢視潛伏在黑暗中的東西，好過假裝它們不存在。

我認為決定論讓人心生敬畏。現在時刻與延伸到幾十億年前無限長的線交織在一起。如果你試著拉動一條線，希望只改變這件織錦的一個小小的角落，但整件織錦會開始解體。拉動一條線，就改變整個圖案。改變過去的一條線，你可能不會存在，或者你也許會有不同的配偶或不同的孩子。但如果有一個不同的小小改變，你也可能避免了那件可怕的傷心事，或免於喪失某個愛人或親密的朋友。這推導出一個極為動人的結論：我們最好和最壞的時刻不可避免地連結在一起。你人生中最快樂的經驗，也是你遭受最深沉絕望的同一條線的一部分。沒有其中一個，另一個就不可能發生。這聽起來也許古怪，但倘若我曾祖父的第一任妻子沒有殺害她的家人，我顯然就不會存在，因此我最快樂的時光不可避免地與那場可怕的悲劇綁在一起。如字面意義上，沒有他們的苦難，我最興奮的時刻就不可能存在。這並不代表我們應該讚頌苦難，而是未來的歡欣將直接或間接產生自看似無意義的苦難，這樣一個令人感到安慰的事實，會讓我們在最痛苦的時刻不那麼難受。相反的，我的喜悅會以某種方式，不可避免地造成別人的痛苦，或者我自己的痛苦。事情就是這麼運作的。無論好壞，我發現此事美得令人費解，在跨越空間和時間交織在一起的萬物之間，提供了最生動的相互連結感。

如果你認為自己是完全掌控局面的個體——地上萬獸與海中魚類之主[67]——

66. 作者註：結構化和類似的理論假設我們所做的事是結構（規範、規則和我們所處的文化）與能動性（我們的自由意志）的結合物。

67. 譯註：前烏干達總統阿敏（Idi Amin Dada）自封頭銜中的部分稱號。

那麼失去自由意志會是極為沉重的打擊。但如果你認為自己是一個更大的整體的一個組成部分，而這個整體作為一個有知覺的複雜存在，正不停地塑造一個相互連結的一體世界，同時也被這個可回溯延伸到你最遙遠的先祖之前的世界給塑造，那麼承認這片決定論的織錦，可能使你感到極為欣喜。

倘若別人代替你存在，這世界會變得不一樣。因為你存在，你會對世界造成或好或壞的影響，但全都是這件織錦的一部分。你是重要的，就連你所做過和將要做的最小、最微不足道的決定也重要。你的言語、你的行動，甚至你的想法和感覺，也會產生廣泛的漣漪效應，其影響是你不會看見或不會明白的，甚至在你生命結束許久之後還在發生作用。你現在所作的決定，無論是否出於自由意志論幽靈的選擇，將部分決定幾千年後的未來，會有哪些人類存在，還有他們將居住在什麼樣的世界。一言以蔽之，這真是難以置信。你做的事情是重要的——全部都是重要的，包括每一件小事。縱使那不像我們大多數人以為的那樣出於自由意志，但我會說這確實是一種值得擁有的意志。

你是否本能地感覺到自己本來可以有不同的作為，但這重要嗎？對我來說，知道我可以自由地追求我想要的東西就夠了。想像你的行動和你的想法——總感覺像是你自己的——並非某個幽靈般的存在或荷姆克魯斯所造成，而是你曾經歷的一切、你的大腦化學物質，還有在你之前的每個人和每件事，碰巧混雜在一起的結果，這真有那麼糟糕嗎？

一切都必須完全是原本的樣子，此刻你才會像現在這樣存在於這個別無分號的世界。這讓我們想到一個簡單、奇妙的真相：我們全都活生生地在體現一百三十七億年以來的隨機。

或許我們最終能接受這個事實：我們永遠無法完全了解我們自己的存在。儘管如此，關於如何在這種不確定中活得盡興、活得精采，馮內果給了我們很好的建議：「人類生命的目的，無論是誰在控制我們的人生，在於去愛身旁每個等著被愛的人。」

第13章 爲何我們所做的每件事都重要

在我們混沌、交織的世界裡，不確定性的好處

唉，我們同行的旅程已經接近尾聲。現在我們瞥見一個完全不同於直覺和感知設法要告訴我們的世界，一個被一般常識強化、塞進束縛模型裡的世界。這個新世界可能使我們感到困惑，但至少更接近真相。我們對於事情為何發生的童話版概念是謊言。我們的感知演化成在欺騙我們。現實是完全相互連結的，不停地改變，無時無刻不受到即便最微小的事物影響。這意味著在蹚涉我們的赫拉克利特世界之河時，我們的軌跡取決於近乎無限個因素。只要我們改變任何事物，就改變一切。這些事實不可避免地導向一個令人費解的真相：這個世界是不確定的、不可解釋且不可控制的。

但面對這個真相，我們該怎麼辦？我們要如何繼續活著？如同散文作家瑪麗亞·波波娃（Maria Popova）的提醒，「滿懷驚奇地與現實共存是最快樂的活

法。」我們有多少人被困在現代生活的倉鼠輪上奔跑，而變得沒有驚奇感可言？我們早該擺脫那些代表主宰與控制的假偶像，並驚嘆不確定性之中所蘊含的美，只要你知道從何處尋找。

我們的現代病或許源自我們執著於設法控制一個不可控制的世界，一個有瑕疵的世界觀的延伸，這個世界觀將我們困在追尋確定性，但永遠會以失望告終的不可能任務中。我們現在的生活方式與我們誤解這世界的方式交織在一起，將相互連結的世界中不可避免的隨機，視為只不過是罕見的異事和巧合，而非優美且複雜，展現未知奇觀的花園裡的綠芽。當我們的經濟和政治現實模型，將一個充滿碎形與費波那契黃金螺旋、令人屏息的豐富世界，簡化成僅用幾個容易測量的變數就能解決、了無生氣的固定線性方程式，我們對自己和周遭環境的看法也變得更無趣。生命本身在我們徒勞渴望控制之下，變成求X值的乏味過程，使我們不斷地感覺自己只是一個隱藏的因素，如一個產品或宣傳品，而不是我們真正想要的東西，當我們買到或得到時，隨即成為另一個無法讓人感到滿足的幻象。

然而，我們卻繼續在控制教堂裡的進步祭壇前膜拜，獻出我們醒著的大部分人生，致力於達成某種難以定義的人類進步——我們能不能完成第三季的目標？——使我們馴服更大一部分的世界。可是當我們設法將每一份努力凝煉成逐步的最佳化，我們身為人類的精髓卻在消解，只殘餘鐘錶般原子化的內在荒蕪。我們在異想天開的狂熱中埋頭苦幹，想要從公司策略、生活技巧、待辦事項和速成的生存策略中壓榨出最後一滴效能。我們越是拚命，越享受不到一切。對許多人而言，人生的勝利已經變成在消滅緩慢安靜的崇高時刻，並用極具生產力的多工加以取代，追逐著永遠不會讓我們足夠感到滿足的薛西弗斯式目標。許多人感覺自己過著清單似的人生。然而我們最棒的時刻往往是沒有效能的時刻，那些轉瞬即逝的體驗，在那當下我們渴望達成的目標被擱置，所得到的獎賞只不過是片刻的狂喜。

這正是二十一世紀生活的矛盾之處：驚人的繁榮似乎與飆升的疏離、絕望和生存的不穩定綁在一起。人類建立了地球上有史以來最成熟的文明，卻有無數人需要治療自己以應付他們的內在生活。我們控制了比古代人所能想像的更大部分的世界，從地底取得礦物，運用我們所能指揮或擾亂的電子流，從螢幕上召喚出一度只存於幻想的心智之中的巫師、外星人和超級英雄。現在，我們甚至開始能發明可以創造它們自己的藝術和文學的其他心智。我們已經進展到何處？按照每一個可測量的標準，我們現在過得比從前好，卻有許多人因此感覺更不好。

根據德國社會學家哈特穆特・羅沙（Hartmut Rosa）的說法，這是我們自找的絕望，不是因為技術，而是因為徒勞地渴望使世界變成可控制。現代晚期迫切想要進行分類的心態，羅沙寫到，簡單直接但前景黯淡：「總是想著使你享有的那一部分世界變大。」人際關係變成某種目的的工具，將建立神奇連結的生活降級成只是在「建立關係網」。曾出家為尼的作家凱倫·阿姆斯壯也有同樣的不安，她說去參觀博物館的人們目的不再單純、全神貫注地享受與蘊含世界歷史的文物為伍的樂趣，而是拿著手機拍照，想要「以某種方式擁有它們，彷彿在它們產生虛擬的副本後，人們才覺得它們變得真實。」這種對控制的渴望是被誤導的，羅沙表示，因為「我們唯有遭遇不可控制的事物，才能真正地體驗世界。屆時我們才會有被觸動、感動和活著的感覺。」即便是生活中早已安排好的慶祝活動，我們最常記得的往往是計畫之外的欣喜。

儘管如此，我們卻對某些吹噓者的謊話照單全收，這些勵志書作者告訴我們，我們只要買本書來看就能掌握真正的控制。非但童話版的現實是真的，他們堅稱，而且你是當中的主角。光憑你就能塑造故事情節——只要你願意運用正向思考的神奇泉源。

舉例來說，買一本朗達·拜恩（Rhonda Byrne）的《秘密》（*The Secret*）。這本書已經賣出三千萬本，被翻譯成五十多種語言。拜恩堅稱財物匱乏和貧窮的不幸是一種心態，應該用開悟的思維加以克服。「任何人缺錢的唯一原因是，他們的思維阻擋了錢財流向他們。」她宣稱。正向思考的X造成發財的Y。但願所有抱持負面思考的窮人都買得起她的書！如果他們買得起，他們將學到驚人的教訓，包括「想法會傳送出將相同的事物吸回到你身上的磁性訊號。」（別在意磁鐵是同性相斥，異性相吸。）真可惜兩個世紀前被奴役的人們沒有用不同的方式想像他們自己！他們的鐵鍊只不過是他們心中的桎梏。在拜恩的鬼話中，遭逢可怕不幸的受害者只能怪他們自己。

這實在是胡說八道。廣島人並沒有選擇被他們根本不知道其存在的新武器蒸發，任何一個京都人也未選擇被一個早被遺忘的度假者的多愁善感所拯救。亨利．史汀生並未決定生來就知道，某一天他會在日本扮演上帝。莫內畫畫不是為了在他去世七十五年後某個命定的九月天，用一條以他的藝術作品為設計靈感的領帶，拯救某個男人的性命；而收到一條莫內領帶當作禮物時的約瑟夫．洛特，也沒有決定藉由表明喜好而倖存下來。洛特就像現在我們所有活著的人一樣，只是碰巧在對的時間，出現在對的地方。這些時刻並非不幸者非比尋常地無能為力，淪為命運的玩物的另類時刻，而只不過是我們瞥見世界的真正運作方式的時刻。無數個被空間和時間分隔的遙遠決定和意外——無論幸或不幸——以我們絕對無法預期的方式一起出現，因此改變了我們的人生。我們可以放心接受我們的真實樣貌：宇宙中的一個隨機，形成網絡、被注入意識的一團原子，漂浮在不確定性之海。

我們不必控制每一件事。這樣很好。

問題不光只是拜恩和同樣在販售假科學胡話，例如《秘密》的機會主義者，還有他們所販售的通往不可能之處的地圖，馴服不可馴服的宇宙的指南。它也使一個有害概念變成根深柢固，也就是你遭遇的任何絕望都可以用更多的金錢、更多的控制和個人行動加以解決。拜恩的謊言完全不顧及現實世界交織的本質，表示僅憑你一己之力便能決定你的命運。它說我們向內看的唯一理由是，這麼一來你就能征服更大部分的外在世界，像在博物館裡拍照般得到它。勵志產業最糟糕的過剩產品，尤其像《秘密》之類的書籍，太常是自我著迷的自戀者的宇宙指南，只要你用正確的詞語或思想來召喚它為你服勞役，你就能吸引到每一個存在的事物。即使世界是這樣子在運作（但它不是），研究已經發現人類傾向於困在享樂跑步機（hedonic treadmill）上，我們用最快的速度奔向我們以為會讓我們快樂的事物——通常是物質和地位，但到頭來卻發現自己留在原地，就在我們出發的地方。

這並不是說我們應該隱忍，不停地吟頌寧靜禱文（Serenity Prayer），在世界的不公義面前退卻，或接受不幸而不試著去改變我們的人生命運。努力奮鬥是人所以為人的一部分原因。我們應該堅持我們的世界觀的重要性，因為太多人聽信了謊言。我們無法藉由唸唱咒語或用思想召喚財富而控制世界。相信假神喻只會帶來不斷的失望。

然而使我們變得悲慘的不只是在控制教堂裡膜拜。矛盾的是，錯誤地試圖堅稱控制反而使世界變得更加不可控制——而且是以危險的方式。毛澤東在中國發動的除四害運動造成巨大災難——這位獨裁者在衝動之下試圖馴服大自然，結果因為饑荒反倒消滅掉好幾百萬條人命——只是我們被傲慢自大反噬的例子之一。複雜性科學如我們所見，確認了在「混沌邊緣」生活的風險，此時系統在臨界點的懸崖上搖搖欲墜，是黑天鵝最可能出其不意打擊我們的時刻。然而，這時我們在做什麼？我們加速衝向邊緣，希望去除我們社會系統裡的每一個鬆弛點，並匍匐在效能之神跟前。近年來，我們一再隨著人為的災難墜落懸崖，這些災難被沒有容錯空間的完全最佳化系統放大，但我們依舊不顧傷亡，仍緊抓著相同的福音不放。

因此，這世界——已是不確定的意外和隨機的狂歡活動——變得愈加不確定。在這種不確定性中，我們的生命和生計搖搖晃晃地行走在我們自己造成的刀鋒上，將災難性的風險加進我們的社會中。我們應該學會教訓，在我們的系統中建立更多鬆弛的空間，用完美的效能換取更好的彈性。這是更好、更堅實的生活方式。

雖然看似奇怪，但不確定性也有好的那種——它們使我們更有人味。想一想這個情況：如果你能絕對確知你人生中將會發生的每件事，從記錄著即將到來的傷心事的試算表，到精準標記出你的塵世終點的日曆，你會想要知道嗎？

一個沒有神秘體驗的世界將是一個脫離實體的冰冷世界，在這樣的世界，我們會過著無驚無喜的生活，絕不會停下思索大自然如何將我們捲進它那無盡複雜的網中，也不會對生命心生敬畏而激動不已。我們會變成大腦麻木的活殭屍，受困在一個存在著巨大空虛的世界。現代化是一項摧毀未知事物的集體任務，但如果沒有未知事物，我們會迷失。

身為一個自我欺騙的物種，我們想像自己更喜愛一個我們能完全控制的世界。但事實上，我們渴望由偶發性趨同的世界所完成的，在有序與無序之間的健康平衡。物理學家艾倫・萊特曼（Alan Lightman）表示，「我們喜歡西方古典音樂的結構，也喜歡爵士樂無拘無束的節奏或即興演出。我們被雪花的對稱性吸引，但也陶醉於雲朵無定形的形狀……我們尊敬那些設法活得理智和過著正直生活的人，但我們也看重設法打破窠臼的特立獨行者，並且讚頌我們自己身上狂野不羈和不可預測的部分。」倘若一切都充滿結構和秩序，生活將變得單調無聊，但完全失序也會摧毀我們。

尼采寫道，這種緊張關係源自人類同時渴望太陽神與酒神精神的衝動。兩者都是宙斯的兒子，但太陽神阿波羅代表秩序、邏輯和理性，而酒神戴奧尼索斯據說是不理性的混沌代理人，他喜愛飲宴和舞蹈。為了活得完整，我們全都需要。

許多人感覺自己擁有太少的酒神精神，所以設法想多注入一些酒神精神到生活中。但往往證明像失眠者試圖強迫自己入睡那樣徒勞無功。在被控制教堂誤導的心態中，酒神戴奧尼索斯時刻不是有待發現，而是被設計安排的。每件事物，甚至喜悅，都可能變成一種測量行為。如果你的Fitbit智慧手錶沒有記錄你的步數，你真的會到野外健行嗎？你們之中有多人會看到這些話，是因為將「閱讀《隨機效應》」放進待辦事項中？然而如果每個目標都導向另一個目標，而這個目標又導向另一個目標，那麼我們豈不是一直在追尋永遠不會實現的美景？我們在現代生活中所採取的行動，有多少不是為了別的事情？

欣然接受不確定性之美，意味著少一點強調你現在的行動，如何能產生最佳化的未來，多花一點力氣讚頌已經為你而創造的現在。我們的生命交響曲是數十億年以來，由無數個發出各自音符的生物所組成的管弦樂團所演奏，在這個全然獨一無二的偶然時刻達到高潮。

承認你不是這首交響曲的指揮，而只是當中一根振動的弦，如此一來你會感到謙卑。這個真相將我們置於某個宏大、未知的事物中。我們無法知道我們要去哪裡，或者我們為何在這裡（如果有任何理由的話）。這將我們引導到關於存在最重要的四個字：我不知道。榮獲諾貝爾文學獎的詩人作家維斯瓦娃・辛波絲卡（Wislawa Szymborska）特別珍視這句話。「它雖然小，」她說，「但靠著強大的翅膀在飛翔……倘若牛頓從未對自己說過『我不知道』，他的小果園裡的蘋果可能會像冰雹一樣掉到地上，而他頂多彎身撿起來大快朵頤。」

一個健康的社會是能接受不確定性和擁抱未知的社會。要做到這點，我們必須確保我們每天的日常生活中充滿探索、簡單的樂趣和驚喜——隨機——以及有至少一次，憑藉當下喜悅的感覺，將嵌入待辦事項的憂愁未來從心中抹除的時刻。亞里斯多德沒寫到轉瞬即逝的快樂，但有寫到持續的幸福。為了建立幸福的架構，我們需要一個提供我們基本需求的可靠上層結構，一種對抗生存危機感的保障。我們不需要一個不時被遍及整個系統的大震盪給顛覆的社會，將我們甩到不理想的方向，使我們脫離現在而去擔心未來的生活。我們已經設計出一個在太多方面與健康社會背道而馳的社會，在這樣的社會中，日常生活被過度最佳化、過度規劃和過度安排，同時社會本身更容易遭遇多餘的意外、災難性的動盪和具有破壞性的失序。我們創造出一個顛倒的世界，在那裡星巴克將保持不變，而河流會乾涸，民主制度會崩潰。如果是在每天會發生意外機遇但結構穩定的社會，我們會過得更好。

但如果我們能將我們的社會從混沌邊緣拉回來，我們如何能在這些社會中過著更好的生活？我們能從令人感到些許迷茫的新世界觀中得到什麼教訓？演化再一次教導我們某些事：實驗會使我們靠近亞里斯多德所說的幸福。

◁

對許多人而言，身處現代世界的絕望源自於一種無力感，甚至是嚴重的無意義感。如果你是倉庫員工，眼看著自己可能被機械手臂取代，並且在上洗手間時被數位裝置監控追蹤，你很難有充沛的意義感。「我對這個世界沒有任何一絲影響力！」或者「這一切都不重要！」是現代人經常感嘆的悲哀。然而，如果你接受這個交織、偶發的世界的真正運作方式，那麼其中的一個意涵是每一個人——以及這人一生中所做的每一件事——都重要。我們的許多漣漪效應將不為我們所知，例如史汀生的一九二六年假期。這個全新世界觀所包含的真相，傳達了比任何一本勵志書更強而有力的訊息：我們控制不了任何東西，但我們影響一切。

儘管我們每一個人都重要，但某些人會在一生之中以或多或少重要或可見的方式影響事件。但如果我們想要盡可能使我們的行動變得更重要，那麼最好的辦法出自人類開始演化以來最棒的創新之一：合作。協力合作的人類一起創造改變。

我們應該如何在這個有著強大影響力的世界中生存？人類和所有生物一樣，權衡著與世界互動的兩個策略：探索和利用。探索就定義而言是不知道你要去哪裡。利用則是快速前往一個已知的目的地。兩者之間的權衡一向是數學中密集研究的領域之一，特別是與多臂賭博機問題[68]有關的假設性謎題。然而，其核心概念並不需要任何數字。去嘗試一家你偶然碰見，但以前從未進去的新餐廳是一個探索策略。進到你去過一百次的同一家餐廳，因為你知道它是你最愛的餐廳，這是利用策略的例子。

上述概念與所謂的局部極大值（local maximum）和全域極大值（global maximum）有關。想像你是登山者，你一生最大的目標是爬到可能的最高海拔高度。你的基地設在阿爾卑斯山，所以你四處探勘一番，挑選最高的山峰，帶著自鳴得意的滿足感往上爬。事情搞定，你自忖。後來，你遇見另一位同樣以阿爾卑斯山為基地的登山者，他告訴你，他爬過高出許多的山。因為他在爬過阿爾卑斯山的最高峰後，他繼續探索、漫遊，直到抵達喜馬拉雅山，他在那裡攀登了聖母峰。那位阿爾卑斯山登山者達成局部極大值，但不知道還有全域極大值等著被克服。這個教訓告訴我們，太快地利用——在你探索過足夠遠的地方之前——意味著你卡在永遠只攀登局部極大值，而不知道其他更好的可能性。

在這個思維方式下，達成全域極大值永遠是最好的。但情況不必然總是如此。或許阿爾卑斯山已經足夠好。有時，我們只需要局部極大值。（如果東西沒壞掉，幹嘛要修理？）除非你是美食家，否則不停地探索新餐廳可能讓你永遠不滿意，渴望著你已經知道你喜歡的那道菜。在其他時候，如果系統本身是不確定的，試圖達到最高點可能會是一個錯誤——尤其當它鄰近懸崖時。當風景可能因為某個隨機或黑天鵝而瞬間改變時，局部和全域極大值的邏輯會在搖晃的地面上

68. 譯註：multiarmed bandit problem，亦稱作循序資源分配問題（sequential resource allocation problem），廣泛應用於廣告推薦系統和棋類遊戲。

告終。在不斷改變的地形中，求助於隨機化實驗的智慧有時會有用。

演化透過隨機的修修補補，已創造出解決複雜問題的聰明辦法，這些辦法比身為會自我反思、有意圖的智慧生物的我們，所能想到的辦法要好得多。在生物學中，這稱作奧格爾第二法則（Orgel's second rule）：演化比你更聰明。倘若生命不是建立在以突變、選擇和遺傳漂變為基礎的探索上，那麼三十七億年後，我們將仍然停留在古菌階段。不思考、漫不經心，以生命不停做實驗的演化引擎，從嘗試錯誤中已經產生出最驚人的身體多樣性計畫、生存策略和甚至意識。先探索接著利用，然後再探索又接著利用。為了有效地探索，有時你必須完全接納不確定性。演化的智慧展現在求助於隨機化的解決方案，以處理無法用「更聰明的思維」解決的問題，而非刻意精心安排最好的解決方案。

生活在婆羅洲熱帶森林裡的坎圖人（Kantu）人，提供了一個有趣的例子。坎圖人耕種稻米和橡膠，兩者是完全不同的農作。稻米反覆無常，因為坎圖人將稻米種植在貧瘠的土壤中，只要輕微的波動——蟲害、降雨、洪水或乾旱——就可能造成同一片地一年豐收，下一年歉收。由於這種敏感性，無法預測哪裡是種植稻米「最好的」地方。相形之下，種橡膠一定會成功。只要坎圖人依循適當的種植技巧，橡膠就會年年豐收。對坎圖人而言，橡膠遵從明確的模式，年復一年地重複。但稻米的栽培基本上是不確定的，無法被坎圖人控制。儘管有這種無法簡化的不確定性，坎圖人仍然必須決定應該在何處種植稻米。

他們發展出一個不尋常的策略：從聖鳥的移動中找尋神聖的徵兆。在婆羅洲的數百種鳥類中，坎圖人依據其中七種鳥類的移動和叫聲，來決定種植稻米的地點：白腰鵲鴝、棕啄木鳥、猩紅頰咬鵑、紫頂咬鵑、橫斑翠鳥、小栗啄木鳥和絨冠藍鴉。坎圖人相信這些鳥能引導他們。解讀鳥兒的徵兆是一門藝術，取決於牠們出現的順序、發出的叫聲，還有人類觀察者與鳥類之間的相對位置。這方法複雜到實際上等同於隨機。乍看之下，以隨機方式決定在何處種植生存所需的食物，似乎是一個糟糕的策略。

但當研究人員研究坎圖人時，他們發現一件驚人的事：相較於其他社群，坎圖人的農作歉收極少發生。理由很簡單：在一個不確定、不停改變的環境中，將你全部的蛋放在你自以為了解的同一個籃子裡不是好主意，即便這個籃子過去曾是可靠的安全之地。其他社群試圖依據過去的結果，藉由最佳化控制環境，反而招致災難。次要的波動改變了成長中的環境，造成他們全部的農作物以相同的方式歉收。與此同時，坎圖人藉由迷信所造成的意外，發現了一個極有效的方式，使其農業投資組合多樣化。他們之所以這麼做，不是依據賦予他們絕對控制的有瑕疵理論，設法從耕作中壓榨出最後一滴效能，而是藉由將過程隨機化，當作應付不可避免的不確定性的手段。（坎圖人體現了我祖父曾給過我的關於如何擁有成功人生的建議：「要避開大災難。」）

在我們的世界裡，我們面對的某些挑戰是「橡膠問題」，而其他挑戰是「稻米問題」。某些封閉系統非常穩定——橡膠問題——當中最好的策略是越變越好、極致地最佳化，因為全域極大值是固定的，你只需要爬上去。然而當你面對充滿回饋迴路、臨界點和不可簡化的開放複雜系統時——稻米問題——你最好確保你不停地在做實驗，否則毀滅可能會找上你。關於稻米問題，我們很容易受引誘，以為我們已經發現全域極大值，接著卻跌落懸崖。一旦你將那個災難性的不確定性納為方程式的一個係數，久而久之最佳的解決方案可能是離山頂稍微遠一點，雖然那裡還是相當高，但沒有那麼危險。

我們鮮少給橡膠問題和稻米問題劃定界線。舉例來說，數據分析已經被用於改革棒球，所謂比賽中的魔球（moneyballing）（這個名稱是指麥可．路易士所寫的書《魔球》〔*Moneyball*〕，後來改編成由布萊德．彼特〔Brad Pitt〕主演的電影）。書中詳細描述數據分析已經改變了職業棒球，用冷靜務實、數據驅動的計算取代直覺和民間迷信。在封閉的非複雜系統中（例如有重重規定的運動競賽），那些計算在預測結果時極為有效。在棒球中，唯一重要的測量標準是你是否贏球。魔球幫助球隊贏球，數據分析師於是進駐最好的邊角辦公室。棒球被當作橡膠問題來處理，變成愈加最佳化。

但有一個問題。這些分析太有效了，讓比賽變得無聊。投手確切知道把球投到何處，可以將打擊者打到球的機會降至最低。三振出局——看起來枯燥無味而且抹煞了發生刺激拉鋸戰的可能性——的次數增加了。棒球變成更像是兩份收斂機率的試算表在棒球場上較量分勝負。棒球運動為了錯誤的目的而進行最佳化。運動之所以有趣，正因為它們充滿緊張刺激的不確定性。相反的，它們卻變成更拖泥帶水、更有條理和缺乏生氣。結果棒球迷的基數變少。美國職棒大聯盟最終逆轉政策，改變二〇二三年球季的規則，為了產生更多臨場刺激感，而將比賽「去魔球化」。此舉雖解決了橡膠問題，但球迷希望棒球更像稻米問題，受到更多隨機性以及將棒球帽內外翻轉、戴在頭上的迷信影響，而非被蒙特卡羅模擬[69]的冰冷數據所左右。

這個故事僅僅關乎運動偏好，因此誤算的結果算不上嚴重。但如果你錯把稻

69. 譯註：Monte Carlo simulation，亦稱作統計類比法。

米問題當作橡膠問題，將一切魔球化，反而會被絕不可能預料到的不確定事件徹底摧毀，你會陷入災難——無論身為個人或社會。我們的世界有一大半受稻米問題支配，這意味著想要找到最佳解決方案，往往得透過合理比例的隨機實驗，得出有鬆弛餘地的多樣化解方，然後再轉成利用模式。

我們的許多看似比較不聰明的動物夥伴，早已憑藉著這些原則在生存。十年前，研究人員將追蹤裝置貼在一系列魚類、鯊魚和其他海洋生物身上，看看牠們如何在海裡四處移動。他們利用超過一千三百萬個數據點，開始測繪牠們去過的地方，並將這些移動與數學公式作比對。令人吃驚的是，牠們從淺海到深海的路徑遵循兩個隨機運動的方程式：萊維步行（Levy walks）和布朗運動（Brownian motion）。萊維步行的特徵是在許多不同方向的小移動之後，接下來不時會有單一方向的大移動。相較之下，布朗運動只是相同區域內的一連串小移動。當鯊魚不知道上哪兒尋找下一餐時，牠們會進入探索模式——萊維步行。但等到牠們碰見一群美味的魚，便轉換成布朗運動，開始利用附近的食物供應。[70]

這對在雜貨商場採購而言並非好策略。那麼，這個方法在人類社會中有何助益？想一想我們如何分配研究資金。我們不可能知道研究一開始會通往何處，也不可能預測未來需要解決什麼問題。研究就其本質來說是一項探索任務，目的地未知。但提供研究補助金的組織往往想要看見利用的證據：「如果你想得到這筆錢，你得告訴我們目的地何在！」研究顯示，作出無法兌現的承諾——實實在在的發現、有明顯和立即的影響——的研究補助金提案，更有可能獲得資助。這些提案不必然產生它們所說的影響，但沒有明顯用途的探索卻往往拯救了我們。

一九九〇年代中期，生化學家卡塔琳．卡里科（Katalin Kariko）相信她的研究有前景，所以再三申請補助。她每次都失敗，一再遭到拒絕。投機的資本家也認為她的點子是在浪費錢。屢經失敗後，她的大學給她下了最後通牒：辭職或降職。卡里科堅持下來，而且我們應該感謝她的堅持。她的mRNA研究很快將拯救無數條性命，因為它是COVID-19疫情期間最有效的新冠病毒疫苗的基礎。它在當時沒有用處——直到世界突然改變，而它變成現存最有用的發現。她因此獲頒諾貝爾生理醫學獎。

為了決定由誰獲得補助金（以及在其他類似的不可簡化的不確定性決定

70. 作者註：近來，英格蘭南部布萊頓與蘇塞克斯醫學院（Brighton and Sussex Medical School）的研究員吉梅娜．貝爾尼（Jimena Berni）帶領實驗，運用基因魔法飼養大腦失效的果蠅幼蟲。即使大腦失去作用，這些果蠅幼蟲展現出符合萊維步行的探索／利用模式，提高了這些模式已被發展出來的可能性——在不確定的世界中找尋方向的數學直覺。

中），我們可能最好先設定一個門檻，確認提案是嚴肅和經過深思的。但在這個門檻之外，應該隨機地分配一些補助金。如果我們確知下一個突破會是什麼，或者下一個挑戰會是什麼，那麼這時就應該遵循利用知識的策略。但既然那個確定的世界並不存在，所以我們有時應該利用隨機性的力量來探索未知事物。

有時我們得到的教訓是，生命最好的隨機不是來自對看似穩定的過去的精確分析，而是探索新鮮、不確定的未來——有時甚至漫無目的。在封閉系統中，在有客觀的衡量標準適用於解決問題時（例如決定這個財政年度的健保開支要如何分配），千萬要對每件事進行魔球數據分析。但對於生命的稻米問題——不可避免的不確定性領域——如果將它們當作橡膠問題處理，最壞的情況是造成災難，最好的情況是破壞了生命引發我們敬畏的驚奇喜悅。

在執迷於生產力、效率和控制的文化中，這些教訓太常被忽視。如果沒有明顯的產量（或可取得的成果，如果要選出我最不喜歡的反烏托邦用語），又有何意義？但探索也需要讓你的思緒能漫無目的地漫遊。現在有許多人將無定向的思考活動視為浪費時間，是應該從目標導向的排程中剔除的愚蠢行為。開車或通勤過程中必須填滿廣播、閒聊、心不在焉的遊戲、音樂或播客節目——但鮮少安靜無聲。就連在雜貨商場排隊等候三十秒的空檔，許多人也要掏出智慧型手機。

（對於這些指控，我也同樣認罪。）在近來的一項研究中，參與者被單獨留在房間裡六至十一分鐘，裡面別無他物，除了一個給予他們痛苦電擊的裝置，許多人選擇電擊自己，而非獨自坐著無所事事。有一個參與者在不到十分鐘的時間內就電擊了自己一百九十次。

當我們放棄些許控制，放空思緒，多做一點沒有方向的探索時，會發生什麼事？我們知道——此事有明確的證據——但當注意力轉移，而我們變得懶散時，我們的心思從定向的行動中渙散出來，這時往往靈光乍現。這些時刻經常在詩人約翰．濟慈（John Keats）稱作「負能力」（negative capability）的現象中提供我們洞見，這時人們「能安處於不確定、神秘和懷疑中。」這是經過證實的現象。按學術語言來說，它有時被稱作閒暇時的發明（leisure-time invention），意思是唯有當我們的心思從問題上移開時，智識的閃電才會突然落下。伽利略發現鐘擺可以用來測量時間，為後來的鐘錶鋪路，據說這個靈感出現在某個安靜的片刻，那時伽利略正全神貫注地盯著懸掛在大教堂天花板上，來回擺動的枝形吊燈。愛因斯坦說他最重要的許多洞見出現在他演奏小提琴時。還有萊特兄弟曾在某次輕鬆的野餐中望著天空中的鷲，同時想像著他們的飛行機器。

法國數學家龐加萊（Henri Poincaré）是過去兩個世紀以來最重要的思想家之

一，他非常相信當你不試圖堅稱控制時會發生的魔法。他曾接連十五天坐在書桌前，拚命想解決某個問題，用他的羽毛筆寫出可能的解答而未果。他越是努力，越是感到挫折。但後來，他解釋，在「一反平日習慣的某個晚上，我喝了黑咖啡結果睡不著覺。」等到他停止全力以赴地處理這個問題時，龐加萊驚異於接下來發生的事：「種種想法蜂擁而至，我感覺到它們相互碰撞，直到成雙地相連在一起。」到了隔天早上，他自然地想出解答：「我只需要寫下結果。」我們因為追逐控制而困住自己。但只要稍稍放手，我們不僅能解放自己，也能解放我們最棒的點子。

龐加萊恰如其分地成為替混沌理論鋪路的數學家，而混沌理論日後將因交織的世界的樣貌而為人所知，在這樣的世界裡，一隻蝴蝶搧動牠的翅膀也可能會引發颶風。

蝴蝶為我們的故事提供一個詩意的結尾。在北美洲，迷人的橘、黑色帝王斑蝶在墨西哥米卻肯州（Michoacán）的高地越冬。新一代的帝王斑蝶在春天時誕生，展開牠們北上的長途旅程。但這趟跨越三千英里的旅程過於漫長，不是任何一隻帝王斑蝶個體能單獨完成。相反的，這場遷徙活動是相互連接的旅程，每隻帝王斑蝶從父母親停下腳步的地方出發，成為無止盡的跨世代接力賽的一部分。

每隻帝王斑蝶被歷史形塑，牠們的生命源自於早已死去的先祖所積累的決定之下，在特定的時間和地點被創造出來的蝶蛹。牠們和我們一樣，用牠們的生命產生未知的漣漪效應。牠們可能造成颶風，或者更可能為駐足凝望牠們飛掠過草地的孩子，提供一個美與驚奇的感動時刻。

我們就像這些蝴蝶，而牠們也和我們一樣，都是混沌、連成一體的生命網絡的一部分。「當我們試圖單獨挑出任何事物，」博物學家約翰·繆爾說：「便會發現它與宇宙中其他每件事物相繫在一起。」我們每一個人都彼此相連，從而產生一個深刻的饋贈：我們所做的每件事都重要，包括你現在要做的任何事。當你闔上這本書，不妨走出去探索我們稱之為家的精采絕倫、令人抓狂且無限複雜的世界。

誌謝

和所有的人一樣，我腦中至今所產生的每一個好點子，部分來自別人的好點子，因此我有太多人要感謝。但在為這本書寫誌謝時，我面臨兩個問題。

首先，我的論點清楚表明，我之所以有可能寫成《隨機效應》，絲毫離不開在我之前恰好如其然存在的每個人和每件事，包括我那殘忍之極的先人，以及甚至一系列蠕蟲狀的生物，幸虧牠們在演化成人類的億萬年之前沒有被壓扁。

第二，如果我是對的，這世界是決定論的世界，每個幫助過我的人必然會幫助我——他們在這件事情上沒有太多選擇自由。

儘管如此，我的原子在這個怪異且奇妙的星球，井然有序地被安排在一起，這是件好事，因為我與某些不同凡響的生命共享這個星球。

我在Scribner出版公司的編輯Rick Horgan信任我，以及這個不尋常的寫書點子。他一直是對的，包括他正確地看出初稿過於冗長，需要大砍兩萬字。他的智慧使本書大幅地臻於完善。我在John Murray公司的編輯Joe Zigmond鼓勵我絕不要畏避重大的問題，要寫出我認為的真相，即使它可能顯得怪異或令人不安。我的經紀人Anthony Mattero給我明智的建議，而且總是支持我，這往往是作家最需要的東西。在我想出本書的概念時，散發英國紳士風度的經紀人Caspian Dennis提供熱心的支持和指導。（我已經感謝過他們每一個人，藉由第九章的思想實驗將他們變成跳蚤。）

Richard Lenski和Zachary Blount大方地貢獻他們的時間和智慧，在位於密西根中部的實驗室裡為我解開演化的謎題。他們深刻地塑造我對於改變的概念。Mark Pagel對我極為寬容、樂於幫忙而且有耐心，他糾正我對於物種形成和演化生物學的某些有瑕疵的想法。Sabine Hossenfelder和Sean Carroll幫助我了解某些怪異的物理學領域。Jerome Buhl教導我與蝗蟲有關的事。Nick Lane幫助我了解粒線體的起源。在其領域中被埋沒的巨擘Clint Ballinger，幫助我了解地理對人類軌跡的影響。

Charlotte Yung、Nikhil Chauhan和Sophie Wupping提供不可或缺的早期研究協助，幫助我的概念成形。Marcel Dirsus和David Landry多年來提供細心周到的回饋。他們是非常棒的朋友。Alex Teytelboym幫助緩和我的一些比較嚴厲的社會科學觀點，做了所有好朋友必須做的事：告訴你，你錯了。

我的父母親給予了我任何人都可能收到的兩大禮物：生命，以及無盡的愛與支持。

Ellie改變了我看世界的方式，讓我更清楚最好的人生要有好奇、驚嘆、敬畏和探索為伴。如果有多重宇宙，我傾向於極度的樂觀：有了Ellie，這必定是最好的宇宙。

最後還要感謝Zorro，我那年輕、精力過剩的邊境牧羊犬。我在遛牠的時候想出書中的許多點子，牠使我想起現代生活中很容易被遺忘的事：好好享受我們擁有的每一刻。書中每個句子都隱藏著牠最愛的飛盤被拋出之後的結果，倘若沒有牠，我可能連一個字也寫不出來。

國家圖書館出版品預行編目資料

隨機效應：你的每個選擇，如何一點一點影響全世界？/布萊恩・卡拉斯 Brian Klaas著；林金源譯. -- 初版. -- 臺北市：平安文化, 2025.8
面；公分.--（平安叢書；第857種）（我思；30）

譯自：FLUKE: CHANCE, CHAOS, AND WHY EVERYTHING WE DO MATTERS

ISBN 978-626-7650-62-2(平裝)

1.CST: 社會心理學 2.CST: 大眾行為 3.CST: 社會環境

541.7　　114009538

平安叢書第857種

我思 30

隨機效應

你的每個選擇，如何一點一點影響全世界？

FLUKE: CHANCE, CHAOS, AND WHY EVERYTHING WE DO MATTERS

作　　者—布萊恩・卡拉斯
譯　　者—林金源
發 行 人—平　雲
出版發行—平安文化有限公司
臺北市敦化北路120巷50號
電話◎02-27168888
郵撥帳號◎18420815號
皇冠出版社(香港)有限公司
香港銅鑼灣道180號百樂商業中心
19字樓1903室
電話◎2529-1778　傳真◎2527-0904
總 編 輯—許婷婷
副總編輯—平　靜
責任編輯—張懿祥
美術設計—兒日設計、黃鳳君
行銷企劃—鄭雅方
著作完成日期—2022年
初版一刷日期—2025年8月

法律顧問—王惠光律師

讀者服務傳真專線◎02-27150507
電腦編號◎576030
ISBN◎978-626-7650-62-2
Printed in Taiwan
本書定價◎新台幣480元/港幣160元